江苏省教育科学“十二五”规划课题 | “‘我的课堂’构建研究”成果

“我的课堂”真义与范式

The *True Meaning* and *Paradigm* of *"My Class"*

主　编

徐新民

副主编

陈明华　朱卫东

葛红军　邵海兵

执行编撰

缪爱明

撰稿人员

单冬旺　耿　建　黄夏炎

陈卫东　薛永娟　沈　锋

刘　丹

南京师范大学出版社
NANJING NORMAL UNIVERSITY PRESS

图书在版编目(CIP)数据

“我的课堂”真义与范式 / 徐新民主编. —南京：南京师范大学出版社，2015. 12

ISBN 978 - 7 - 5651 - 2428 - 0

Ⅰ. ①我… Ⅱ. ①徐… Ⅲ. ①课堂教学—教学研究—中学 Ⅳ. ①G632. 421

中国版本图书馆 CIP 数据核字(2015)第 279656 号

书　　名　“我的课堂”真义与范式
主　　编　徐新民
责任编辑　唐　欣　孙　涛
出版发行　南京师范大学出版社
地　　址　江苏省南京市宁海路 122 号(邮编：210097)
电　　话　(025)83598919(总编办)　83598412(营销部)　83598297(邮购部)
网　　址　http://www.njnup.com
电子信箱　nspzbb@163.com
照　　排　南京理工大学印刷照排中心
印　　刷　启东市人民印刷有限公司
开　　本　787 毫米×960 毫米　1/16
印　　张　22
字　　数　349 千
版　　次　2015 年 12 月第 1 版　2015 年 12 月第 1 次印刷
书　　号　ISBN 978-7-5651-2428-0
定　　价　50.00 元

出 版 人　彭志斌

“‘我的课堂’构建研究”开题报告(代序)

徐新民

一、课题的核心概念及其界定

“我的课堂”:这是针对当前课堂中教师教学个性湮没和学生主体性缺失的现状而提出来的特定语,意在强调“我”。它既指向学生,也指向教师,最终趋向于“学生主体性发展目标指导下的、教师主体性主导之中的双主体性的协调与统一”。

它的基本理念为“以生为本,以学为核,以研为舵”。基本教学流程为:课前预习,初步解决问题;课中讨论,基本解决问题;课中探究,深度解决问题;课后生成,通过迁移训练,学习新法,寻求新见。具有四大特征:以导学案为载体,突出学习的主体性,在“我”字上见个性;以问题情境为引领,突出学习的深刻性,在“问”字上见创意;以交往互动为方式,突出学习的互补性,在“实”字上见功力;以激发潜能为旨归,突出学习的智慧性,在“悟”字上显智慧。呈现六大特性:独特性、情意性、随机性、生态性、批判性和文化性。

“构建研究”:以江苏省南通市天星湖中学业已成型的“自学、讨论、探究、生成”课堂基本结构剖析和“先学后教、先问后研、先示后范”的基本教学策略实施为平台,对教学基本流程及其相关因素进行深入研究,力求有效地践行新课程理念,实现师生良性互动,以期使课堂呈现主体精神灼照、知行理念贯穿、共生气息洋溢和效益效能彰显的局面。

二、国内外同一研究领域现状

国内外对课堂教学结构与模式及其相关因素的研究,流派众多,其支撑的理论不外乎是“教师主体论,学生主体论,师生双主体论,教师、学生、教材三主体论,主导主体论,互主体论,双主体性说"等。本课题认同"双主体性说"理论,即:在以师生互动为特征的教育活动中,教师主体性与学生主体性同时存在,相互依附,并共处于一个统一体中。

本课题研究超越标签式的教育主客体关系的论争,把培养和发挥人的主体性看成是教育的基本规律和根本目标,确立学生主体性发展的教学观,把学生主体性发展放在一切发展之首,把教师主体性的发展或者说教师教学个性的正向张扬,看成是师生双主体性协调和统一之关键。

"我的课堂"与"有效课堂""高效课堂""理想课堂"等国内较有影响的课堂研究相比,就理论而言,将更强调师生双主体性协调和统一关系;就实践而言,更侧重于"先学后教、先问后研、先示后范"的操作策略研究;就波及面而言,更落实在学科课堂教学改革的校本研究上。

如果说"先学后教"针对的是课堂的总体流程,那么"先问后研""先示后范"则是整个过程中的局部流程。"先学"这一环节的实施需要引导学生带着问题去研究教材,带着解决疑问的动机去进行相关的阅读、检索、分析与综合。

"先学"之"学"的重要路径为"先问后研"。"先问",可以是老师问学生,可以是学生问老师,也可以是学生问学生。"研",而不是"答",以生生互动为主,以师生互动为辅,目的在于通过有效营造民主平等教学环境,培养学生的实践能力和创新精神。"先学"环节完成后,进入"后教"环节。

"后教"之"教"的重要路径为"先示后范"。"先示",可以是学生的"展示",也可以是老师的"演示";"后范",可以是学生间的互相切磋达至"问题解决方案的合理化、规范化",也可以是老师的"垂范"与"匡正"。"示",不是封闭式的独自练,而是需要学生或者教师当堂公开展示;"范"要求在"示"的基础上师生共同举一反三,并发现和总结由点到面的规律。

三、研究价值

1. 在不断化解"个性发展和价值归一"矛盾的过程中,促进老师和学生在课堂教学中自能性的健康发展。本校地处江苏南通市经济开发区,教师绝大部分从老牌县中招聘和引进而来,虽然个体素质较高,但不同程度带有原来学校的课堂文化烙印;学生除了本地生源外,更多的来自南通的各个地区。"既开放又和融"的现实状况和价值取向迫切需要学校在充分尊重与积极挥洒师生教与学个性的同时,把教师主体性的发展纳入到学生主体性发

展的轨道，形成我校课堂文化的鲜明特色。

2. 试图在具有"思想魅力"的教育理论和"生命律动"的课堂需要紧密结合的征程上，架起一座"适应、理解、体验、提升、变革"的桥梁。当下，一线教师并不是不知道新课程理念，不是不理解自主、合作、探究的学习方式的重要性，不是不清楚教师自身发挥教学主体性、能动性、创造性、自主性的意义；但在日常的教学过程中仍然不同程度存在着用"满堂灌、题海战术、加班加点、教师一言堂"等单向传导方式树立教师绝对权威的情况，师生之间仍然不同程度存在着主体性失落、能动性枯竭、创造性阻碍、自主性压抑的情况。本课题研究，力求从中找到根本原因，采取相应的对策，探索到"张扬人之为人的主体人格和主体素养"的课堂教学规律。

四、研究目标

借助于现有"自学、讨论、探究、生成"课堂教学结构的实践研究，力求有效地践行新课程理念，积极调动师生"我的课堂，学教在我"的主观能动性，依据"我的课堂"基本课堂结构和教学流程，实施"先学后教、先问后研、先示后范"的基本教学策略，摸索、总结和完善相关操作性经验，促使师生双方交流合作，同质互激，异质互补，各展其能，共同发展。

五、研究内容及重点

1. 教师课堂教学个性的现状调查及其原因分析；

2. 教师课堂教学个性的生成机制与培养策略；

3. "自学、讨论、探究、生成"环节之间相互关系及各自实施策略研究（重点内容）；

4. "我的课堂，学教在我"主观能动性的激发策略研究（重点内容）；

5. "先问后研、先示后范"基本教学策略理论支撑与操作流程研究（重点内容）；

6. 制约学生主体性发挥的因素研究；

7. "我的课堂"教学准备策略研究；

8. "我的课堂"特质研究；

9. "我的课堂"文化行为研究；

10. "我的课堂"课堂教学评价机制研究。

六、研究思路

本课题定位于应用性研究，采用理论研究和实践探索相结合的研究思路，遵循"调查分析—初步理论归因—专家指导—深化认识—实践检验—形成共识—回归课堂—理论提升"的路径，实施以行动为主的校本教科研一体化管理策略，推动以高中各学科课堂教学为载体的应用研究进程。

1. 寻求理论支撑，以建构主义心理学、人本主义心理学、"双主体性说"理论、需要层次理论、素质教育理论、新课程理论等科学理论为指导。

2. 搭建实践平台，以"先问后研、先示后范"的基本教学策略建立为抓手，以完善"自学、讨论、探究、生成"的课堂教学结构为主阵地，以学校现有的特级教师和大市学科带头人领衔的 6 个名师团队研究成果为引领研究的突破口。

3. 剖析典型个案，以教研组、备课组的专题教科研活动为平台，以成员论文交流、名师沙龙和专家讲座为舞台，以"自学、讨论、探究、生成"环节之间相互关系及各自实施策略为重点剖析对象。

4. 不断探索"主体性协同发展"的内涵与路径，以研究性学习研究、探究性教学研究、师生互动研究、生生互动研究、师师互动研究、课堂民主平等研究为主要研究内容。

5. 实现成果转化，以舆论引领、知识强化、课堂主打、能力发展等为成果转化的主要渠道。

七、研究过程

准备阶段(2011 年 2 月—2012 年 2 月)：完成课题研究方案的制定、申报工作，确定课题组成员及分工，在理论学习和实践探索的基础上起草研究计划与实施方案，并对之进行论证；各子课题组组织学习和研讨，通过举办多种形式的论坛活动深化课题组成员的认识。

实施阶段(2012 年 3 月—2014 年 3 月)：根据实施计划进行研究，深入学科教学，提升教师素质，注重教学质量，拓展研究内容，发展学生素质，凸显主体作用。以课题组骨干成员研究为引领，以各学科教研组和备课组为实施平台，通过分期举办各类研讨、评比和推广活动，进行广泛交流，并整理分析，撰写阶段研究报告、活动总结、案例分析等。同时，发挥江苏省四星级重点中学的示范作用，吸收部分兄弟中学共同参与研究，借助各类研讨、评

比活动推广典型，不断提升当地与新课程要求相适应的课堂教学水平。

总结阶段（2014 年 4 月—2014 年 12 月）：课题总结鉴定阶段。收集整理资料，进行归因分析，做好现场展示准备，做好现场结题申报工作，完成课题终期研究报告，并出版论文集和专著，为做好推广工作和开展进一步研究奠定基础。

八、研究方法

1. 行动研究法。这是本课题研究的主要方法。在实施课堂教学中，课题组成员和一线教师依循"问题即课题""工作即研究"原则。

2. 经验总结法。组织和鼓励教师不断挖掘"我的课堂"的特征内涵及其相关要素，及时发现典型，总结推广体会和经验。

3. 文献资料法。查阅相关资料，参考相关成果，进行综合分析，寻求理论与实践创新。

4. 案例研究法。研究教师个体课堂教学案例，有针对性地积累实践数据，并对之深入剖析。

5. 榜样示范法。通过观摩课堂、公开课堂、研究课堂、比赛课堂等多种形式，多层次、多角度、全方位地丰富教师和学生的课堂实践。

6. 理论研讨法。借助开题论证、中期评估和结题鉴定等活动，邀请国家、省、市级高层次专家进行指导培训，精心组织课题组成员共同参与分阶段的研讨活动。

九、主要观点

只有建立、完善和发展"先问后研、先示后范"的基本教学策略，促使教师充分彰显教学个性，才能使"自学、讨论、探究、生成"的课堂教学结构得到有效呈现，才能使"我、实、问、悟"四个特征落实到位，才能真正践行"以学定教，以生为本"的新课程理念，才能积极调动师生"我的课堂，学教在我"的主观能动性，才能达成课堂教育活动中的"主体性协同发展"之目标。

十、可能的创新之处

"自学、讨论、探究、生成"环节的理论剖析和操作策略，"先问后研、先示后范"基本教学策略的理论支撑与实施流程构建。

十一、完成研究任务的可行性分析

1. 较为精良的人员配备

课题主持人为江苏省“333工程”培养对象、江苏省数学特级教师、江苏省教授级中学高级教师、南京大学访问教授、大市级科技拔尖人才、中小学骨干教师国家级培训对象、江苏省四星级重点高中校长。编写专著多部，发表论文200余篇，有10多篇被人大复印中心全文转载。近10年来主持省市级课题5项。其他主要成员中有4名特级教师、3名教授级高级教师、3名大市级学科带头人。分管教学的副校长，校教科室、教学处、政教处、总务处等部门负责人，语、数、外教研组组长，部分年级组长和备课组长均在核心成员队伍中，研究活动覆盖到江苏省南通市天星湖中学所有教师以及南通市经济技术开发区其他中小学名优教师。

2. 较为坚实的实践基础

“我的课堂”的基本范式建构在我校提出并开始践行的时间为2010年9月，大体可表述为“自学、讨论、探究、生成”。自学包括“回顾复习、文本自学、问题初想”三个环节，讨论包括“问题提出、分组活动、形成看法、点评推进”四个环节，探究包括“成果展示、情境探究、生成创新”三个环节，生成提升包括“小结反思、阶梯训练、课后拓展”三个环节。2009年江苏省教育学会与我校联合举办了有关论坛活动，2010年南通市教育科学研究中心与我校联办了“我的课堂”大型课堂教学观摩活动，充分展示了“师生主体性协同发展”教学对高效、卓越等品质的追求现状。

3. 较为完善的保障条件

(1) 组织周密。本课题由学校“一把手”主持，分管校长负责协调，校教科室组织实施，与其他科室紧密结合，确保教科研一体化。

(2) 制度健全。总课题组每学期集中活动2～3次，子课题组每月活动1～2次。活动内容包括学习理论、整合资料、公开课展示、专家辅导、调整研究进程、推广阶段成果等。

(3) 运作规范。分工不分家，资源共享，整体联动。

(4) 经费到位。开发区管委会划拨专项科研经费10万元。必要时，可根据实际需要追加指标。

注：“‘我的课堂’构建研究”为江苏省教育科学“十二五”规划课题，编号：D/2011/02/392。

目　录

第一章
概念诠释

“我的课堂”:这是针对当前课堂中教师教学个性湮没和学生主体性缺失的现状而提出来的特定语,意在强调“我”。它既指向学生,也指向教师,最终趋向于“学生主体性发展目标指导下的、教师主体性引导之中的双主体性的协调与统一”。

第一节 “我”之含义

“我的课堂”,突出的是“我”,一是作为学生主体的“我”,一是作为教师主体的“我”。只有学生解决了“我”怎么学,教师解决了“我”怎么教的问题,高效课堂才能实现。

一、学生主体性弱化之表现、危害及其根源

主体性问题是教育实践中一个十分重要的问题,需不厌其烦地论清、论透。从特征上说,它是教学理想与教学现实契合与否的一个显示点,是新旧教育理念的一个争夺点。主体性问题不彻底解决,新课程的推进则无力深入,学科教学则无法应对新要求。

(一)学生主体性弱化之表现

在教学实践已存的诸多弊病中,学生主体性弱化可说是最大弊病,其主要表现为教学上的“五性”。

1. 主宰性

某些教师对课堂拥有无可争辩的统治权，对学生实施家长式管理。学生在课堂上必须循规蹈矩地按要求完成学习过程。这种状况下教师是至高无上的，其主导作用实际上已异化成了"主宰作用"，学生的主体作用异化成了"主听作用""主记作用"。

2. 单向性

即知识的传授由教师向学生单向传递。长期以来，我们的课堂教学非常普遍地采用"填鸭式""灌输式"的教学方式：新授课程是"我讲你听""我写你记""我讲你背"，练习是"我出题你写"，考试则是"我出卷你考"，忽视学生反馈，不注意信息的双向或多向传递。

3. 强制性

学习本来应是最有趣的活动，但目前的情况是从教材到教法，从课堂到练习，绝少顾及学生的兴趣、爱好和生活实际。教师对教学内容、教学过程的安排几乎是不容分说，不分青红皂白，强行要求学生"听我的""照我的做"，学生几乎是被迫和无奈地接受。在这种强制下，学生充当的仅是被动的接受者角色，几乎成为学习的工具。

4. 一律性

从教学内容看，不同层次学生学习的内容完全一致，教师教授的和学生学到的是一些统一确定的东西；从学习过程看，教学讲究思维的整齐划一，步调一致；从检测看，作业、考试要求雷同，格式一致，答案唯一，且必须与教师或教参的意见一致，忽视个性化，漠视创造性。

5. 劳役性

为应付考试，诸多教师忽视"过程"教学，学生在学习中需要的是死记硬背和高强度的机械训练。一周一检测，一月一小考，两月一大考，为了应对"题海战役"，学生成了背书机器、抄写机器、考试机器。为达成教学目标，教师实际上所做的是对学生精神和体力上的劳役，使学生的学习过程无丝毫快乐可言。

（二）学生主体性弱化之危害

这种教育失误不是一时一地的现象，不是某些教师某些课堂的少数现

象，而是一种相沿已久、大面积、广泛存在的现象。受“存在即合理”的暗示，长时间以来，人们把这种不成文的教学模式视为“铁律”，视为当然，并奉为一种秩序。其直接的危害主要有五方面。

1. 学生快乐情趣的丧失

学生的学习几无快乐可言，学习过程基本上成为一种苦役，甚而是一种摧残。长期的“寒窗苦读”，有害于学生的身心健康。

2. 学生思维机器的停歇

学生在学习过程中仅是充当接受者角色，不需要开动什么脑筋，思维机器很难被调动，因而没有独立思考的习惯，难以培养独立思考的能力，更缺乏个性化思维。

3. 学生探求、进取精神的抑制

学生不能主动获取知识，感受不到探索、创造的快乐，长期以来形成了依赖心理，探索精神、创造精神处于抑制状态。

4. 学生主体人格的不平等、不被尊重

这种学校教育给予学生最大的心理体验是教师是管理者、控制者，是权威者，是不可拂逆者，学生和教师之间是不平等的，学生可以不被尊重。

5. 社会成员创新活力的压抑

如果我们只能培养出一代代“听从”“驯服”“一样性”的学生，那么受这种模式的熏染，人与人之间的关系必然由学校演绎到家庭，由家庭扩散到社会，于是在企业、机关乃至社会的各个角落，被动、被强制、“主听”成了被管理者乃至全体社会成员最基本的处事守则。

（三）学生主体性弱化之根源

教育实践中的这种偏失缘由较多，主要有以下三点。

1. 就历史而言，我们可以看到这是一种封建主义的残余

自古以来，我国师生之间存在着一种明显的等级关系，所谓“天地君亲师”“师道尊严”，教师被置于权威地位，学生唯师是从。由于教育者的权威地位和受教育者判断能力的限制，教育失误常常得不到及时发现，更难谈纠正。当教师看到自己的教育行为合乎社会道德要求，能从心理上获得一种自我满足，便将种种教育失误转向进行自我道德肯定。

2. 就传统的课堂而言，我们的教育长期以来深受一元和二元的主导思维方式的局限

一元思维是人类思维发展的起始阶段，它的特征为服从、信仰和崇拜；二元思维是人类主观能动性不断发展和膨胀的阶段，它的典型特征是对立、冲突、矛盾和斗争。知识传递方式是线性、单向的，师生关系是二元对立的。"我的课堂"提出的理论和构建的模式，其主导的思维方式是多元的，是在反思一元、二元思维所带来的教育困境的基础上产生的。它的特征主要表现为交流性、兼容性、有机性、差异性、多样性、共生性和互补性，它注重思维的多元和谐发展。我们认为，人的个性差异是教育实施的基础，必须改变传统课堂。"一切事物都存在差异，都处在差异的作用中，并且不断再生出差异。"知识的传递方式本应是双向的，师生关系本应是对话和互动的。

3. 就现行的教学评价体系（主要指高考和各类检测）而言，不仅欠科学，而且千篇一律

在目标上着重对认知目标的考查，忽视对情意目标、技能目标与人文精神的考查；在方法上以量化为手段，以结果为准则，忽视取得这些结果的过程；在内容上面面俱到，片面强调系统性和完整性。这种统一的测试内容，统一的测试方式，导致了千万人统一的思想和思维方式，抑制了创造思维和创造热情。

二、教师教学个性彰显的意义、特征、原则及其策略

教师的教学个性就是教师在长期教学中形成的，具有教育性、创造性的个人品质的总和。说它具有教育性，是针对教育的对象学生而言；说它具有创造性，是针对教师的创造性的教育活动而言。所以，教师的教学个性就是教师通过对学生和教学内容的综合分析，创造性地设计教学方案，为了达到最佳教学效果而在教学活动中逐渐形成的独特的较稳定的教学特色。

（一）教师教学个性彰显的意义

1. 促进学生个性成长

学生的创新能力培养以及个性的良好发展需要教师在教学活动中发挥个性。要培养有创新精神和能力的学生，就要鼓励彰显学生的个性；要彰显

学生的个性，就要彰显教师的教学个性。

2. 推动教师专业发展

教师的专业发展要求在课堂教学中释放教师的教学个性。教育者存在个性差异，教育活动也需要有个性的教育者，专业成长就是教学个性的成长。教师自我专业发展的核心因素是自主意识和自主能力，在课堂教学过程中发挥教师的主观能动性，尊重他们的主观追求和创造意识，使教师在完成社会赋予的任务的同时，获得自我的个性化发展，这已成为当前教育的必然追求。

3. 展现课堂教学美

教学活动是一种艺术，作为艺术的美的展现离不开教师教学个性的发挥。教学具有美的属性，但有的教师却未能在自己的课堂上展现教学美……诸如此类的课堂非但不美，教学效果也是极差的，表现在教师方面，那就是缺乏自己的教学个性。所以，发掘教学本身的美，使教学活动焕发出被掩藏的魅力，无疑也是教师彰显教学个性的重要意义之一。

（二）教师教学个性彰显的特征

1. 独特性

它是一种独创，是教师"自我"在教学中的一种显示，具有个体性。它是教师自身的个性（思想、情感、意志、情绪等）对教学内容的理解和融合，然后升华成教师的教学价值观，并形成教师自己的教学特色。教师的教学个性体现在整个教学活动中，从教师的教学语言、教学方法、教学情感到教学板书的设计，从教师的备课、上课、作业布置到课外辅导，我们都能感受到教师鲜明而独特的教学风格。

2. 启发性

学生永远是教学活动中的主体，教师的教学目的就是促进和尊重学生的个性发展，培养他们的创造意识，激发他们的创造情感。因此，教师的教学个性应该是培养学生创造性的源泉。它让每一个教学环节充满悬念并闪烁着智慧的火花，从而启发学生对人生的思考和对真理的探索。

3. 人文性

教师的教育对象是求知欲强、个性丰富的学生，教师的一举一动、一言一行都会对学生产生潜移默化的影响。教师的任务不仅仅是传授知识,更重要的是在教学中不断满足学生身心发展的需要。教学个性的人文性就是要求教师要始终关注学生的个性发展和尊重学生的人格,帮助学生树立正确的人生观和价值观,努力把学生培养成个性完善、品德高尚的人。

4. 艺术性

课堂教学是一门艺术,而教师的教学特色就是指教师的教学个性的总和。要体现教学个性的艺术性,教师就必须使他的教学生动、形象,并给学生以美的感受。所以,教师在教学中,不仅要语言幽默、生动,而且要设计巧妙精致,学生听课后才会回味无穷,得到一种美的享受。

(三)教师教学个性彰显的原则

教学个性形成的过程,就是实现教学个性化的过程。它应该遵守以下三个原则。

1. 优化整合原则

这是形成教学个性的首要原则,也是实现教学个性化的重要保证。优化整合原则就是要求教师首先要认真地分析教学内容、教学条件、教学环境以及学生的思想、情感、能力等各种因素,然后把这些因素与自己的个性品质结合,并进行整合,形成具有鲜明个性特色的教案设计、教学内容呈现、作业布置以及课后活动的检测,从而达到教学效果的最优化。

2. 自然生成原则

进行个性化教学,它的目的不是为了体现教师的个性,而是为了更有效地促进学生健康成长,即学生的德、智、体、美等各方面的素质都能得到发展。因此,教师的教学个性不是机械生成的,而是在与学生的不断碰撞中自然流露出来的。另外,再好的教案设计在教学过程中也会碰到意料之外的问题,教师此时应该灵活地调整教学方法,关注学生主体性的自由发挥,对学生的问题因势利导,这样学生创造性的个性才能得到培养,教师的教学个性也会表现得淋漓尽致。

3. 充满激情原则

进行个性化教学,就是要让教师的教学更加生动,学生的学习更加投入。只有教师在教学中充满激情,课堂才会生机蓬勃,学生的学习热情才会

被调动起来。此时学生的思维活跃，反应敏捷，主动性得到最大程度的发挥。因此，充满激情原则是教师要形成其教学个性的基础原则，是调动学生学习积极性的根本保证。

（四）教师教学个性彰显的策略

在明确策略之前，首先需要思考的是影响教师教学个性的因素有哪些。我们认为，既有主观内部因素，又有客观外界因素；既有“人”的因素，又有“物”的因素。主观方面，涉及教师的事业心、进取心，也包括教师自身的知识、能力、心理及经验等方面。客观方面，教师负担偏重，教得很累；教育行政部门、业务部门和学校领导过多地干预教学等。总之，社会大环境对教育教学的施压、学校制度的不合理以及教师管理的专制等是导致教师教学个性泯灭的根本原因；“唯应试是图”的功利性教育、教学评价的面面俱到则是教师教学个性被遮蔽的直接原因；而教师抱守旧程式、依赖模式教法教参等则是导致其自我个性丧失的主观原因。

有学者认为，要培养和发展教师的教学个性，首先要转变观念，增强教师发展教学个性的意识；其次要解放教师，为教师创造发展教学个性的条件；第三，针对每位教师的实际情况，指导教师形成其教学个性。也有学者认为，教师教学个性的养成归根结底是管理问题，最后都可以通过学校管理职能的某种方式求得解决，所以需要创设宽松的教学环境，反对教学平均主义，注重教师的自我提升。“‘我的课堂’构建研究”课题组认为，教师教学个性形成的理想出路需要走好三步。

第一步，课程知识供应的理想方式——民主型知识供应制度的建构。理想课程知识供应方式的建构需要打破知识供应制度的专制局面，使其积极向民主型转变，并赋予教师必要的知识选择和阐释权，这样教师的个性经验才会有用武之地。首先，教师要从旁观者转为决策参与者；其次，教师要从实施者转为阐释者、创造者；再次，师生视界要融合。

第二步，教学管理的理想追求——双向契约关系的建立。要把教师从唯命是从的处境中解放出来，要让教师面对政策、方法时能有自己的思考和选择。教师主体性确立、权责明确；教师尊重规范但又要超越规范。

第三步，教学评价的理想境界——促进生命发展的质的评价体系的确立。这就要求实现教师“角色人格化”，在教学中实现国家生活与私人生活的结合；实现对“效率”的追求与生命意义生成相结合，认知与体验、知识技能传授与审美相结合。

三、学生主体性的要素结构系统及特质

建构学生主体，弘扬学生的主体性，是现代教育的首要任务。但是，在学生主体性教育的实施过程中，我们发现实施者对学生主体性的构成要素不能完整和准确地把握，不能有效地彰显“我的课堂”中的学生之“我”。

（一）学生主体性的要素结构系统

1. 自主性

自主性是指在一定条件下，学生个体对自己的活动具有支配和控制的权利和能力。自主性具有两层含义，即表现在主体与他人、与社会的关系中所具有的选择性和独立性。人作为社会的一分子，对社会和他人必然具有依赖性，但又不是消极地依赖他人和社会，而是根据主体需要进行选择，为“我”所取。反映在学生学习过程中，学生并不是将什么内容都兼收并蓄，而是选择那些自己最感兴趣、自以为最有意义的内容作为学习客体。因此，自主性的发展目标为自尊自信，自觉自理，自主选择，独立判断、决断。

学生在教育活动过程中的自主性，表现为学生具有独立的主体意识，明确的学习目标和自主学习的态度；表现为学生能在教师的启发、指导下独立自主地制定学习计划，确定自己的奋斗目标，对学习活动进行自我支配和控制。我们强烈反对那种用某种信条、陈规、强权束缚，使学生言行不能自主的奴隶式管束，以赢得人格的尊严、言行的自由、个性的解放。学生的自主性要求教师在教育活动中，要深入了解学生和研究学生，掌握他们的认知水平、学习态度；要改变教学观念，建立民主、平等的师生关系，尊重学生的人格，相信他们，尊重他们的自主选择。教学中教师要改变教学方法，要留给学生充分的自主活动时间；要提供机会，创设条件，让学生自己动手、动脑，进行独立思考、决断，以培养学生自尊自信、自觉自理的信心和能力，以保障学生自主性的发挥和发展。

2. 主动性

主动性是主体在对客观现实的选择和实践活动中内驱力的外在表征。属于实践范畴，是主体性的根本。主动性具有外显特征，其发展指标为成就动机、竞争意识、兴趣与求知欲以及主动参与四个方面。

学生的主动性是学生个体性中最活跃、最根本的因素，是学生的自动性。在教育活动中表现为学生主动积极地去思考，去钻研探索，去归纳总结，并充分发挥自身的潜能，利用内外两方面的积极因素，主动地接受教育的影响，积极地向老师质疑、请教，与老师相互研讨以达到自己预期的学习目标。主动性强的学生均具有强烈的求知欲和竞争意识、坚韧不拔的毅力和顽强拼搏的精神，对学习有浓厚的兴趣和较高的奋斗目标，并能在没有外界强制的条件下自动地进行学习。

主动是相对于被动而言的，它的原动力来源于需要。马斯洛指出，满足个体的基本需要，有助于更高层次的生长需要的激发。所以，在教育活动中，教师要相信学生、尊重学生、关心和爱护学生，特别是对"学困生"要给予更多的关心和爱护，以满足学生个体的安全、归属、尊重和爱等基本需要，在此基础上，再注意激发学生的学习兴趣和动机，采用恰当的教育方式和手段，创设条件，最大限度地挖掘他们的认知和发展潜能，满足他们的认知需要和自我实现等较高级的生长需要，从而激发学生的成就动机、竞争意识，使他们主动积极地参与到教育活动之中，以促进其主动学习、主动内化和主动发展，使他们真正成为教育的主体、学习的主人。

3. 能动性

主体的能动性是指主体在对象性活动中，即与客观物质世界的关系中，自觉、积极、主动地适应客体、认识客体和改造客体，而不是被动地、消极地认识与实践。能动性是在主体对现实的主动选择、适应的基础上对现实的超越。能动性包括两方面的含义：一是主体对外部世界的适应性；二是创造性。在对象性活动中，人作为主体要具有适应外部世界的能力，即具有承受挫折、承担责任、关心他人和与他人合作等品质。只有在适应了外部世界的前提下，才能有效地认识世界和改造世界，这就要求主体具有探索创新的能力即主体的创造性。创造性是能动性的核心，其发展目标为：扎实的文化知识、坚韧顽强的意志、无私奉献的精神、探索创新的能力、科学的态度和方法。

学生的能动性表现在他能够根据社会的要求,主动积极地适应学校生活;能够承担责任,关心他人,与人合作。表现在学习活动中,能以自己的知识经验和认知结构去主动同化外部教育影响,对它们进行加工、改造和吸收,从而使新旧知识建立联系,逐步实现主体认知结构的重组和建构。在教育活动中,教育者不但要使学生掌握扎实的科学文化知识,还要注意培养学生坚韧不拔、百折不挠的坚强意志,勇于承担责任的品质,以及关心他人和与人合作的协作精神。教师要改变教学观念和方法,变重结果教学为重过程教学,变重知识传授为重能力培养,千方百计创设问题情境,教给学生学习和探索的科学方法,启发、引导、指导学生自己动手和动脑,独立尝试、探索,进行"再发现"。通过知识的学习过程,培养学生的创新意识、创新精神和创新能力。

4. 超越性

超越性是指主体在对象性活动过程中,对自我的不断认识、更新和完善,是主体在与自我关系中表现出的一种功能特征。主体的超越性表现在两个方面:一是主体对自我的道德情操、意志品质和性格特征等个性品质进行自我认识、评价、监控与调节;一是主体对自己的行为活动,包括认识活动及结果,进行自我认识、评价、监控与调节。这就是心理学中所说的元认知。超越性的发展目标为:自我认识、自我评价、自我监控和自我调节四个方面。人要不断地完善自我,建构人格,提高对认知自身进行反思的水平,就必须超越自我,对自我有一个全面的、清醒的认识和了解,使"主我"和"客我"这一自我的两个不同的侧面在自我教育的过程中相辅相成。

在教育活动过程中,教育者要帮助学生掌握自我认识、评价、监控与调节等元认知知识,使学生在进行对象性活动的过程中产生认知体验与情感体验,不断地对其进行积极、自觉的监控与调节,提高其元认知能力,使其能正确地认识外界,认识自身,认识自身与外界的关系,明确自己的历史地位和人生意义,形成实现历史责任和人生理想的价值目标和实践能力,成为立足现实又超越现实的社会历史活动的主体。

自主性、主动性、能动性和超越性相互联系,相互依存,构成学生主体性的有机整体。其中能动性是学生主体性的最高体现,能动性中的创造性是主体性的灵魂,超越性是主体性的飞跃。构成学生主体性的四要素,我们称

为主体性品质。它既反映了主体在对象性活动过程中所表现的功能特征，又体现了作为社会的人应具有的品质结构。

（二）学生主体性的特质

每个学生的主体性相当于一棵树的种子，社会物质生活条件和教育条件相当于土壤、水、阳光、空气和肥料。只有社会和教育提供充足的水、空气、阳光、肥料时，才能使每个学生的主体性得以唤醒、激活与发展。学生的主体性具有潜在性、可塑性、稳定性和发展性四个基本特质。

1. 潜在性

苏格拉底认为：人的灵魂一生下来就拥有真、善、美与内在的固有价值（潜存在观）。马克思也曾指出：人的创造性、能动性是自然赋予人的“潜能素质”，是自身的自然中“沉睡着的”力量。因此学生的主体性品质是自然赋予人的“潜能素质”，是客观的、固有的，这就是说主体性品质具有潜在性。

2. 可塑性

主体性品质这种潜能素质是“沉睡着的”，它不会自然而然地发生、发展。正如马克思指出的：它若不被唤醒，就会萎缩乃至泯灭；它若开发，就表现为人特有的感觉能力、思维能力、情感意志和体力，并随着外界条件的影响而不断发展。即主体性品质具有可塑性。

3. 稳定性

人的主体性品质一经“唤醒”和“开发”，其发展到一定的程度，就会形成主体相对稳定的个性品质，主体的这种个性品质一旦形成就不会因外界条件的变化而轻易变动，这就是主体性品质的稳定性。

4. 发展性

由于人是社会活动的主体，主体在参与社会活动的过程中，通过与他人、与社会的不断交往、交流，为了适应社会，完善自我，对自我要不断地认识、评价和调节，从而使主体性品质得以不断地发展，即主体品质具有发展性。

总而言之，由主体性的特质可知，人的主体性品质不需要另外去培养，而是需要去唤醒、激活、开发和发展。唤醒、激活、开发和发展的程度，是由主体所处的社会物质生活条件和教育条件决定的，其中教育（特别是学校教育）起着主导作用。人的主体性就像一棵树的种子，如果不给它以土壤、水、阳光、空气、肥料等生长条件，它将会一直"沉睡着"乃至泯灭；但若把它放在土壤中，并给以充足的水、空气、阳光和生长所需要的各种养料，它则会很快地被"唤醒"，"开发"并"生长"。树的各种属性（相当于主体性品质）是潜存于种子中的（潜在性），当种子发芽长成树苗时，由于还不具有抵御风暴的能力，易被外界条件的变化改变其形态，这是其可塑期（可塑性），但当生长到一定的时期，具有坚强的抵御能力时，就能经受住风暴侵袭而不易变形，这是其稳定期（稳定性），但它还会继续生长（发展性），最后成为参天大树，成为森林的主体，成为社会和人类的有用之材。

四、教师和学生双主体性的协调与统一

缺乏主体性的人，在工作和学习中，简单接受、认可、屈从，甚至逆来顺受、无所作为。没有主见，没有勇气，不敢想，随遇而安。而有主体性的人就完全不同，在客体面前，在条件许可的范围内，能最大限度地发挥自身的力量，不盲从，不犹豫，不依赖别人，敢想敢做，充满生气，自觉和自信，是一个能动、自由的人。

（一）师生意识到"我"之存在是"我的课堂"追求的核心目标

1. 超越标签式的教育主客体关系的论争

教育过程中的主客体关系问题一直是教育主体性问题研讨的主要论题之一，近年来已经形成了"教师主体论""学生主体论""师生双主体论""教师、学生、教材三主体论""主导主体论""互主体论"等一些主要观点。本课题组超越标签式的教育主客体关系的论争，着眼于师生双方的主体性特征，更多地强调学生主体性的开发和发展，强调教师主体性与学生主体性的协调和统一。我们认为，教学活动就其本质来说是教师主体性与学生主体性的互动，教学活动的成效好，取决于两主体性互动中的有效性和最优化。现代教育与传统教育最根本的不同主要体现在教师主体性和学生主体性的协同上。在现代意义的教育境界中，教师的主体性与学生的主体性并不是相互对立、相互排斥的，而是相互兼容、相互融合的，并把教师的主体性的发挥纳入学生主体性发展的轨道上，形成学生主体性发展目标指导下的、教师主体性主导之中的双主体性的协调与统一。师生均能发展主体性是现代教育

追求的核心目标。

目前，我国教育实践中存在的主要问题就是教师在教育教学中将自己的主体性作用与学生在学习上的主体性作用完全对立起来，用“满堂灌”“题海战术”“加班加点”“教师一言堂”等教师单向传导的方式树立教师的绝对权威，并辅以考试、批评、训斥和惩罚等手段，迫使学生被动地接受教师的主体性作用，从而使学生的主体性无法在教育活动中获得展示和发展的途径和机遇。对学生主体性的忽视在一定程度上埋没和限制了学生主体性的发展，从而影响了学生发展目标的达成与实现。“我的课堂”构建活动，在新的主体性教育理念的认识和弘扬之下得到一定程度的改变。

2. 发挥教师主导作用并不是忽视学生的主体地位

在课堂中，为保证主体性得到正确发挥，教师必须更尊重和支持学生学习的主体性。学生的主体性并不是教师给予的，而是他们在学科修养的支持下获得新知识、新能力的艰苦探索和对问题的独立发现。没有教师的主动发展，就很难有学生的主动发展；没有教师的教育创造，就很难有学生的创造精神。只有重视教师的主体性发展，教师才能体会到自身发展的愉悦，学生的主体性才能得到实现，师生才能感受到教育带来的幸福感和满足感。

3. 在强调学生主体性的同时并不排除教师的主体性

因为课堂教学同样也是教师的生活，有效的课堂教学应该充满智慧、激情、潜能和创造力。只有具有主体性的教师才能培养出具有主体意识的学生。教师的主体性主要体现在如何为学生的发展创造条件上，体现在和学生的教学交往中怎样发挥引导的作用，更体现在对自我的认同和自我反思上。课堂教学中学生的主体性的发挥需要教师的引导，教师在教学中要有敏锐的观察力和发现力，能迅速地捕捉到学生在课堂上的各种反应，及时调整教学手段及教学内容，设疑，解疑。在紧张又兴奋的学习过程中，使学生通过教师的点拨、引导，“跳一跳，摘果子”，这样师生的主体性就得以实现。和谐的课堂是流动变化着的。教师在教学中表现出来的创造性是使课堂教学富有变化、富有激情的关键，教师的点拨不仅是即兴发挥，更是精心设计的结果。只有根据教材的不同特点和学生的不同特性因材施教，才能在师生的思维碰撞中，训练学生的各种能力，构建和谐的教学环境，教师获得施教的快乐，学生产生求知的愉悦，师生的主体性才能得到充分的发挥。

（二）教师协调学生发挥主体作用的教学原则

1. 尊重学生的个性差异

我们承认并尊重学生的个性差异，变“统一标准”为“因材施教”，坚决废除“齐步走”“一刀切”的教学要求。美国著名教育专家切瑞·富勒认为：“每个孩子的大脑和他的指纹一样独特”，“没有两个孩子是完全一致地思考问题，处理信息的”。在课堂教学目标、教学内容和教学方法上，我们把多样化作为一种有价值的东西、一种财富来努力追求。教学过程应该是学生生活体验的过程，学生在课堂上的表情如何，内心体验有无，态度肯定与否，教师都应感悟到，而不应无视学生的情感反应，实施“目中无人”的教学。与此同时，我们相信每个学生都是发展的人，有尊严的人。是泥土，可以烧成砖瓦；是铁矿，可以百炼成钢；是金子，就可以放出光彩。哈佛大学 350 周年校庆时，有人问学校最值得自豪的是什么？校长回答：哈佛最引以为豪的不是培养了 6 位总统，36 位诺贝尔奖获得者，最重要的是给予每个学生以充分的选择机会和发展空间，让每一颗金子都闪闪发光。我们教师所做的一切工作就是让每个学生都发挥出自己的才能。

2. 经常组织课堂讨论

把握关键问题，组织讨论可以深化学生对教材的理解和认识，培养学生的语言表达能力，促进学生独立思考，主动创新。教师不应急于用自己认为最贴切的答案去“塞”学生的进一步思考，而是让学生充分发表意见，即使学生的发言不完整、不周密，教师也不宜匆忙打断，以免挫伤学生的积极性，截断他们的思维活动。爱因斯坦曾指出：提出一个问题往往比解决一个问题更为重要。因为解决问题，也许仅是技能而已，而提出新的问题、新的可能性，从新的角度去看旧的问题却需要创造性的想象力，而且标志着科学的真正进步。为此，在讨论的过程中鼓励学生质疑，是非常重要的。教师应从多方面引导学生去发现问题，提出问题，如从题目上质疑，从内容上质疑，从写法上质疑，从课文内容的前后联系上质疑，从文章表达的思想感情上质疑。值得注意的是，学生质疑水平的提高是有一个过程的，由多而杂到少而精。这就要求教师要耐心，并善于启发和引导学生对所提的问题进行比较和分析，使学生懂得只有经过深入思考才能提出有价值的问题。经过多次实践，

学生提问的质量会逐渐提高，由浅入深，由表达里，达到更高的层次。

3. 点燃探索创新的火光

就教学目的而言，以掌握前人知识为起点，以应用并且发展知识为目标，注重知识的相对真理性、发展性，注重为发展知识而去掌握知识，在提高应用能力的基础上培养创新的能力和技巧，讲究温故知新、推陈出新。就教学方法而言，需要教师用现代教育理论武装头脑，从学生实际出发，努力探索一种适合学生自主发展的教学模式，从而培养学生的创新精神和实践能力。例如化学教学，为激发学生对化学产生浓厚兴趣，有的教师举行化学游艺活动，做化学游戏，化学智牌比赛；有的开展合作学习小组竞赛，看哪个小组能找到尽可能多的解题策略；有的组织一些体现集体团结协作精神的课外实验和小制作比赛等。教师引导学生积极参加课外活动（包括兴趣小组活动、课外小实验活动）和社会实践活动，让学生打破课堂限制，在开阔的空间里，充分发挥主动性和创造性，利用丰富多彩的活动形式，培养学生的兴趣和创新精神。

4. 有机融合三维目标

准确把握相关概念及其关系是推进课堂改革的前提。首先，教师要拓展原有的“知识”视域，不能固守于理性主义的知识观念，要认识到知识有着不同的类型与层次，将原理性知识、规律性知识、经验性知识同时纳入知识范畴，尊重公共知识与个性知识、显性知识与隐性知识、确定性知识和不确定性知识各自的价值与意义。“技能”概念显然不能限于认知，还包括表达交流、问题解决、信息处理、实验实践和创新创造等。其次，正确理解过程与方法。过程是指让学生经历知识与技能形成过程，在体验、活动、探究中进行学习。方法是掌握各类知识与技能的学习方式与策略，学会学习，学会反思，学会创造，能对自己的学习过程及其结果进行有效监控。第三，科学理解情感目标。与以往传统的道德目标相比，“情感、态度与价值观”的提法更显具体、可行，反映了在多元文化并存的全球化时代对学生价值选择的尊重，也体现了情感目标的复杂性、层次性与多维性，更具弹性和灵活性，为课程实施提供了广阔的空间。在教学目标中强调知识与能力、过程与方法、情感态度与价值观三个维度，并非简单的并列关系，而是彼此渗透、相互融合，统一于学生的成长与发展中。三维目标不是三个目标，而是一个问题的三个方面,三位一体,不可分割。知识与能力是基础,是核心,是实现后两个目标的载体;过程与方法是链接知识与能力、情感态度与价值观两个维度的桥梁;情感态度与价值观是前两个目标的升华。如果它们能够得到协调发展,那么应该具体表现在:学生在认知上,从不懂到懂,从少知到多知,从不会到会;在情感上,从不喜欢到喜欢,从不热爱到热爱,从不感兴趣到感兴趣。教学的根本任务是有效地促进学生身心的全面发展,让学生在课堂上愉快地接受新知识,理解记忆新内容,自我培养创新能力,能够使书上的内容由厚变薄再由薄变厚。为此,我们不仅仅是要求忠实地实施课程计划,而且要更加强调课程知识的建构与开发,强调体验、领悟与内化,强调师生共同创生课程。具体而言,需要我们改变知识的呈现、表达与评价方式,使知识动态化、过程化;引导学生掌握知识、技能的学习方法与策略,学会学习,学会创造;让学生经历知识形成的过程,在活动、实践、探究中体验知识的丰富内涵,获得知识多方面的价值,实现知识向能力、情感、素质的转化。在落实三维目标的过程中,要以"知识与技能目标"为主线,渗透"情感、态度和价值观",并充分体现在学习探究的"过程与方法"中。

5. 亲密接触学生心灵

教育学家苏霍姆林斯基曾说过:学校里的学习不是毫无热情地把知识从一个头脑里装进另一个头脑里,而是师生之间每时每刻都在进行心灵的接触。讲课不能是一种简单的灌输,而应该建立在心理相容和情感共鸣的基础上,真正做到理中蕴情,通情达理。例如在语文教学中,教师要带着饱满的热情讲课,做到情动于衷,形诸于外。教师还要善于创设情境,以形象为手段,以美育为突破口,以情感为纽带,激其情,启其疑,引其思,使学生心理处在兴奋状态。以知引情,以情引情,借境引情,教学信息流向不应是单线型的师与生,而应是师与生、生与师、生与生网状的传导、碰撞、激疑、反馈等情感交流的过程。教学实践经验告诉我们:教学动情是明理的前提和基础,教师以教的热情,激发学生的情感,同时学生对学习的热情又影响着教师,产生师生情感共鸣,进而达到知与情、情与行的统一。学生只有对教师感到亲切,才敢于独立思考,无顾虑地质疑。教师只有热爱学生,了解学生,才能抓住他们的兴奋点。尊师爱生,师生双方都有良好的情感体验,自然就有可能顺利地、生动活泼地开展教学活动。因此,在教学中教师应由衷地尊

重学生人格，关注学生情绪，用真诚和善意赢得学生的尊敬和信赖，让学生感受到教师的可亲可爱。同时，教师也要引导学生之间充满友爱，相互学习和鼓舞，这样，彼此之间心理相容，感情相通，关系融洽，从而使情感的感染力增强，集体的凝聚力加大，协调合拍，形成良好的心理场。

五、“我的课堂”中师生协调统一的教学特点

“我的课堂”的核心是以学生发展为中心，重视学生的主体地位。从课程的设计到评价各个环节，始终要把学生主动、全面的发展放在中心地位。在注意发挥教师主导作用的同时，特别强调学生学习主体地位的体现。然而，在课改实践中也往往会出现一些不如意的现象。比如，有的教师在上体育课时，先带领学生跑一跑，做做操，接着集中讲解一下所学内容，就让学生进入自由学练阶段，并在自主学练阶段鼓励学生自主创新，美其名曰：这样能充分体现学生的主体作用。结果学生不但基本技术没有掌握好，所谓的“创新”也只是在低水平、幼稚化阶段徘徊。究其原因，我们认为除了教师的责任心不强以外，对教师主导作用与学生主体地位认识不清乃至协调统一不到位也是主要原因之一。如果对二者的关系认识不清，过度强调教师的主导作用，学生的学习就会陷入被动，缺乏主动性和创造性；反之，过度强调学生的主体作用，学生的学习效率就得不到保证，对学生基本技术和技能的及时正确掌握没有好处，对学生良好行为习惯的养成也非常不利。学生的主体性是指学习主体，而不是生活主体、娱乐主体、购物主体等别的什么主体，所以不能把学生说成“上帝”或“顾客”，学校也不是商店，不是饭馆，不是娱乐场所。学生作为学习主体，是处于发展中的不成熟的主体，他们所掌握的体育知识、技能还不多，运动经验有限，对体育的认知水平不高，甚至对自身的体育需要也还缺乏深刻的理解。因此学生的体育发展在很大程度上取决于体育教育对其施加的影响。学生作为学习主体，必须根据培养目标的要求和学校的有关规章制度进行学习。此外，作为教师必须明白学生是能动的主体，不是被动接受知识、技能的容器。据此，教师在构建学生学习的主体地位时，一方面要尊重学生的个体发展需要，关注个体差异，充分发挥学生的主观能动性；另一方面要注意不能把学生的“主观性”误当成“主体性”，更不能动摇教师“教”的权威性。其实，“我的课堂”中师生协调统一的

教学特点，是有规律可循的，主要体现在下面几点中。

1. 体现在教师的主导性上

即教学过程中既要体现教师主体的主导作用，又要充分发挥学生的主体性特点，教师的主导性是教学的基础和前提，也是教学的内在要求。

这是"我的课堂"教学规律的客观规定。因此，教师与学生的教与学的活动要合理搭配、协调一致，努力将教与学的关系调整到最佳状态，以调动师生双方的积极性。

2. 体现在师生的互动性上

即师生主体是相互依存、相互利用、相互配合、互为条件的。教师如果充分发挥了主导性、能动性的作用，会对学生主体的主体性、能动性产生良好的影响；学生如果发挥了主体性、能动性，注意力集中、思维活跃、兴趣高昂，那么对教师主体的积极性、能动性就会产生良好的影响。

3. 体现在教学气氛的民主性上

即教学的发展要求有一个相互信任、尊重、平等、民主的教学气氛，以利于学生质疑、探新、思考、提问，发表自己的见解。只有这样，为学生的个性发展创造条件，学生才能达到"爱学、乐学、自学"的境界。

4. 体现在教学的方法上

注入式、灌输式的教学，只注重教师的活动和学习的结果，而忽视知识获得、思维形成的过程和方法，导致学生死记硬背，缺乏独立分析问题和解决问题的能力，也直接影响学生个性品质的形成和发展。从某种角度说，掌握知识并不重要，重要的是教学过程、思维过程、掌握方法的过程。双主体教学强调的恰恰就是教学过程、思维过程。

5. 体现在教师的启发式上

即"我的课堂"客观上要求教学方法、手段、形式的多样性，主观上要求能够充分发挥双主体的能动性、创造性以提高教学效果，从而改变注入式教学的单一教学方法和形式。在教学过程中，学生始终有动脑、动口、动手操作的机会，从中得到启发、感想、体会和收获。这种收获直接影响学生个性品质的形成和发展。

6. 体现在学生的自主性上

即学生对于自己的活动具有支配和控制的权利和能力。人只有成为自

主的人，才会有主体性，才会有个性。相反，一个人一旦被某种传统、陈规、信条所束缚，言行“不自主”，他就成了工具，也就失去个性和主动性。学生在教学活动中的自主性，首先表现为具有独立的思考意识；其次表现为把自己看成教育对象，对学习活动进行自我支配、自我调节和控制，充分发挥自身的潜能，并利用内外两方面的积极因素，主动地认识、学习和接受教育影响，积极向老师提出质疑，相互研讨，以达到自己所预期的学习目标。

7. 体现在学生的创造性上

如果说能动性的实质是对现实的选择，那创造性的实质是对现实的超越。创造性是以探索和求新为特征的，它是个性的最高表现和最高层次。对学生主体的学习而言，创造性表现为学习上的举一反三，灵活运用知识，有丰富的想象力；喜欢出“新点子”和解难题；爱“标新立异”，发表与别人不同的见解；善于利用所学的知识解决和分析日常生活中遇到的各种问题。创造性首先强调的是人格和个性，而不是成就，认为成就是人格和个性发射出来的副产品。因此，对人格和个性来说，成就是第二的。这对学生的人格和个性形成，具有特殊的意义。

应该指出的是，在“我的课堂”构建活动中，学生作为教育对象，作为成长中的个体，还具有受动性、依附性和模仿性等特征。正是这些特征的存在，才决定了教师的主导、引导和指导在教育过程中存在的必然性和必要性。

第二节　“学”之特质

学习是人类自身再生产的社会实践活动，学习的本质是人类个体和人类整体的自我意识和自我超越，发展自身的人类学习能力同改造外部世界的人类生产能力（生产力）共同构成人类生存发展的基础、动力和源泉。

教学过程是一种由教师的“教”和学生的“学”构成的双边性的特殊认识过程。教和学是相互依存的，没有教就没有学，没有学也就无所谓教。“学”的规律是“教”的规律的基础，“学法”是“教法”的依据。教师不仅要研究教学过程和教学方法，还应该研究学生的学习过程和学习方法；不仅要帮助学生“学会”，而且要指导他们“会学”。

学习系统的主要要素有学习目的、学习内容、学习方法、学习条件等等。

这些要素之间相互影响,在系统内部形成一种动力结构,其中某个要素的"涨落",可以大大影响(包括促进或干扰)学习过程,甚至改变整个学习系统的秩序。就学生的学习而言,学习系统的组织活动表现为主体的自组织能力,具体有以下六个方面:(1)自我激发,(2)自我定向,(3)自我适应,(4)自我调整,(5)自我规划,(6)自我控制。

一、对"学习"概念的解读

(一)中国传统文化中的"学习"

在我国古代,"学"和"习"两个字一般是分开使用,而不是并列在一起的。古代表达"获取知识、提高认识"的含义时多用"学"或"知",主要指各种直接与间接经验之获得,有时还兼有"思"的含义;表达熟悉和掌握技能、修炼德行等带有实践意义的行为时则用"习"。"习"指巩固知识、技能,含有温习、实习、练习之意,有时兼有"行"的意思。

中国传统文化中的"学习"包含"学"与"习"两个环节,"学"是指人的认识活动,而"习"则是指人的实践活动,这也是中国传统文化中长期探讨的一个重大理论问题——知与行的关系,把二者统一起来才构成完整的学习概念。实际上,学习是学、思、习、行的总称,而且中国古代更强调"习"。这一方面反映了当时人类文化科学知识尚不发达,人们的学习活动主要表现为在生产和生活中获取直接经验;另一方面也反映了中国传统文化中将知行关系的立足点放在"行"上而不是放在"知"上的务实精神。

(二)西方心理学视野中的"学习"

格式塔学派(结构主义):学习的目的和实质在于形成和发展人的内在认知结构、完形("格式塔")。人在学习活动中不是单纯地积累知识,更重要的是不断地促成"格式塔转换",这是一种学习中的"顿悟",因此学习绝不是盲目、消极地接受刺激,而是有目的地探究,是富于想象力的创造性活动。

认知学派(早期建构主义,以皮亚杰为代表):学习活动本质上是一种主体转变客体的结构性动作,其目的在于取得主体对外部自然与社会环境的适应,从而达到主体与环境之间的平衡,同时将这种动作协调结构内化为主体

的认知结构(图式)。这种内化包括同化和顺应两种形式,同化是主体在活动中对环境进行选择、改变,并把它们纳入主体原有图式中,从量上丰富和发展原有图式;顺应是当原有图式容纳或同化不了客体或主体动作经验时,在主体自我调节之下改变原有动作结构产生新的图式,以适应环境变化的过程。在同化和顺应交替进行的过程中,主体的认知图式得到了建构和发展,从而使主体与外界环境之间的关系不断打破原有的平衡,达到新的平衡。

社会建构主义学派(以著名心理学家维果茨基为代表):学习是人所特有的高级心理结构与机能,这种机能不是从内部自发产生的,而只能产生于人们的协同活动和人与人的交往之中,这种高级心理机能最初形成于人的外部活动中,并在活动中逐渐内化,成为人的内部各种复杂心理过程和结构。因此,人的心理发展既是个体的又是社会的,个体的知识建构过程和社会共享的理解过程是不可分离的。

西方心理学流派中的代表人物观点:以马斯洛和罗杰斯等为代表的人本主义心理流派,认为学习是自我概念的变化,是价值与潜能的实现。他们强调情感、人格和自我意识在学习中的作用,这对当代学习理论与实践产生了很大影响。美国心理学家奥苏伯尔揭示了学生在学习过程中存在着接受学习和发现学习,机械学习和有意义学习的不同类型,他据此对学习进行了分类,尤其是深入研究了对学习者有意义的学习活动的特点和规律,这对提高学习的主动性和效率产生了重要影响。

建构主义本身派别林立,但大多数建构主义者对学习有以下几点共识:(1)学习是学习者主动建构内部心理表征的过程,这种建构不可能由其他人代替,强调学习过程中学习者主动性的发挥。(2)学习过程同时包含两方面的建构,一方面是对新信息的意义建构,运用原有的经验超越所提供的信息,另一方面又包含对原有经验的改造和重组,学习过程不是简单的信息输入、存储和提取,而是新旧经验之间相互作用的过程。(3)学习既是个性化行为,又是社会性活动,学习需要对话与合作。人们是以自己的经验为基础来建构或者解释现实,不同的人看到事物的不同方面,这也正是个体经验的局限性,只有通过对话与协商式的合作学习,才能了解与自己不同的观点,获得丰富、全面的认识。(4)强调学习的情境性。学习者理解、建构知识受到特定学习情境的影响,知识在不同情况下的应用并不是简单套用,而是需要针对具体情境的特殊性对知识进行再创造。所以，建构主义的学习观认为学习知识不能满足于教条式的掌握，而是需要不断深化，把握它在各种具体情境中的复杂变化。

（三）教育哲学视野中的“学习”

有学者认为，可以从教育哲学的理论高度，提出以下“学习”定义：学习是人类（个体或团队、组织）在认识与实践过程中获取经验和知识，掌握客观规律，使身心获得发展的社会活动，学习的本质是人类个体和人类整体的自我意识与自我超越。这是从广义的教育角度所下的学习定义，定义中强调以下几点：

第一，人的学习活动与动物的学习行为之本质区别在于：人的学习既是个体化的活动又是社会性的活动，这里所指的社会性活动，不仅是指在社会中进行的活动，更主要的是与社会经验相互转化、丰富、发展，受社会孕育，又为社会贡献的活动。因此，学习的主体既可以是人类个体，也可以是不同层次的团队、组织乃至作为整体的人类社会。

第二，学习的内容是获取知识和经验，掌握客观规律，并用来指导自身发展。

第三，学习的目的和结果是使个体身心获得发展，使个体和人类整体不断实现自我意识与自我超越，这不仅是人类学习活动最本质的特征，而且也是人类创造力最根本的源泉。之所以要把“自我超越”纳入“学习”的定义之中，这是对中国传统文化的理解和继承：不仅强调“学”，更强调“习”，而且把知行关系的立足点放在“行”上而不是放在“知”上，这也是对印刷时代过分强调书本知识学习的历史与理念的超越。

（四）社会学视野中的“学习”

第一，学习是个体性与社会性的统一。

学习首先是个体化的别人无法替代的行为，也从来就不是一个人孤立进行的活动。人类个体的学习活动只有在社会文化环境中才得以进行，每个社会成员的学习活动难解难分地融为一体，构成了整个社会的学习。因此，学习的主体不仅包括人类个体，而且包括不同层次的团队、组织乃至作为整体的人类社会。要解决人类当前所面临的各种剧烈矛盾冲突，要使未来社会变得和谐而美好，人类就必须共同创建一个学习化的社会，其基础和细胞则是各种类型的学习型组织和具有终身学习理念与能力的公民。

第二，倡导和强调协作学习。

学习不仅需要良好的物质条件和信息资源，更需要良好的社会环境，尤其需要有能成为"知己"的学习伙伴。协作学习是两个或两个以上的个体在一起，通过合作与交流，相互促进、互相学习，取长补短，以提高学习成效的一种学习形式。协作学习要求学习者主动地寻求学习伙伴，并共同探索和解决学习中遇到的问题。这种学习中的协作，不仅包括个体与个体之间的协作，也包括个体与群体、群体与群体之间的协作；不仅包括学生之间的协作，也包括学生与教师之间的协作；不仅包括直接交往协作，也包括间接交往协作。这种交往与协作，不只是学习信息的交流和研讨，更重要的是思想的沟通、心灵的"碰撞"、性格的"磨合"，由此促进学习者协同学习与工作能力、组织能力、交往能力的提高，健康个性的发展，团队精神和集体主义观念的孕育。

协作学习具有惊人的潜力和无穷的魅力。德国物理学家海森堡说过："科学根源于交谈。在不同的人合作之下，可能孕育出极为重要的科学成果。"协作学习能使学习者视野开阔，从多角度理解知识和看待问题，能在不同思想的碰撞和争论中激发智慧和灵感，能使个体在与他人的交往中发现自身的弱点和缺陷，从他人身上学到好的思想、品格、行为习惯和技能、方法，取得事半功倍的效果。

随着当代信息技术在教学领域中的广泛应用，人们开始利用多媒体和网络技术来辅助和支持协作学习，协作学习被赋予了新的含义。传统的协作学习是学生与教师或学生之间面对面的实时交流，局限于同一时间、同一空间，而多媒体、网络环境下的协作学习，可以跨越时空，使身处异地的学习者进行同步或异步、实时或非实时的交流，极大地扩展了交流与协作的范围、深度和广度。这种远程协同学习的模式，成为数字化生存环境中越来越受欢迎的崭新学习形式。

第三，团队学习是个体学习与协作学习的整合与升华。

要使协作学习从偶然的学习行为变成稳定、高水平的学习活动，就必须有相应的组织形式。这就是各种不同形式的学习化团队和学习型组织。对学习化团队和学习型组织的研究和创建,是当代组织理论和管理科学的前沿和热门话题,并成为社会学、心理学、教育学、行为科学等众多学科共同关注的研究领域。团队学习既不同于个体学习,也不同于协作学习。因为在个体学习和协作学习中,学习的主体都是个体(协作学习是个体之间的协作,立足点仍然是个体),而在团队学习中,学习的主体不是个体,而是团队或群体。团队或群体虽然是由个体所组成的,但却是以整体的形式存在和出现的。

第四,个体学习、协作学习和团队学习紧密联系,不可分割。

个体学习是协作学习和团队学习的基础,任何形式的学习最终都要由个体来完成;协作学习是个体学习的扩展和延伸,又成为团队学习的另一个基础(可以说个体学习与协作学习是团队学习的两大基石);而团队学习则是个体学习与协作学习之整合与升华,并由此创造出一种全新的高效学习形式。

团队学习是个体学习和协作学习的系统性整合。一个在团队中学习的人,不一定就是在进行团队学习,因为他完全可能游离于整个团队的学习任务之外,甚至对团队的学习产生干扰和破坏作用。区分二者的一个简单方法是,想象一下现实中正在工作的优秀团队,如一个交响乐队或一支明星篮球队,令人陶醉的音乐表演或精彩的篮球比赛的成功与胜利,显然不能简单归功于任何个体,包括贡献很大的第一提琴手或主力中锋,而应归功于整个团队的集体努力。团队学习不等于个体学习的简单相加,只有当团队中的每一个成员都真正为一个共同的学习目标,心往一处想,劲往一处使,在有序化的分工和密切合作中,进入高效率的整体学习状态,才能真正凝聚、创造出一个作为整体存在的团队学习主体,也才能获得个体学习与协作学习都无法比拟的学习成效。

第五,学习型组织是具有不断超越自我生命活力的社会组织。

学习型组织就是以"团队学习"为基础,具有不断超越自我之生命活力的社会组织,包括企业、社会团体和学校等。当代系统科学的基本原理深刻地揭示出:整体不等于各部分之和。在有序化的整体和结构优化的组织中,整体的功能远远大于各部分功能之和;而在无序化的整体和结构不良的组织中,整体的功能则小于各部分功能之和。学习化团队和学习型组织虽然是由个体学习者所组成的,但团队和组织中的学习者已不再是孤立的个体学习者,而成为承担整体学习使命的团队成员,并从团队中获得接纳感、安全感、

归属感和责任感。学习者之间以学习型组织的共同愿景为目标，以严格有序化的分工合作为相互联系的纽带，他们共享学习资源、共闯学习难关，共创学习成就，成为不可分割的学习共同体。显然，在这样的学习共同体之中，学习的成果和效率必将大大超过个体学习者的总和，而且能使每一个学习者在学习群体中最充分地施展多方面的创造性潜能，获得健康和谐的发展。

二、“我的课堂”着重优化的几种学习方式

传统的课堂教学偏重于教师的“教”，而忽视学生的“学”，课堂往往成了教师的“一言堂”，教师习惯于对学生进行“满堂灌”，学生则处于被动接受的状态。实践证明，这种费时、费力而又收效甚微的教学方法是完全有悖于现代教育要求的。《孟子集注》云：“事必有法，然后可成。师舍是则无以教，弟子舍是则无以学。”要确保“我的课堂”教育教学质量不断得以提升，成为促进学生全面发展和终身发展的必要保证，就必须优化学生的“学”，不断完善以下几种学习方式。

（一）探究式学习

在教师的启发诱导下，以学生独立自主学习和合作讨论为前提，以现行教材为基本探究内容，以学生周围世界和生活实际为参照对象，为学生提供充分自由表达、质疑、探究、讨论问题的机会，让学生通过个人、小组、集体等多种解难释疑尝试活动，将自己所学知识应用于解决实际问题。教师不直接把知识告诉学生，而是与学生共享获得知识的过程。

探究式学习一般有五个基本的构成要素：(1) 提出问题。学生围绕科学性问题展开探究活动。(2) 收集证据。学生获取可以帮助他们解释和评价科学性问题的证据，创设可探讨的情景或环境。(3) 形成解释。学生要根据事实证据形成解释，对科学性问题做出回答。(4) 评价结果。学生通过比较其他可能的解释，来评价他们自己的解释。(5) 交流发表。学生要交流和论证他们所提出的解释。

教师作为探究式课堂教学的导师，其任务是调动学生的积极性，促使他们自己去获取知识、发展能力，做到自己能发现问题、提出问题、分析问题、解决问题；与此同时，教师还要为学生的学习设置探究的情境，建立探究的

氛围，促进探究的开展，把握探究的深度，评价探究的成败。如在物理课上学习“物态变化”时，教师可采用多媒体设备展示冬天原野里的大雾，房屋上的白霜，西藏的雪山，树枝上的冰棱；展示春天到来时，冰雪融化成水；展示烧水时水壶上冒出白气，茶杯上的白气遇冷变成小水滴等现象。创设出“雾、霜、雪、冰是怎样形成的”“水为何会变成白气”“白气又为何会变成水滴”等一系列物理问题情境，让学生在问题情境中产生疑问，发现问题，提出问题，明白“生活走向物理，物理走向社会”的基本道理。

（二）合作式学习

合作式学习创设组间同质、组内异质的小组形式，改变班级教学结构，其目的就在于促进小组成员之间的互助与合作，使每一个成员不仅要自己学会所要掌握的知识，而且还要关心和帮助组内的其他成员获得成功，使整个小组成为具有“人人为我，我为人人”、“荣辱与共”的“利益共同体”。在实际运用中，一些学生还没有学会分组协作，有的学生把持着整个操作过程，而有的学生则处于观望状态，还有的学生为了获得更多的参与机会而相互发生争执。还有一些没有必要小组合作研究探讨的问题，教师为了课堂的“热闹”，动不动就小组合作。所有这些表明，预设选择合理的“合作模式”非常重要。

首先，要合理建立合作学习的小组。每 4 人为一组，坐于前后两排，并推选出一名组长，负责小组的具体学习事宜。在分组的时候，要尽可能使每组内学生之间存在着“互补”的差异——也就是说让学生在性格、能力、性别等方面不同并且互补。当然这有个前提，那就是尽可能让每组成员综合实力相当，这样就能有力保证每一小组站在同一起跑线上公平竞争。合作小组建立后，要给予一个磨合期。教师想要在短时期内进行各组之间的竞赛，比如组长之间的较量、组内 2 号到 4 号之间各个号别之间的较量、课堂内回答问题积极及准确性的小组竞争、生字诗文默写的组际竞赛，这些较量、比赛一定要把握一定的度。一旦发现某个或者某些小组在质疑探究、研讨合作、积极参与方面有问题，要进行适当调整，可以微调，也可以有大的调动。在边试验、边运作、边调整、边鼓励的状态下尽可能达到最好的整合，从而稳定下来。

其次，要让学生明白自己的优劣势，更明白自己的责任。比如针对预习，作为语文老师，可安排预习课文，包括标注段落、课后生字注音、明白课文(记叙文知道六要素,散文明确对象及主题精神,议论文明确论点及相关论据);查阅字词典,标注出不理解或者是认为很喜欢(包括莫名喜欢)的句子;还有读完课文后思考的问题、提出的一些疑问等等。预习任务明确后,再给组内成员具体化的学习任务。比如组长的任务是预习课文、检查组内成员预习情况、收集组内无法解决的问题;2~3号同学的任务是预习课文,搜集并推荐与本文相关的美文给组员;4号组员暂时的任务是保证课文预习任务。类似这样的具体学习内容分配,组内的同学既能够明确自己的组内任务,又能体现自己的价值,而在一次次类似这样的小组互动学习中,学生们的参与、合作、探究、积极主动性,以及身为组员的责任感和相互存在感就会慢慢地培养起来。无形之中,学生的交往能力和合作精神、责任意识也就会增强。

第三,可以适时采取轮流发言式。学生具有很强的个性特征,有的学生乐意参与,表现欲强;有的学生个性内敛,含蓄羞涩;有的学生缺乏自信,胆怯自卑。如果让不同个性的学生都能在合作学习的过程中积极参与、提高能力,那么无形之中会形成一种良性的学习竞争氛围。我们提倡在合作学习中经常性地采取轮流发言或者预留特定问题给不同组内同号的学生回答的方式,让小组成员围绕一个中心问题挨个发言,一人不漏或者不同组内同号的学生抢答问题得分。通过这一讨论形式,不仅激发了每个学生的学习热情,而且让全体学生都能通过发言获取知识,掌握知识;也可以在组内增强竞争机制,唤醒学生的主体性。如1号、2号学生捆绑进行两周内的检测竞争,3号、4号学生捆绑进行课堂回答问题的竞争;还可以根据实际情况改变组内组号,以实现在合作学习中展现和提高学生们的组织能力、沟通能力以及表达能力的目标。

第四,更加关注怯于合作的"特殊"学生。关注胆子比较小、比较内向的学生。教师要俯下身来和他们对话,告诉他们"大胆地说出来,你可以说得很出色"。合作的过程应该是学生之间相互影响、相互帮助的过程,是小组成员坦诚交流、各抒己见、寻求最佳答案的过程。在这个过程中,每个小组成员都应该从其他成员的见解上寻找发光点和对自己的触动点,把它们嫁接在自己的身上,使自己有不同程度的提高,这才实现了合作的目的。教师不应以权威者、监督者的形象出现在学生面前,而应以朋友、导师的身份去关心学生、爱护学生。要尊重学生的人格和权利,一旦学生的回答或解题结果与正确答案不符,要让学生说出自己的思考过程,然后再作评价。对于那些在探索过程中专心致志、乐此不疲的学生,即使最后的结果不尽如人意,也要充分肯定他们的学习态度和独立思考的好习惯,委婉地指出他们的不足,保护他们的学习热情。

(三)自主式学习

在教师的指导下,学生通过自学、讨论、交流等方式,积极主动地进行学习。以学生在课堂上的自主参与为特色,课堂的绝大部分时间留给学生,老师仅用极少的时间进行点拨,关注学生的学习兴趣,强调形成积极主动的学习态度,注重学生获得基础知识与基本技能的过程。它立足于充分调动学生的自主性,这既是对学生主体地位的尊重,又是对教师主导作用的一种新的诠释。

基于自主式学习的教学流程主要有五步:(1)确定学习目标。学生只有明确自己的学习目标,才能"知道自己需要学什么,学习应达到什么标准,以及如何达到这些标准"。学习目标的确定从内容来说,必须包含知识目标、能力目标、情感目标;从呈现来说,必须反映课程标准的要求,体现课程学习的重点和难点,符合学生的发展需要。学习目标的确定最好在学生的参与下进行,这样可使学生对学习目标产生认同感。(2)创设学习情境。依据学习目标,围绕学习内容,对课堂学习的有关场景进行描绘、设计和美化,以有利于学生的自主学习。教师为学生创设的学习情境,主要包括:创设合作式情境,以实现学生间的互动与交流;创设问题式情境,以形成学生的问题意识和自主思维;创设探究式情境,以培养学生的探求精神和创新能力;创设体验式情境,以强化学生的自主感悟与自我调控。(3)进行学习引导。教师引导学生学习,最重要的就是对学生的学习活动进行合理的组织。教师的组织要以知识的形成过程、思维的发展过程、能力的提高过程为主线,以多方合作互动、多项信息沟通、多种感官协调为方式。(4)学生自主学习。学生自主学习的过程包括:借用背景材料——形成问题——研究问题——解决问题。背景材料可由教师为学生提供,学生将这些背景材料作为学习资源和学习线索。学生之间进行讨论、研究、交流、质疑、辩论,教师

进行必要的点拨。经过这一系列的活动，最后使问题得以解决，即学生获得对知识的理解、整合、内化，并促成自身的发展。(5) 形成总结评价。总结和评价的内容主要有：方法的科学性、过程中的参与程度、学生间的合作意识、学生自身的体验感受、问题的解决情况、学生的发展与提高情况等。评价者可以是教师，更可以是学生。

（四）讨论式学习

教师通过预先的设计与组织，学生经过自学思考，在教师引导下就某一问题发表自己的见解，主动探寻知识。讨论式学习对于学生活跃思维、深化认识、发展独立性和批判性思维等具有重要意义。准备讨论时，学生必须带着问题研读教材和查阅资料，独立地分析和思考问题；讨论时，通过激烈争鸣、思想交锋、相互启发、暴露难点和疑点以及学生各自的优缺点，在自尊心、好胜心的驱使下，学生必然会鼓干劲、求上进。课堂讨论时，每一位学生都有机会发表自己的观点，每一位学生都能对其他学生的观点进行评价，学生在肯定自己、完善自己或与同学研讨的过程中都需要进行积极、独立、迅速的思考，这样有利于充分拓展学生的联想思维，提高他们的创新能力、分析问题与解决问题的能力。

讨论式学习的形式主要有五种：(1) 小组式讨论，即教师在讲授过程中就某一问题让学生以自己为中心同邻近的同学形成自然组合进行讨论，并将结论由推选的代表进行班级阐述。(2) 辩论式讨论，在全过程中设立正方、反方和听众三部分，教师则充当组织者和协调者的角色。在讨论过程中，双方阐述各自的观点并加以论证，同时可以对对方的观点进行反驳。听众不规定发言内容，可自由插话。(3) 情景式讨论，即有意识地创设特定的情景，运用音乐、画面、图表等列出论题展开讨论。(4) 角色式讨论，即在教学过程中针对遇到的社会热点问题，让学生扮演社会中的某一角色，并让学生从这一角色的立场去思考和分析问题，从而给出不同的见解和建议。(5) 任务式讨论，即针对特定的教学内容制定相关的、必须解决的任务，并以学生自由组合的形式进行讨论。讨论后要形成文字材料，意义比较大的任务讨论还应要求学生整理成“方案”“建议”，以便进行交流。

讨论式学习创设的前提主要有三点：(1) 营造宽松和谐的氛围，有必要将传统的师生关系重新定位。在这里，教师不再只是知识的传播者和讲授者，他首先是一个课堂教学活动的组织者，是鼓励学生积极参与的激励者，是帮助学生思想升华的催化者以及学生思想和成绩的总结者，同时也应是一个共同学习者。当教师以一个学习者、参与者、引导者的身份走进课堂，当教师用善意的微笑、理性的语言、周密的教学组织面对学生的时候，实际上他已经营造了一个宽松、和谐的讨论氛围。(2) 做好充分周密的准备，保证良好的讨论秩序。对教师而言，讨论开始前要拟定合适的论题，提供论题的相关背景知识和事实，调动自己的教学经验，预想可能出现的讨论内容，尤其是针对可能出现较大争议和容易发生逻辑错误的内容，要设想出解决方案，还要列出在总结中需要强调的基本论点。对于学生而言，应在课前通过深入阅读教材和相关材料，针对教师给出的案例或问题，经过深入思考并形成自己的观点或提出相应的解决方法，对自己不能解答的问题要进行梳理以留待交流。在讨论开始前，教师制定相应的讨论规则也是很有必要的，防止讨论漫无边际，同时对讨论时间、讨论时所用的措辞都要有所规定。(3) 教师要全神贯注，并激发全体学生积极参与的热情。在讨论开始时教师不应讲解，也不要害怕沉默。因为讲解会使教师的观点先入为主，沉默是学生在准备就一个复杂问题发言之前整理自己思路的一个明显标志。讨论可从询问学生的准备工作开始，使学生始终保持参与讨论的热情。这里的关键是教师应该掌握时机恰当地提问，认真倾听学生的发言，同时还应在讨论中对各种观点予以必要的回应，防止讨论跑题。最后，教师应对整个讨论作一个即兴的评价，评价既要包含教师对学生积极参与的肯定，也要包含教师在分析和总结学生见解的基础上对所讲授知识的深化。

(五) 问题式学习

这是基于以问题的设计和解决为核心的课堂教学模式。下面以中学化学教学为例，谈谈主要教学环节。

1. 创设情境，提出问题

问题是“基于问题式学习”教学的起点和焦点，教师根据教学目标和教学内容设计结构不良的(ill-structured)、开放的(open-ended)、真实的(authentic)问题情境，如真实的事件、真实的现象等，尽量引出与所学内容

相关的概念原理等。问题情境的设置，常常使学生处于“心求通而不解”的状态，在强烈的求知欲的驱使下，他们的探究热情高涨，必然会取得良好的教学效果。教学情境的创设可以从情境因子、指导思想、创设原则、情境素材等多方面综合考虑，来达到预期效果。

问题的生成，是成功地进行“基于问题式学习”教学的重要保证。不能提出问题，“基于问题式学习”就无从谈起。教师可以利用实验器材、现代信息技术创设特定的学习情境，如观察、实验、案例分析、研究图片、阅读材料等，在教师的引导下学生交流提出问题。

2. 分析问题，形成假设

它能为搜集信息、分析和解释信息提供一个大致的框架，能为下面的制定计划验证假设提供必要的基础。能否提出假设或假设的正确与否，直接影响着整个问题解决过程的成败。因此在此阶段，教师要采用多种手段，引导学生形成正确、合理的假设。特别是面对“结构不良”的问题时，如何进行整体的提取、整合和分析，为具体解决问题制定计划，形成假设，并在实施的过程中不断地自我评价和调整等。另外，教师还要组织小组学习，让学生在小组中进行合作、交流和讨论，强化学生对假设合理性的探讨。在此过程中能够切实培养学生获取和处理信息的能力、分析问题的能力、自主学习的能力和实践能力等。

如实践活动课“是否应该停止使用铝质饮料罐”，在创设了问题情境并提出问题后，组织学生讨论使用铝质饮料罐的利弊，让学生从不同的角度出发调查对此问题的看法，最后将所得的资料进行整理、汇总形成最后结论。在这个过程中，学生首先要分析需要搜集哪一类资料，从何处获取有关的资料以及现实中专家解决此类问题的探索过程等。这必然从各方面锻炼了学生的实践能力。

3. 制定计划，验证假设

在问题解决的过程中，对于先前所提出的假设，必须通过实践进行证实或证伪。为使验证假设的实践能顺利而有效地进行，必须精心设计方案、制定计划。制订计划是“基于问题式学习”的重要环节，是假设的具体化和程序化。

验证假设是基于问题式学习中问题解决的关键。在此教学过程中，教师和学生的互动进入深层次的协作，学生在解决问题的过程中可能会发现一系列需要解决和验证的问题，这正是基于问题式学习所强调的以学习者为中心的主动性、开放式、探究式学习。解决问题并不是目的，它只是一个载体，学生通过解决问题来学习新的知识。教师必须努力做好基于问题式学习的指导者，进一步促进学生的自主探究和协作交流，发现和暴露学生在学习重点、难点内容时存在的障碍、困难，及时引导、分析、讨论并解决。在学生自主探究过程中，教师要注意引导学生将各自的猜想、假设、实验方案或得出的结论进行交流，比较各人或各小组的探究过程和思维结论，从中获取成功的经验和失败的教训，使学生自己的思维过程更趋合理。

4. 得出结论，进行反思

学生要对问题的表述是否科学、提出的假设是否被事实与证据所证实、设计的方案和计划是否有效、收集的证据是否准确真实、给出的结论是否正确等进行反思与评价。不断反思与评价，能够使问题解决过程少走弯路，提高科学探究的效率。

5. 学会应用、迁移创新

得出结论，并不等于课堂探究过程的终止，结论不是探究过程的完结，聪明的促进者应不失时机地让学生运用结论去联系实际，从而把问题探究的教学推入下一个高潮或更高的台阶。应用创新是在基于问题解决、归纳总结的基础上，在学生的认知呈螺旋式上升过程中的最高创造。在此过程中，学生在认识、反思的基础上，进行规律方法的应用及升华，不断发现新的问题并进行解决，提高解决问题的能力，充满成功的喜悦、创造的乐趣和自信。

三、不断提升学生对自身学习行为的理解力和执行力

长期以来，“满堂灌”的教学模式导致许多学生在学习上形成了被动、依赖的习惯，而学生的被动、依赖又加剧了教师对学生和课堂的掌控和支配。在这种恶性循环中，课堂成为教师唱独角戏的舞台，教学时空被教师的“一言堂”所挤占，学生在教师满满当当、紧锣密鼓的强大攻势下忙个不停，疲惫不堪，甚至迷失了自我。不能参透、不再思考学习的意义与价值。

（一）引导学生建立学习责任感，增强自主学习的意识

要引起学生对自身学习行为的重视，首先必须将学习的责任从教师身上

转移到学生身上,引导学生建立学习责任感,对自己的学习活动与学习行为负责。只有这样,才能激发和调动学生学习的主动性和能动性,可从提高学生对自主学习的认识入手。比如:(1) 给学生讲教育历史,启发学生认识自学在教育史上的位置;(2) 给学生介绍外省市、外国的教改动态,让学生认识到正身处于"学习的主人"的时代;(3) 介绍当今时代的特点,使学生认识到要适应未来社会的发展必须具备自学能力;(4) 分析学生的实际处境,使学生认识到获取知识和技能的途径主要是自学;(5) 讲述名人自学成才的具体事例,使学生认识到自学成才的可能性。总之,通过旁征博引和现实分析,深化学生对自主学习重要性和必要性的认识,增强学生学习的主人翁意识。

(二) 提高学生对学习行为的理解力,形成积极的行为态度

学生是学习行为的发起者和使用者,因而也是学习行为变革的当事人。在当下的课堂教学中,学生的学习行为随着年级的升高变得越来越单一、被动。学生即便喜欢合作、讨论、调查、实验、表演和操作等学习行为,但为了考试得高分等功利化的目的却甘愿采取背诵、记忆和做题等符号性学习行为。这虽然与现行考试评价制度的不良导向有关,但也在一定程度上说明学生对学习行为的理解较为片面和肤浅,甚至有些急功近利。在教育教学活动中,学生的理解基本可分为四个方面:一是对教材、课程和教师的解释的理解,即对知识的理解;二是理解各种"教育表达式",即对教育活动、教育环境、校园文化等所表达的教育意义的理解;三是对同处于教育情境中的他人、师生关系、同伴关系的理解;四是学生在发展中对自我的理解。显而易见,当下的课堂教学过于注重对知识的理解,而忽略了其他类型的理解。从学生的精神发展来说,对知识的理解只是其中的一种途径,对活动与行为的理解也极其重要。这是因为,学生作为生活的主体,需要参与多种活动,通过理解式的参与活动,可以更大限度去促进精神发展。为此,在调整考试评价制度的同时,还需增进学生对不同学习行为的理解,引导学生认识不同学习行为的价值,具体包括:(1) 不同学习行为各自的功能与局限;(2) 不同学习行为对当下与未来发展的重要意义;(3) 不同学习行为对于实现幸福生活的助力。只有建立在对学习行为科学认识的基础上,才有可能引发学生自主采用多样化的学习行为。

（三）增强学生对学习行为的执行力，培养勇于表达行为的习惯

在传统的“传递——接受”式课堂教学中，学生为了考试得高分，刻意迎合教师的要求，严格按照教师的指令进行学习，已然形成了被动、单一和机械的惯用行为模式。而习惯是一种极其顽强且巨大的力量，可以主宰人的一生。为了改变学生业已形成的习以为常的行为模式，除了增强学生的学习责任感、提升学生对学习行为的理解力外，还需强化学生对学习行为的执行力，引导学生建立勇于表达不同行为的新习惯。在增强学生的行为表达能力上，教师可从四个方面入手：(1) 营造宽松的课堂氛围，鼓励学生用自己喜爱的方式进行行为表达；(2) 创设不同的情境，引发学生做出适宜的和个性化的行为表达；(3) 教授学习策略，指导学生进行科学而合理的行为表达；(4) 注重反思总结，引导学生对行为做出理性判断与选择，不断提高行为表达层次与水平。

第三节　“教”之定位

长期以来，教师的角色定位是：课堂教学的中心，知识的传授者，教学活动的指挥者，教师在教学活动中有绝对权威。教师的角色任务是：向学生传授教材知识——即传递教材，所传授教材内容的重点难点、深浅程度以及所要达到的目标，都由教师根据教学大纲来确定，而传授教材知识的主要方式是讲解、论证、示范。与教师的角色定位、角色任务相对应的情况是：学生是教材知识的接受者，学生的任务是尽一切能力接受教师传授知识，因此，学生的学习方式主要是接受、记忆、模仿、机械训练。这种接受式的学习方式，使学生失去了“学习的主人”的地位，出现了不良的“四多四少”现象，即主动性少，被动性多；独立性少，依赖性多；体验性少，记忆性多；思考性少，模仿性多。由此可见，不科学、不合理的教师角色定位，是导致旧教学方式和学习方式大行其道的一个根本原因。

“我的课堂”倡导的一个重要理念是：学生是学习的主体，是学习活动的主人，教师的“教”归根到底是为了学生的“学”。教学活动的根本目的是促进学生的发展。学生在学习活动中要充分发挥主体性、主动性、独立性，学

生要通过自主、合作、探究的学习方式获取知识，培养各种能力，发展积极的情感、态度和价值观。

一、从教师与学生的关系看教师的角色定位

（一）由“课堂主宰者”转变为“平等中的首席”

“平等中的首席”是指教师由权威者变为学生的朋友，由知识传递者变为学生学习的合作伙伴。我国长期以来形成的传统师生关系，实际上是一种不平等的关系，教师是绝对权威，始终抱着居高临下的姿态俯视学生，学生始终处于被动服从的地位。

“师道尊严”的观念根深蒂固，这种师生关系严重阻碍了学生创造力的发展，同时，教师的教学也受到严重束缚。“我的课堂”呈现的是：师生是学习的共同体，教学过程是师生之间、生生之间在知识、经验、情感、态度、价值观等方面互动交流、共同发展的过程。这就意味着教师必须实行角色转变，树立全新的师生观念，即转变传统教育中“唯师是从”的专制型师生观，构建教学双重主体之间相互尊重、相互信任、相互理解的新型的平等、民主、合作关系。体现出“首席”的作用，才能在课堂上营造出民主、平等、和谐、愉快的氛围，使师生之间、生生之间、师生与其他媒体之间广泛交流、互相启发、开拓思路，使教学处于动态的、发展的、富有个性的创造过程中。在师生互动中，学生的思维得到激发，学习积极性得到调动。

（二）由“知识的灌输者”转变为“学生学习的引导者”

现代教学论认为，教育的本质属性是教师的价值引导和学生自主建构的辩证统一。要确立学生的主体地位，就要改变学生过于注重接受学习、死记硬背、机械记忆的状况，倡导学生主动参与、勇于探究、勤于动手的学习方式。学生学习方式的转变必然要求教师教学方式的转变，即把以讲授为主导的教学转变到提倡自主探究和引导、发现的教学上来。

引导的特点是含而不露，指而不明，开而不达，引而不发。引导的内容不仅包括方法和思维，同时也包括做人的价值。反思以往的课堂教学，主要弊病之一在于教师灌输太多，将知识进行“支离破碎”的分析，术语、概念

“灌”得多，感悟、体验被忽视。事实上，教师“灌”过不等于学生学过，学生学过不等于学生学会，学生学会不等于学生会学，而“以学生发展为本”的理念要求我们的教学要达到“学生会学”的境界。因此，引导者的作用，一是引导学生设计恰当的学习活动，激活进一步探究所需要的储备知识和经验，为学习活动做好铺垫。每个学习者都以自己原有的知识结构为基础对新的信息进行编码，建构自己的理解，而原有的认知结构(知识)又由于新的知识的进入而得到调整、重组，建构新的认知结构。因此，只有在学生原有的知识结构基础上去探究、发现才会获取新知，并同化新知，实现课程资源价值的超水平发挥。二是引导学生在自主探究与合作交流的过程中，真正理解和掌握基础知识的基本技能，发挥各种能力。三是引导学生富有个性地学习，让每个学生都获得积极的情感体验。学生的个性差异是客观存在的，教师要承认差异，尊重差异，实行开放式的教学，引导、激励学生从不同角度，用不同策略思考问题和解决问题，使每一个学生都能以自己的方式体验知识，建构新知，都能获得积极的情感体验，使学生的情感、态度和价值观得到升华。

（三）由“教学中心控制者”转变为“学生学习的组织者”

传统的课堂以教师为中心，教师讲，学生听，教师控制一切，无视学生的主体地位，把学生当作接受知识的容器，这种做法割裂了知识与学生经验的内在联系，不能很好地从学生经验出发培养身心和谐发展的未来人。当前，在提倡创新教育的时代背景下，教育所要完成的最重要的任务，就是激发学生的创新意识，培养学生的创新能力，让创造根植于每个人的思维深处，并表现在经常性的实践活动中，成为每个人的基本生活态度，进而成为整个民族的基本品质和整个国家繁荣富强的根本推动力量。

因此，应改变学生的学习方式，为学生构建一个自主、合作、探究的学习平台，倡导“以人为本”的教育，把关注学生、提升学生作为教改的努力方向之一。教师也需由原来的“教学中心控制者”转变为“学生学习的组织者”。

1. 组织学生营造宽松的课堂气氛和积极的心理氛围

这包含两层意思，一是要建立民主、平等的师生关系；二是要营造宽松、和谐的课堂氛围。这就要求教师从心灵深处清除“教师是中心”“教师是绝对权威”等师道尊严的旧观念，充分尊重和信任学生，关爱和激励学生，使学生的人格得到尊重，精神得到鼓舞，自信得到增强，个性得到张扬。

2. 组织学生发现、搜集和利用学习资源

现代课程论认为，课程是由教材、教师、学生和环境四因素构成的，教师和学生是课程的共同开发者和创造者。组织学生发现、寻找、搜集和利用学习资源是教师的一项重要职责。教师要做有心人，组织学生在平常的生活中去发现课程资源。

3. 创造丰富的教学情境，培养学习兴趣，激发学生动机，充分调动学生的学习积极性

好的教师不是以僵硬的教条去限制学生，以教师的权威去压抑课堂，而是把课堂看成是师生有限生命的重要构成。

4. 创设问题情境，促成学生认知冲突

问题是教学活动的核心，没有问题的存在，教学就无法进行，问题决定思考，思考决定行为。问题要能激发学生质疑、探究、发现，让学生在质疑、探究、发现中获得知识和经验，从而自发建构知识，自发生成知识。让学生的已知与新出现的内容及其表达之间形成一种"不协调"，好奇与强烈的求知欲望使学生的注意力集中指向困惑之处，引发学生的认知冲突，产生强烈的问题意识，激发学生学习的积极性。

（四）由"知识传授者"转变为"学生学习的促进者"

教育改革要求学生的学习方式由传统和接受式学习向探究式、研究性学习转变，这就要求教师不仅仅是知识传授者，更应该是为学生提供舞台、指出方向、关键时刻给予指导和支持的"导师"，成为学生学习的促进者。要变"牵着学生走"为"推着学生走"，要变"给学生压力"为"给学生动力"，用鞭策、激励、赏识等手段促进学生生动发展。教师是学生学习的促进者，其内涵包含两方面。

1. 注重学生学习能力的培养

随着现代科学迅速发展，学生获取信息、知识的渠道呈现多样化，教师作为知识传授者和学生唯一知识源的传统地位已经被动摇了。教师在这方面的角色功能将从传统的具体信息的提供者向信息源（途径）的提供者转换。教师要教学生的最主要的能力之一，便是如何正确选择有效的信息源和判断

信息的可靠性,而不是具体的信息。

2. 教师要促进学生个性和谐、健康发展

即教师要关注每一位学生的成长,发展学生丰富的内心世界和主体人格,体现以育人为本的现代教育价值取向,培养他们对生活的积极态度和参与社会的能力,成为有爱心、有责任心、有良好行为习惯的个性品质的人。这一方面要求教师不仅仅要向学生传播知识,还要引导学生走向正确的道路,并激励他们不断地向更高的目标前进;另一方面还要求教师从过去作为"道德说教者"的传统角色中解放出来,创造良好的学习氛围,采用各种恰当的方式,给学生以心理上的安慰和精神上的鼓舞,使学生的思维更加活跃,探索热情更加高涨,培养学生的自律能力、合作精神,成为学生健康心理、健康品质、健全人格的促进者和催化剂,引导学生自我调适,自我选择。

二、从教师与课程的关系看教师的角色定位

(一) 由"课程的被动执行者"转变为"课程的建设者和开发者"

在传统的教学中,教学与课程是彼此分离的。教师被排斥于课程之外,课程游离于教学之外。教学与课程的分离,使教师的任务只是教学,是按照教科书、教学参考资料、考试试卷和标准答案去教。教学内容和教学进度是由教学大纲和教学计划规定的,教学参考资料和考试试卷是由专家编写和题库提供的,教师成了教育行政部门各项规定的机械执行者。

所以有不少教师离开了教材,就不知教什么;离开了参考书,就不知道怎么上课;离开了习题集,就不知怎么出考卷。教学与课程的分离,使教师丧失了课程意识,丧失了课程能力。"我的课堂"倡导民主、开放、科学的课程理念,这给教师的角色提出了新的要求:"教师既能设计针对学生需要的教学活动,又能对整体的课程具有较深刻的认识;教师已经不再是课程的单纯的消费者和执行者,而是课程的策划者和设计教材者。"

要实现这一角色的转变,教师必须具有强烈的课程意识和参与意识,改变以往学科本位论的观念和消极被动地执行的做法;教师要了解和掌握各层次的课程知识及其之间的关系;教师要提高和增强课程建设能力,使课程在课堂实施中不断增值、丰富、完善;教师要锻炼并形成课程开发的能力,教

师要培养课程评价的能力，学会对各种教材进行评鉴，对课程实施状况进行分析，对学生学习过程和结果进行评定。

（二）教师由“单纯的教学者”转变为“教学的研究者”

由于教育教学问题具有极大的实践性和情境性，所以教师本身必须是一位积极有效的教育教学的研究者。在传统的课程环境中，教师关注的往往是“我教了什么”“我是如何教的”“这样教是否达到了预期的目标”等问题，而失却的是对学生发展状态的关照，如“学生学到了什么”。同时，在教的合理性追究方面，教师的思维大都局限在既定目标达成方面，而失却了对动态的、偶然的课堂因素的反思。从这一角度看，许多教师只不过是一个教书匠或一个单纯的教学者。信息时代显现的是不确定的、动态的课堂，改革中蕴含的新理念、新方法以及教学过程中不断出现和遇到的各种各样的新问题，都是过去的经验和理论难以解释和应对的。教师不能被动地等待着别人把研究成果送上门来，再不假思索地把这些成果应用到教学中去。教师自己就应该成为一个研究者。

教师成为研究者就是指教师参与到研究中并成为研究的主体。教师不再只是研究成果的操作者或行政指令的执行者。他们要扮演研究者的角色，亲自参与研究的过程，提出研究的问题，并在自己的教育实践中提出自己的行动策略，然后将其应用于实践。教师成为研究者并不是使教师成为专门的研究人员，而是他们在自己的工作中发现问题、研究问题、解决问题，不脱离自己的教育实践。教师成为研究者强调的是合作研究。由于理论视野的限制，使得教师的研究注定不是个人化的、孤岛式的研究，而是群体合作式的研究，这种研究包括教师与教师之间以及教师与校外研究者之间的合作，也包括教师、专家、学校管理者、地方管理者之间的相互协作与支持。

反思是教师成为研究者的起点。教师的研究主要是通过对自身教育教学行为的自我观察、内省、反思与探究来完成的。教师研究的内容主要包括：发现教育教学活动中的新动向、新问题；联系自己教学工作的实际，认真钻研课程结构、问题的来龙去脉、发生发展，以及曾有过的争论、解决的方法和存在的不同观点；认真研究学生成长规律和个性特征，积极从事学生个案研究或班级研究；开展教师教法和学生学法、现代化教学手段应用等方面的教改实验;探索大面积有效提高教学质量、有效开发学生潜能的最佳方案,形成具有个性特色的教学方法乃至教学风格等。这种反思能使教学经验理论化,会促使教师形成自我反思的意识和自我监控的能力。

教师作为研究者,可以使课程、教学、教师真正融为一体,教师的教育研究可以不断提升教师自我更新能力和可持续发展能力,增强教师的职业乐趣和价值感、尊严感,促进教师专业成长与发展,还有助于学生走上全面发展的健康之路。正如苏霍姆林斯基所说:"如果你想让教师的劳动能够给教师带来乐趣,使天天上课不至于成为一种单调乏味的义务,那你就应当引导每一位教师走上从事研究的这条幸福道路上来。"

(三)由"重复型教书匠"转变为"终身学习者"

教师成为终身学习者也是教育教学改革的必然要求。传统的课程内容缺乏与学生生活的联系,更缺乏与现代社会和科技进步的联系,局限于学科范围之内的封闭的课程经久不变,使得教师不必应对来自于外部世界的挑战,只需要储满"一桶水",就可以一劳永逸,而没有"水变质"之虞。在这样的课程中,教师只需要准备好一轮的教案,就可以年复一年、日复一日的重复,"三十年的教学经历却只有三十个一年的教学经验"。信息时代要求对学生开放社会生活,开放现代科技,打破学科之间的界限,关注他们的全面发展。强调课程的选择性,将教师置于一个被学生选择的位置上。所有这些观念的变化,都要求教师不断学习,不断更新知识,并不断拓展自己的知识领域,才能适应新的终身教育的需要,变知识的给予者为学习方法的给予者。

教师学习的途径是多样的,可以向社会学习、向书本学习、向同行学习、向专家学习、向学生学习、向网络学习。总之,不断提高自身在教育科学、心理科学、信息科学和人文科学等方面的素养,以及对知识的整合能力,是每一位教师适应教育发展的需要。

三、从传统课堂到"我的课堂"教学设计的变革定位

"我的课堂"倡导让学生参与教学设计过程,鼓励学生积极主动地为教学设计出谋划策,在教学设计过程中充分尊重学生的看法与意见,遵循学生的兴趣爱好、个性差异等。教学设计旨在实现增强学生学习兴趣、学习积极

性、学习责任感，发展学生自主学习、终身学习的能力，提高教学方案的适切性，提升教学效果与效益。

（一）从权威决策到民主决策

“我的课堂”教学设计的首要理念为变独裁式教学设计决策为分享式教学设计决策。在传统教学设计中，学生未被允许或者是被认为没有能力参与教学设计，教学设计过程完全由教师负责，教师对教学设计拥有绝对的权威，无论是教学目标的设定，教学内容、教学方法的选择，还是教学媒体的选用，教学评价标准的制定等，均由教师独自做出决策，学生完全被排斥在教学设计决策之外，仅是教师意图的被动接受者和猜测者。这种决策方式让教师完全主宰决策过程，学生的意见无法得到应有的尊重与体现，容易导致决策的武断性，容易以教师的想法代替学生的想法，也容易导致学生对教师决定的不理解，甚至是不满。“我的课堂”教学设计鼓励、倡导学生积极参与教学设计过程，学生可以对设定教学目标、选择教学内容、设计教学方法、调整教学进度、调控教学过程等提出自己的意见与建议，学生对教学设计的意见和想法得以充分表达，学生不再是教学设计的被动接受者，而是成为教学设计的合作伙伴，分享教学决策的权利。教师要学会倾听来自学生的声音，对学生的意见、想法、建议等加以吸纳，彻底改变传统教学设计中教师拥有绝对权威、处于居高临下地位的局面，取而代之的是教师以合作者的身份来到学生中间，与学生平等对话、交流，与学生共同开展教学过程。

（二）从目标导向到过程导向

传统教学设计以达成、实现预定的教学目标为宗旨，紧紧围绕教学目标开展教学设计，教学设计过程首先确定统一的、标准化的教学目标，然后根据教学目标选择教学内容，确定教学方法与手段，最后根据教学目标的实现情况来判断教学设计的成功与否。其实，教学现实是丰富多彩的，教学目标远不能概括教学中的各种现实情况，也无法囊括教学的各种效应。传统的目标导向的教学设计容易导致生硬切割教学现实、抹杀教学现实的丰富性与多样性和学生的差异性，忽视目标之外的效应以及只强调结果忽视过程等不良影响。

"我的课堂"教学设计虽不排斥目标，在初期也会设定大致的目标，但会改变传统教学设计中片面强调教学目标，受制于教学目标，囿于教学目标的情形。与传统教学设计预先设定固定的目标不同，"我的课堂"教学设计的目标是一种开放的目标，它是灵活的，是弹性的，是在开展过程中可以删减、增添、调整改变的。换言之，是随过程而变的。而且，相较于目标，"我的课堂"教学设计更注重过程，非常强调学生在过程中获得表达与发表自己意见的机会，在对话交流中生成自己的新经验，在合作探讨中对教学、对自己的学习等产生新思考与认识。"我的课堂"教学设计关注学生在过程中的经历体会与情感体验，注重学生在过程中获得发展与进步。它不仅能收获教学目标的达成，还能让学生在过程有所斩获，这对实现教学设计综合效益最大化不无裨益。

（三）从知识本位到学生本位

按照教学设计所凭借的依据以及所遵循的原则，可将教学设计划分为知识本位、学生本位等类型。传统教学设计以知识为中心，强调学生对知识的掌握，以知识的授受为其突出特点，是一种典型的知识本位的教学设计方式。这是一种只见知识不见人的教学设计方式，这种教学设计无视或忽视了学生情感态度、个性特点等方面的发展，会对学生的全面发展造成很大的障碍，使学生成为学习知识的工具。我们知道，学生学习知识本是为了学生自身的发展与进步，而知识本位的教学设计却将知识本身当作了教学的目的，成了为学习知识而学习知识，这是一种本末倒置、舍本逐末的做法。"我的课堂"教学设计要求学生参与教学设计过程，遵循学生的意愿开展教学设计活动，所注重的正是学生身心多方面的发展与提高，所倡导的正是在教学设计领域中实现学生本位。传统教学设计过分强调按知识的内在逻辑设计教学，而"我的课堂"教学设计则突出强调按学生的身心逻辑设计教学。学生通过交流、讨论、提意见与建议等，其个性、差异性等得以充分表现。在设计过程中，教师尊重与遵循学生的意见与建议，而学生的意见与建议是学生根据自身的发展需要而提出的，是其内在的身心发展逻辑的体现，这样通过尊重与遵循学生的意见与建议，学生的身心发展逻辑在教学设计过程中就得以遵循。

（四）从“为学生”设计到“由学生”设计

“我的课堂”教学设计对学生的尊重与关注主要体现在：第一，它将设计课的部分责任转移给学生。这有效地阻止了学生只是被动地跟从教师的计划和假定，从而使得学生对他们的学习负起更多的责任。第二，它为在同一个班级框架中满足不同学生的不同需求提供了一种机制。第三，它有助于发展学生在该课程完成之后继续自主学习的技能。就尊重学生个性特点、关注学生需要这一点来看，“我的课堂”教学设计充分考虑学生的需要，将学生置于中心地位，使所设计出的教学方案更适合学生。

（五）从静态设计到动态设计

传统教学设计实质上是一种静态的教学设计方式，其静态性主要表现在两个方面：一方面是基于教师对教学内容以及对学生的已有认识而展开的，在每一次教学设计中，教师的这种已有认识都是相对固定与静止的，这使得传统教学设计所基于的认识基础是静态的。另一方面，教师一旦完成教学方案的设计，便着手实施与执行这一方案，中间不再对教学方案加以改变，只有等到这次教学方案实施完成之后，才根据考试、评价、教师反思等反馈信息对下一次教学设计进行改进。可见，传统教学设计在教学方案执行过程中并未对教学方案加以改进，在实施过程中教学方案是静态的。这种静态的教学设计容易导致教学设计的机械性与划一性，容易造成教学设计的僵化，缺乏变通性，无法有效适应教学现实的丰富性、多样性与变化性。

“我的课堂”教学设计的过程则是一个不断变化、不断改进、不断完善的过程，是一种动态的设计方式。一方面，通过教师与学生之间的交流、探讨等，教师不断改变与加深对学生的认识，此过程中学生也进一步明确自身的兴趣、需要以及努力的方向等，使教学设计所基于的认识基础一直处于变化之中，是动态的。另一方面，在师生间的交流与讨论中，教师的想法与意见等要与学生的发生碰撞，由此师生的想法与意见等均会发生一定的变化，这就需要做出相应的调整与改变，持续调适、不断修改完善原有的教学方案。而且，不仅是教学设计过程中教学方案要进行调整与改进，在教学过程中也可能对教学方案加以改进，即教学设计的操作方式并不是固定的，而是根据教学情境的变化持续调适、动态生成的。从某种程度上看，“我的课堂”教学设计是一种弹性设计，它为过程中的调整与改变保留了一定的空间。教学过程中一旦发现错误、出现重大意外或者有新的创造性想法或建设性意见涌现，就对教学方案加以相应的调整与改进。

四、从传统课堂到“我的课堂”未来趋势的发展定位

（一）从预设到生成

传统课堂遵从“效率”和“优秀”的原则，启动预设性的思维模式，突出表现为对规制的过分推崇、依赖和执行，让所有教学活动在既定目标和框架内循规蹈矩地发展，如若在规定的时间内没有达成既定目标，则被视为不成功的教育。这种预设性限制了师生的创造力与主动性，使得师生成为目标的奴隶。从某种意义上说，对世界的征服欲使教育忽视了人作为生命体本身个性发展的需要。

相对于传统课堂，“我的课堂”则极力推崇“去中心”和“边界松散”的主张，遵从生成性的思维模式。生成性思维是一种认为事物及其本质是在其发展过程中生成的思维模式。它不再假定事物有预先存在的本质，而认为事物没有恒定不变的本质，认为事物的本质在事物的发展过程中生成，而不是在事物运动之前就存在。“我的课堂”的未来发展趋势是：课程是一种师生共同建构的经验和探究知识的过程，而不是从社会需要出发按照既定模式培养学生。“人”又重新回归教育关注的中心。

值得注意的是，生成并不是凭空而来的，而是建立在预设之下的生成，它通过静态和动态系统，从关注结果为导向到注重过程为导向，形成了线性与多维、共性到个性的教育理念与模式的转变。预设为生成提供了一个平台、一种文化和触发机制，使生成在不同的境域中得到淋漓尽致的反映。

（二）从封闭到开放

传统课堂的教育目标、课程设置以及评价方式都是封闭僵化的，试图以严格的规范及重复机械的训练使学生循序渐进地巩固旧知识、学习新知识。教育根据社会需求，按照统一规格设置课程、组织有序的课堂形式以及重复

的练习培养专业性人才。美国行为主义心理学家华生认为，可将婴儿按照他的个人意愿，将其培养成科学家、医生、艺术家，同样可以培养成小偷和罪犯等，在单一封闭的教育模式中，学生成了教育流水线中的产品。

而"我的课堂"力求遵从自组织的原则，认为学生具备自我建构的经验和合作分享经验的能力，教师只是课堂组织的引导者，是平等中的首席。课堂的混沌状态可能孕育着创新思想。"混沌深处存在普遍的结构"，"从新型秩序而非完全解体的角度来看待混沌——一种起伏的、复杂的、多层面的秩序"。从本质上来说，传统课堂是一个封闭的体系，面向的是既有知识的系统学习和传承；"我的课堂"是一个开放的体系，不断容纳各种新思想和新观念，宽容地对待每一个灵魂的个性言说，研习与反思既有的知识体系，发展与创新未来的新兴世界。

（三）从一元到多元

传统课堂的主导思维方式是一元和二元。一元思维是人类思维发展的起始阶段，它的特征为服从、信仰和崇拜；二元思维是人类主观能动性不断发展和膨胀的阶段，它的典型特征是对立、冲突、矛盾和斗争。传统课堂的"精英教育"和"完人教育"即是在这两种思维的引导下发展起来的。因此，传统课堂的知识传递方式是线性、单向的，师生的关系是二元对立的。

而"我的课堂"的主导思维方式是多元的，是在反思一元、二元思维所带来的教育困境的基础上产生的。它的特征主要表现为交流性、兼容性、有机性、差异性、多样性、共生性和互补性，它注重思维的多元和谐发展。"我的课堂"认为，人的个性差异是教育实施的基础。"一切事物都存在差异，都处在差异的作用中，并且不断再生出差异"。与指向唯一正确答案的辐合思维对应，"我的课堂"力求"对各种不同答案宽容，指向多个不确定的结果或结论"。因此，"我的课堂"的知识传递方式是双向的，师生关系是对话和互动的。

（本章执笔者缪爱明，审定者徐新民）

第二章
基本理念

随着教育体制改革的进行，教师的教学策略越来越受到人们的重视，课堂教学策略在学校教育中的作用凸显。传统的课堂教学的指向主要是知识和技能领域，忽视了学生个性的养成。“我的课堂”构建以生为本，教学目标上立足的是个体的全面发展，教学内容上注重的是“跳一跳才能摘到桃子”，教学方法上强化的是个体的心智体验，教学过程上夯实的是课堂的动态生成。

第一节　以生为本

以生为本教育思想强调教育的目的是促进人的个性发展，培养有个性的人。一些人本主义教育家认为教育应该发展人的个体性，帮助学生认识到自己的独特性。马斯洛指出，教育的本质是在满足人最基本需要的基础上，发掘人的潜能，强调自我实现需要的发展。由于每个人的经验和感受的不同，每个学生都存在个体差异性。因此，在以生为本的教育中，尤为重视学生的个体差异和个人价值观。教育要促使学生“自我”的形成和“自我”价值的实现，发展学生的“自我”意识。

以生为本的教育强调学生的发展，引导学生发掘自己身上的各种潜能，创造性地学习和思考，努力建构他们自己的精神世界，并能为他们充盈的个人生活奠定坚实的基础。教学过程中，以生为本教育认为学习的过程应该由学生自己决定，学习什么内容，怎样开展学习，学习效果如何，尽可能促使学生“自我实现”。学生以主人翁的态度亲身体验，在体验中

总结自己的学习方法和学习所得。教学内容上，以生为本教育强调学生的直接经验；教学方式上，以生为本教育强调个别教学，轻视集体教学，倡导个别化的教学形式。教学方法上，以生为本教育提倡“苏格拉底问答法”，使学生通过和老师的一问一答，逐渐领略和感悟到真知。由此可见，“我的课堂”教学要在以生为本的理念下，运用有效的课堂教学策略，重点是培养学生的创新精神和实践能力，促进学生潜能的充分发展。不但要关注学生的文化素养，而且要关注学生的审美情趣和生活方式，关注学生的身体和心理健康，考虑到学生各方面的需要，还要强调学生基础知识和基本技能的训练，而且要重视学生的精神、道德的发展和学生的价值观教育，致力于培养完善的人。

一、生本课堂教学的特征

以生为本的教学会使课堂教学成为“有生命、有活力的教学”，从而有效地改变在教育中漠视生命、抹杀个性的旧的教学体制，营造轻松、活泼的教学环境，建立融洽和谐的师生关系，形成富有生命关怀的课堂。以生为本的课堂教学必然以“尊重人的天性，遵循人的身心发展特点，尊重生命的独特性”为己任，把生命的主动权还给学生，直面人的生命，遵循生命的本性，润泽灵魂，追寻生命的意义和价值。

（一）教学目标注重个体的全面发展

新一轮课程改革在对学科性质定位的基础上对教学目标进行了修订，将全日制九年义务教育课程的教育目标确定为“全面提高学生的素养”，包括知识、能力、智慧、社会文化常识、情感、意志、个性等几个基本要素的有机结合，以实现学生全面、和谐、充分的发展。它体现了生命体征的回归:关注学生的心灵，关注学生生命的能动自由发展和生命精神养分，强调学生的个性、人格和谐发展。生命是完整的，既包含智力，也包含情感、意志等；生命是自由的、平等的，是渴望幸福而又避免不快的。因此以生为本的课堂教学的目标是促进个体自由而全面的发展，不仅要促进学生认知的自由发展，也要促进学生情感、意志等的自由发展。学生的情感意志等方面的发展变得与认知发展同等重要，情感意志等方面的发展也不再是实现认知发展的手段，而是指向学生在对己、对事、对他人、对群体的情感体验的健康、丰富和情感控制能力的发展。这是包含认知、情感、意志、合作能力、行为习惯等多方面的完整课堂教学目标。在这样的课堂教学中，学生被当成真正的人对待，学生的自由与个性得到尊重，学生的情感与体验得到重视。

（二）教学内容注重个体的"认知发展区"

教育心理学研究表明，"学习准备"是指在学习者进行新的学习时，其原有的心理发展水平和知识水平对新学习的适合性。这种学习准备状态主要是针对认知发展准备和知识准备而言。学生本有的准备状态是教学的出发点，课堂教学内容须以学生的原有准备状态为根据，注意新旧知识之间的联系，揭示两者之间的生长点，构建新旧知识联系的桥梁。

维果茨基的"最近发展区"理论表明，儿童有两种认知发展水平：一是实际认知发展水平；二是可能认知发展水平。从儿童实际认知发展水平到他的可能认知发展水平之间的差距，即所谓的"认知发展区"。因此，教育者不应只将目光局限于学生现有的认知发展水平上，还应注意到其形成中的状态及发展的过程。由此推衍，教师一方面需将学生的实际认知发展水平作为教学的起点，同时又应特别注重其最近发展区，让教学走在发展的前面，激发学生的潜在发展动力，提升学生的发展水平。

了解学生的学习起点是教师应做的基本工作，我们可以从起点能力、一般特征及学习风格等角度来进行判定和分析。太高的学习起点，不仅脱离了学生现有的学习水平，更会降低教学效益，导致学生在面对高难度的学习内容时心存畏惧，难以充分发挥自身的潜能；而太低的学习起点，不仅浪费了学生的时间和精力，长此以往，学生不能从学习中获得成就感，从而学习兴趣降低，学习效率可想而知。因此，准确地定位学生的起点能力，是提高教学效率，挖掘学生潜能的应然之举。

（三）教学方法注重个体的生活体验

教学方法是教师根据教学目标为完成教学任务所采用的方式、手段和途径。在以往的教学中，学生的主体地位得不到认同，以"教师为中心"使课堂呈现教师"一言堂"的现象，以"书本为中心"使教学围绕大纲转，这样的课

堂缺乏学生思维、情感、心灵等的参与，大多数学生的生活体验和自我融合受到压抑。《普通高中课程标准实验》中明确提出：教学应为学生创设良好的自主学习情境，帮助他们树立主体意识，还学生以主体的地位。人的生命是富有情感、智慧、价值和意义的生命，而情感、智慧、价值和意义仅靠说教是传授不了的，它需要学生主动的体验来实现内化。《语文课程标准》还指出：应该重视语文的熏陶感染作用，注意教学内容的价值取向，同时也应尊重学生在学习过程中的独特体验。所以课堂教学需要关注心理，关注学生的认识和情感，关注学生的个体生命。

体验本身是教育所要达到的目标。教育不只是让学生获得各种知识的滋养，而且要丰富他们对世界的感受和体验，发展他们对生命意义的深切感悟。教育最根本的目的是培养人不断地体验和领悟世界的意义和人本身存在的意义，是充分关注人的生活体验，关注人的全面发展，使学习者成为自我生命的体验者和创造者。体验是达到教育目标的方式和手段。借助体验这种方式能更好地达到素质教育、审美教育、学科教育等目标。教育应通过创设开放的、个性化的情境，让学生通过各种体验方式，对自己的潜能和周围的世界有深切的体悟，并通过多种体验渠道发挥自己的潜力，使学生的心灵得以充分发展。从以生为本的角度看，体验是主体自身积极的心理活动，有很强的“自主性”。在教学中，要加深学生对学习内容的理解，就必须激活学生的思维和情感体验活动，这样才能使学生有所感悟和熏陶，获得思想启迪，享受审美乐趣。如教学科普类文章，让学生在了解科技知识的基础上，通过体验激发其对科学的兴趣；教学情感类文章，让学生在了解文本中情感的基础上，体验到良好情感。以生为本的课堂教学追求的是一种充满生活体验与生命关怀、感悟生活意义、富于生命活力的教学境界。课堂教学过程既是传授知识的过程，也是以人格塑造人格、以心灵涵育心灵的过程。在课堂上，学生既是一个知识学习者，更是一个完整意义上的生活体验者和创造者。对学生而言，学习过程一方面是积累和增长知识的过程，另一方面也是通过生命体验来丰富精神世界的过程。因为有生命就会有体验，体验是生命存在的方式，是追求生命价值的途径。老师与学生、学生与学生之间通过充分有效的交往，生成更多更有价值的教学资源，师生通过结合自己的生活经验不断对生成性资源进行着解读和创造，并不断获得丰富的成功体验，体验各自的生命意义，实现师生个体生命意义的升华。

（四）教学过程注重课堂的动态生成

在课堂教学中，所发生的一切，包括学生的活动和体验，是不可能在备课时都预测得到的。因此一堂有活力的课，都是根据课堂的具体情况进行弹性设计，针对课堂中随时出现的新情况调整教学安排。以生为本的课堂教学注重教学过程的动态生成，学生的主体地位得到尊重，学生的独特性、发展性得到关注，教师的创造才能和创造乐趣得以体现，同时又因为教师顾及了学生的存在以及他们在课堂上生命活动和体验的多样性，必定满怀激情地进入课堂，主动参与课堂学习。教学过程的动态生成能使师生全身心地投入到课堂教学中，课堂也就脱去了僵死的外衣，显露出无限的生机与活力。以生为本的课堂教学策略研究动态生成的课堂教学，给参与者留有余地，有利于参与者在课堂教学中根据自己的实际情况创造性地融入自己的生活体验。动态生成的课堂教学过程要求把学生的双手、嘴巴、眼睛和大脑解放出来，把老师从照本宣科地背教学大纲或教案中解放出来，将学生、老师个体的生活体验融入课堂，教师以自己的生活体验与学生进行"心与心的交流"，从而使学生获得对课堂内容的理解，并由此产生满足或其他生活感受，产生心灵的震撼。教师摆脱了课程设计者和目标执行者的角色，而是创造性地引发学生潜智、潜能的多向发散；学生则以生命体验的融入而激活课程内容和知识结构，并赢得对课程知识有意义、有价值的深度构建。用动态生成的理念组织课堂教学，将使课堂教学成为教师与学生重要的共同认识历程，只有这样的课堂才能焕发出活力。

二、生本课堂教学的功能

以生为本，以学生为中心，是课堂教学的应然追求，以学生为本的课堂教学能培养学生的健全人格，激发学生的学习兴趣，提高学生的学习效率。

（一）培养学生的健全个性

以生为本的课堂教学过程，师生均为平等的主体，他们通过平等的对话来促进学生主体的健全个性特征的形成。

在教师榜样的引领下，进行人格与精神上的自我建构。以生为本的课堂教学中，教师与学生的对话除了具有人格平等的特点之外，教师与学生在发展水平、知识水平、能力水平和经验阅历等方面存在着差异。作为相对成熟主体的教师在与作为相对未成熟主体的学生对话中，教育中的价值引导是师生关系存在的前提。

在与学生的对话中，教师不再是“发号施令者、裁判者、独奏者”的角色，而是以“平等的合作者、促进者”的身份进入学生的内心世界，给学生以广博的浸染，引导学生认知学习的同时，在学生的人生发展、精神成长以及审美价值的生成等方面，有重要的感染、激励和唤醒作用，教师的举止言行和人格魅力严重影响着学生人格品质和精神世界的建构。

马丁布伯说：“教育的目的不是告知后人存在什么或必会存在什么，而是晓喻他们如何让精神充盈人生，如何与你相遇。”具有完整人格平等的师生间的相遇，不只是知识的授受，而且包含情感、精神、思想、智慧的碰撞，包含灵魂的交流与沟通。在对话中，教师以自己真实的、完整的人格面对学生，真诚地与学生交往，给学生以帮助，并且指导学生理解生活、理解世界、理解自我，通过对话启迪学生的智慧。同时，教师尊重、理解学生的情感、需要、态度和意向，并且相信学生，在对话中，唤醒学生心中的眷恋与期待，并与之一起带着理想、带着憧憬、带着对生活的热爱与激情，走出课堂，走出校门，走向更为深广、丰富和多样的生活世界。学生作为对话的主体之一，有自己的思想、判断和自主能动性，在对话中感受着教师完整的人格和丰富的精神世界，汲取生存和发展所需要的思想、情感与智慧，进行着自我人格品质与精神世界的建构。

另外，师生的平等对话具有师生相互欣赏、相互启发、渴望交流的愉悦性。这种愉悦既来自师生双方对所涉及话题的浓厚兴趣与相互启发，也来自师生双方的相互欣赏。师生基于对增长智慧的期待，而对对话产生浓厚的兴趣，在彼此的需要得到实现后而倍感愉悦；师生双方也会因对话中对方表现出的修养和智慧或是可爱与灵动引出的欣赏而愉悦。在这种愉悦中学生既可以培养出新的兴趣点，可以为将来的事业确立方向，也可以学会与人合作、学会欣赏他人，还可以在对话中培养和增强自信心。而这都是学生的人格品质与精神世界的自我建构。

(二)让学生在同学间的准社会交往环境中,学会理解与尊重

以生为本的课堂教学以学生为主体,学生群体内部的互动是课堂教学的重要内容。学生之间的关系比任何其他因素对学生学习的成绩、社会化和发展的影响都更有影响力。作为独立的个体,每个学生都拥有自己独特的经验和内心世界,都在以自己的经验为背景建构对事物的理解,因此不同的人就会对事物有不同角度的理解。学习中,存在个体差异的学生,对课文内容的理解以及他们个人语言的积累和表达方式都不可能相同,而通过互相之间的对话,学生们就会超越自己的认识,看到那些与自己不同的理解,看到事物的不同侧面,从而对问题形成更加丰富、全面和更深层次的理解,在对话中共享知识、经验和情感,分享真知的精彩与美妙。

对话的本质是人格与精神的交流,理解、宽容与接纳为对话之必需,因为只有有了对彼此人格与精神的理解、宽容与接纳,才有继续新的对话的必要。对话也是学生学会理解、宽容与接纳的平台。人获得满足归属感和认可与欣赏的需要会促使学生在对话中学会旁听、理解他人的意见,学会相互接纳、赞赏、分享和互助,甚至帮助学生走出自我,重新发现自我,从而具备协作精神与合作意识。

另外,在对话中,学生、教师等对话的参与者在对话中表现出的理解、宽容、接纳与欣赏等对话应有的良好素养,会使对话中的每一个学生感受到良好态度与修养带来的社会效应,从而内化成为学生自己的素养,获得在知识、人格、精神等方面的发展。

(三)提高学生的学习效率

就学习效率而言,教育专家们在面对此问题时多会以"工具性"与"人文性"的辨析作为结论。传统的非生本课堂教学由于缺少良好的学习环境和氛围,使学生未能拥有或不能长久维持足够的学习动力;教师在课堂教学管理方法、技能上的不足,增加了学生学习的难度;教师与学生间、学生与学生间的交流沟通不畅,阻碍了教师与学生、学生与学生的合作、探究,造成学生学习效率低下;教师在专业知识与课堂教学管理能力方面的薄弱影响了学生的学习效率;评价的非人性特点挫伤了学生的学习自信心。

以生为本的课堂教学高举以人为本的旗帜，有效地消解了学习效率低下的局面。良好的学习环境为高效的学习提供了优质的学习氛围和持久的学习动力。首先，教师与学生是课堂教学的平等主体，在管理过程中建立起的民主、平等、和谐的师生关系，使学生始终处于自由、民主、尊重和关爱之下，因不会受到来自教师、同学在人格与感情上的不良影响而拥有较高学习效率。其次，学生与教师、学生与学生在民主、平等、和谐的关系的基础上，以内在的需要为动力，自主、合作、探究为学习提供了强大的动力。再次，学生在以生为本的课堂教学中认识到自己的需要，在以缺失层次的需要为基础，以追求认知的需要、审美的需要和自我实现的需要为动力的学习，能有效地改变学生的厌学态度，提高学习效率。

管理方式上的自律自治和合适的教学方法降低了学生学习的难度。首先，管理方式上的自律自治要求学生把学习当作自己的事，严格要求自己、对自己和自己的学习负责，而不是把学习当作教师或家长的事，不是对教师或家长负责。这解决了学生目标不明确、学习态度不端正、学习动力不够的问题。其次，以生为本的课堂教学用合理的教学结构，满足学生在课堂教学的不同阶段的不同需要，用合适的教学方法灵活高效地传授知识、培养技能、发展能力、提升素养，另外教学媒体的恰当运用，给学生的学习以直观、形象的感受，减少了语言的模糊性带来的认知上的困难。

以生为本的课堂教学要求教师拥有开放的教育观，要求教师能够通过深挖教材、学生、社会和自身的教学资源为学生的学习服务；广博的知识与高品质的专业技能，使教师足以胜任引导学生进行课堂教学管理的工作；全新的素质教育观为教师摆脱传统应试教育的束缚、走向人本主义教育的天空提供了理论支持和思想动力。在适应以生为本的课堂教学要求的过程中，教师在教育观念、知识和能力等方面发生了变化，而这种变化能很好地适应学生对知识、能力、方法、情感等方面发展的需要。科学课堂教学评价机制的导向、激励和启发作用，使学生学习思维清晰开阔，使学生学习的积极性、主动性高涨，让学生在互动中快乐学习。以生为本的课堂教学，一改过去以教师作为主要评价者的做法，让学生成为与教师平等的评价者，这在调动学生积极性的同时，激起了学生对学习的责任心、自信心。评价方式的多样化和评价过程的动态化，让学生在学习时不断获得来自自己与他人成功的喜悦。评价内容的多维化，让课堂里的学生感觉到自己的进步，认识到自己在集体中的价值与地位。另外，在学生对学生、学生对教师或教师对学生进行评价时，相互间会形成一种趋善的群聚效应，教师与学生在相互影响中学会交流、学会分享、学会合作、学会学习。

第二节　以学为核

“我的课堂”一切着眼于学生学的实际，再结合教情、校情，精心设计，有序推进，科学优化，百花齐放。我们不断探究学生学习路径的优化、学习自觉的形成，努力让学生真正成为学习的主人，让课堂成为学生展示的舞台，真正提高课堂教学效率。

“我的课堂”构建是在当前教育改革中涌现出的一种新的课堂教学样式，其基本特征为：以学生为主体，以问题为中心，以活动为主线，以师生的生命焕发为旨归。“我的课堂”建设是否走向成熟与完善，主要看教师的“教学关注”是否关注学生的“学”，关注全体学生的“学”，关注全体学生在“学”中的综合发展。

“我的课堂”着力于以学生的学习为核心。那么，“以学为核”的课堂究竟是怎样的一种课堂？它主要有哪些特征？如何使这样一种课堂走向成熟与完善，更好地体现课堂教学的本质或本真？

一、“以学为核”的课堂的一般样式

让我们一起来看一则《都市精灵》（当代著名作家舒乙的散文）的教学案例。教学采用导学案学习的形式，教师提前一天将导学案发给学生。导学案主要有三项内容：一是初读课文，夯实基础（主要包括读准加点字的字音，解释相关成语，初步了解作者）；二是再读课文，整体感知（主要是查字典或结合课文内容解释有关词语及找出文中所描写的相关事物）；三是精读课文，领悟主题（要求分小组以研究学习的形式，理解与课文主题相关的内容，如你觉得你所研究的这个城市的精灵生存状态怎样？你能从文中找出依据吗）。

学生通过课前的自主学习，已基本完成了导学案上的学习内容。教师

将导学案收来批改后，发现学生对其中第一项、第二项内容完成得较好，而对第三项内容完成得较为欠缺。于是，在本堂课的学习中，重点将教学步骤确定为以下三个方面：

1. 简单检查对课文内容的初步感知。（含导学案内容第一、二项。形式：多媒体出示导学案内容，学生对照自己已完成的导学案作答，并相互补充或纠正）

2. 重点精读课文，领悟课文主题。（含导学案内容第三项。形式：将全班学生分成北京、昆明、上海和旧金山四个组，每个组重点研究课文中相对应的一部分内容，再分组交流汇报）

3. 拓展练习，加深对课文主题的理解。（形式：引导欣赏音乐短片《我是一只小小鸟》，要求仔细观察，欣赏后集体交流感受）

如此这样的一堂以学生的"学"为主体、以导学案为学习的主要载体的课堂，其主要的特征是什么？我们又主要可以从中学到些什么？

二、"以学为核"的课堂的主要特征

"以学为核"的课堂究其本质或本真的特征，主要有以下四个方面。

（一）"以学为核"的课堂是以学生为主体的课堂

我国著名的基础教育改革专家叶澜教授在其"新基础教育改革"实验中曾鲜明地提出："把课堂还给学生，让课堂充满生命的活力。"叶澜教授之所以要提出"把课堂还给学生"，就是因为长期以来，课堂教学大多被教师牵制着、掌控着，教师的"教"在很大程度上代替了学生的"学"，教师"教"的"主导"作用，代替了学生"学"的"主体"作用。而"以学为核"的课堂其一个鲜明的特征，就是立足于学生，立足于学生的"学"。由此，学生在整个课堂教学中的主体地位、主体作用得到了鲜明的彰显。"以学为核"的课堂可以说是真正以学生为主体的课堂，是突出学生主体地位和主体作用的课堂，因而也是具有教育论、教学论本质意义的课堂。

（二）"以学为核"的课堂是以问题为中心的课堂

新一轮基础教育课程改革十分强调，课堂教学应该以问题为中心，以问题去引领学生探究和学习。"以学为核"的课堂也是具有这样的鲜明的特征的。在"以学为核"的课堂中,教师往往通过预设的一两个或两三个方面的问题(这样的问题通常通过导学案的形式来呈现),去组织学生进行各种学习和探究活动。如在上述的"以学为核"的课堂中,教师就着重围绕对《都市精灵》一课主题的领悟,一共提出了三个方面的问题:(1) 你觉得这个城市(注:指分组各自研究的城市)的精灵的生存状况怎么样?你能从文中找出依据吗?(2) 假如你是这个城市的精灵,你想对人类及对其他城市的精灵说些什么呢?(3) 从你的研究中,你能发现这篇文章的写作手法吗?作者通过这篇文章想告诉我们什么?这里的三个方面的问题,都是经过教师的精心预构,又是通过导学案的形式预先呈现的,并是教师所发现的学生经过一定的自主学习后没有解决好的问题,因而在一定意义上,也可以说是真正来自学生学习中的"真问题",是牵动整篇课文学习的重点问题。整堂课就着重围绕这三个方面的问题去组织、去建构。

(三)"以学为核"的课堂是以活动为主线的课堂

"以学为核"的课堂的再一个重要特征,就是以活动为主线,在活动中组织学生参与学习和探讨,在活动中充分体现学生在学习上的主体地位和主体作用。仍以上述这堂课为例,学生在课堂中活动的形式就有小组合作、汇报交流、集体讨论、拓展欣赏等。正是这一个又一个的学习活动,把学生都有效地组织到课堂学习的"学习场"中。也正是在这样的"学习场"中,课堂的学习气氛变活跃了,许多学生也似乎比平时显得更有灵气或更有精神气了。或许也正因为这样,许多听过上述这样的"以学为核"的课堂的课的领导或教师,也包括那些在"以学为核"的课堂中负责执教的教师,都有一个明显的感觉,就是课堂的气氛不再沉闷了,许多学生也不再"呆板"了。简言之,课堂变"活"了。

(四)"以学为核"的课堂是以师生的生命焕发为旨归的课堂

"以学为核"的课堂,课堂的气氛不再沉闷,课堂变"活"了,在这"活"的背后所体现的是"以学为核"的课堂更为本质或更为本真也更为重要的特征,即师生在课堂中的生命活力被焕发出来了。从这点上看,"以学为核"的

课堂在本质或本真的意义上是以师生的生命焕发为旨归的课堂。上世纪末，叶澜教授在《让课堂焕发出生命活力》一文中谆谆告诫："课堂教学应该被看成是师生人生中一段重要的生命经历，是他们生命的、有意义的构成部分。"对于学生而言，课堂教学是其学校生活的最基本构成，它的质量，直接影响学生当下及今后的多方面的发展和成长；对于教师而言，课堂教学是其职业生活的最基本构成，它的质量，直接影响教师对职业的感受与态度、专业水平的发展和生命价值的体现。总之，课堂教学对于参与者具有个体生命价值。同时，叶澜教授特别告诫："课堂教学蕴含着巨大的生命活力，只有师生的生命活力在课堂教学中得到有效发挥，才能真正有助于新人的培养和师生的成长，课堂上才有真正的生活。"也许，"以学为核"的课堂所追求的或所致力营造的，就是叶澜教授所讲的课堂上的"真正的生活"。在"以学为核"的课堂上，你一定会感觉到：教师变得轻松、从容了，因为他已从烦琐的课堂教学的组织、引导中解放出来了；学生也变得积极、主动了，因为他们也从往日教师烦琐的牵引、掌控中解放出来了。这里的"解放"，完全可以作为"以学为核"的课堂焕发师生生命活力的表征。

三、"以学为核"的课堂中教师的"教学关注"

"以学为核"的课堂以学生为主体，以问题为中心，以活动为主线，以师生的生命焕发为旨归，从本质上讲是具有教育论、教学论的意义的，是一项重要的课堂教学"改革"。然而，它还只是一种"雏形"，一种起步，或者说还只是一种尝试和探索。因而，它需要完善，需要进一步地走向成熟。

"以学为核"的课堂进一步走向完善与成熟，最重要的是要更好地确立教师在课堂中的应有地位及有效地发挥教师在其中的"教"的作用。"以学为核"的课堂是以"学"为主要形式的课堂，是以学生为主体的课堂，但这仍然少不了教师"教"的作用的发挥，少不了教师的"教学在场"。其中，最关键的是教师"教学在场"中的"教学关注"。什么是教师在"以学为核"的课堂中的"教学关注"呢？笔者特结合上述的课堂教学案例，提出如下的设想。

（一）首先是关注学生的"学"

"以学为核"的课堂，顾名思义就是强调学生的课堂。"以学为核"的课堂中的“学”，不能只是其课堂的“外号”或“名称”，而要有其本质的内涵和“真义”。作为“以学为核”的课堂的运思者和组织者的教师，首先要更多地从整体上去关注学生的“学”。这里从整体上关注学生的“学”，主要包括以下四个层次：一是关注学生“学”的状态。学生“学”的状态又主要包括学生学习时的精神、兴趣、情感等非智性的因素，这些决定了学生整个学习的状况和面貌。二是学生“学”的习惯。学生“学”的习惯又主要包括学生学习时的注意力、心智的投入等显性及隐性的学习行为、学习品质。三是关注学生“学”的方法。学生“学”的方法与其学习的能力紧密相关，关注学生“学”的方法包括关注其如何去思考，如何去借助已有的经验和信息，如何去建构自己内在的知识体系等。四是关注学生“学”的收获，也即对学生“学”的结果要有及时的正当的反馈或反映，不能放弃或淡化在“以学为核”的课堂中教师必要的评价和引导，不能丢弃或消解教师在“以学为核”的课堂中对知识建构及世界观的形成方面所必要的指导及点拨作用。以上对“以学为核”的课堂中学生“学”的关注，应该贯穿于整个“以学为核”的课堂的始终，在可能的情况下还应该向课堂外（主要指课前学生的自主预习）延伸，更多地关注学生“学”的信息、“学”的内在品质与质量。

（二）再进一步是要关注全体学生的“学”

“以学为核”的课堂应该是全体学生的课堂，它应该面向全体学生，面向全体学生中的具体的“每一个”。为此，教师在“以学为核”的课堂中的“教学关注”，十分强调要关注全体学生的“学”，关注全体学生中的具体的“每一个”的“学”。这里的“关注”，我们可以从学生在“以学为核”的课堂中的“参与度”去理解。概括起来，主要有以下三个方面的维度。

一是从学生参与的对象上来说，强调其参与的广度，即“每一个”。作为“以学为核”的课堂的组织者的教师，应该尽量关注具体的“每一个”学生在课堂中的学，关注具体的“每一个”学生在“学”中的状态、习惯、方法及收获，而不能有或尽量减少被遗忘的“个别”或“少数”。这些被遗忘的“个别”或“少数”，往往是学习上“有困难”的学生，是在课堂中需要得到更多的关心、关注和被帮助、被指导的学生。而在一般的“以学为核”的课堂中，尤其是在“以学为核”的课堂中的探索、合作或交流阶段，这些“少数”或“个别”常常被

忽略或被忽视。

二是从学生参与“学”的内容上来说，强调其参与的深度，即“每一点”。要尽量使每一位学生在每一个学习环节、每一点具体的学习内容上都能有所参与，而不能只是让其中的一部分学生参与某些稍有深度或难度的问题的学习与探索，而让另一部分学生（即那部分学习相对“有困难”的学生），只是充当前一部分学生在此阶段学习中的“看客”或“陪客”。在前述的这堂“以学为核”的课堂中，执教教师在课堂开始对基础知识（加点字的读音及文中成语理解）检查时，曾照顾到少部分学习“有困难”的学生，而在后来的整个分组合作学习，尤其是在各小组汇报合作学习成果时，尽管是以“合作”的名义或以“代表合作小组”的形式汇报，但真正有机会参与的还是那部分有明显学习优势、各方面表现积极、主动的学生，而那部分学习上相对“有困难”的学生，则在其学习的小群体（合作小组）或老师的关注、关心中被“淡忘”乃至“抛弃”了。长此以往，这后一部分学生也必将成为学习上越来越“困难”的学生，甚至成为“被学习抛弃”或“抛弃学习”的学生。

三是从学生参与“学”的时间上来说，强调其参与的长度，即“每一刻”。“以学为核”的课堂中具体的“每一个”是不是在整个课堂学习中的“每一刻”都能参与到学习过程中来，这也是对“以学为核”的课堂是否真正关注“全体”学生“学”的一个重要的检验。这里的“每一刻”，包括“以学为核”的课堂中的每一个“学”的环节，更包括“以学为核”的课堂中学生“学”的每一个时刻。当然，要求每一位学生在“以学为核”的课堂中的每一个时刻都高度集中地投入学习是很难做到的，但我们也要尽量让课堂中的具体的“每一个”都能有较长时间的有效地参与到课堂学习之中。尤其是对那些在“以学为核”的课堂中较容易分散注意力的学生，需要予以帮助或激励的学生，教师更应予以更多的关心、关注。予以关心、关注势必能在一定程度上影响其对课堂学习在参与时间上的长度，也影响到整个“以学为核”的课堂的“学”的效益和质量。

（三）更进一步是关注全体学生在“学”中的综合发展

这里的“综合发展”，是指学生在“学”的过程中知识、能力、情感、态度、价值观等方面整体、协调的发展。叶澜教授在《让课堂焕发出生命活力》一文中特别指出:"无论是教师还是学生都是以整体的生命,而不是以生命的某一方面投入到学校教育生活中去的。因此,任何学校教育活动都有对人的身心产生多方面或积极或消极的影响。所以,每一项学校教育活动都应顾及学生多方面的发展。课堂教学,作为教学的基本活动形式更应该关注这一点。"叶澜教授明确重申:"我们需要课堂教学中完整的人的教育。""以学为核"的课堂中"完整的人的教育",决定了"以学为核"的课堂必须特别关注学生在"学"中的综合的、整体协调的发展。比如,在"以学为核"的语文阅读课堂中,特别要正确处理好语文的工具性和人文性的关系。以前述"以学为核"的课堂为例,此课堂在导学案中注意确立了三项学习目标,即:(1) 阅读全文,分析各个城市精灵的生存状态;(2) 朗读课文,学习本文的写作方法;(3) 通过学习本文,培养"人与自然和睦相处"的生存意识。前两项学习目标,可以说是侧重于语文的工具性的(即培养学生的阅读分析能力或阅读理解能力);而后一项是关注语文的"人文性"的(即对学生情感、态度、价值观方面的培养)。而纵观整个导学案对学习过程的设计,主要是解决第一项、第二项学习目标,对第三项有关"人文性"的学习目标,导学案中也主要是通过"假如你是这个城市的精灵,你想对人类或者对其他城市的精灵说些什么"和"作者通过这篇文章想告诉我们什么"两个问题来解决。由于是问答式的,而且是先书面(先让学生在导学案上完成),再交流(后合作小组探究),学生的注意力也往往满足于对相关问题的回答。如此一对一的答题式的所谓"人文性"研究内容,在实践中实际上是很难实现语文阅读教学中的"人文性"的教育目标的。因为这里只有"问",只有"答",学生所能培养的在很大程度上可能还是一种应答的能力,或一种阅读中的一般意义上的分析、理解能力。

第三节　以研为舵

所谓"研",就其本意来说,是探讨和研究。探讨就是探求学问、探求真理和探本求源;研究就是研讨问题、追根求源和多方寻求答案。"我的课堂"教学是以探究为基本特征的一种教学活动,具体说,它是指教学过程是在教师的启发诱导下,以学生独立自主学习和合作讨论为前提,以现行教材为基

本探究内容，以学生周围世界和生活实际为参照对象，为学生提供充分自由表达、质疑、探究、讨论问题的机会，让学生通过个人、小组、集体等多种解难释疑尝试活动，将自己所学知识应用于解决实际问题的一种教学形式。探究式课堂教学特别重视开发学生的智力，发展学生的创造性思维，培养学生的自学能力，力图通过自我探究引导学生学会学习和掌握科学方法，为终身学习和工作奠定基础。教师作为探究式课堂教学的导师，其任务是调动学生的积极性，促使他们自己去获取知识、发展能力，做到自己能发现问题、提出问题、分析问题、解决问题；与此同时，教师还要为学生的学习设置探究的情境，建立探究的氛围，促进探究的开展，把握探究的深度，评价探究的成败。学生作为探究式课堂教学的主人，自然是根据教师提供的条件，明确探究的目标，思考探究的问题，掌握探究的方法，打开探究的思路，交流探究的内容，总结探究的结果。由此可知，探究式课堂教学是教师和学生双方都参与的活动，他们都将以导师和主人的双重身份进入探究式课堂。

一、探究式课堂教学的类型

探究式教学可以有非常丰富的类型，以化学学科为例。(1) 按照探究的任务和问题的性质分，有认识物质的性质及其变化的探究，认识物质的组成与结构的探究，认识化学反应规律和原理的探究，以及应用化学知识解决实际问题的探究等。(2) 按照探究环节的多少分，有比较完整的探究和局部的探究。(3) 按照探究的自主和开放程度分，有自主探究性学习和指导探究性学习，教师的讲授、启发、指导、演示等都可以根据需要融合其中。(4) 按照探究所依托的经验类型分，有概念理论探究、元素化合物型探究、方法策略技能型探究以及综合性探究等，这些既指探究活动所依赖的已有知识技能经验的类型，又指通过探究活动将要获得的新的知识技能经验的类型。(5) 按照探究活动的形式、途径和方法分，有实验探究、调查探究、讨论探究等。(6) 按照探究开展的教学时间和空间分，有课内探究、课外探究以及课内与课外相结合的探究；单课时的探究、连堂课的探究以及单元的探究等。(7) 按照学生进行探究的组织形式分，有学生个体探究与小组合作探究等。

二、探究式课堂教学的特征

探究式课堂教学的特征可概括为以下四个方面。

（一）通过探究活动，培养学生的科学素养

探究式课堂教学的目的不是培养少数尖子学生，而是面向全体，使他们成为有科学素养的公民。科学素养就是指有科学的知识，掌握科学方法，用科学态度和科学精神去解决问题、处理问题。探究式课堂教学不像传统教学那样，把学生看成被动接受知识的容器，而是把学生引导到教学中，主动参与学习，让学生亲自动手、动脑，通过各种各样的探究活动，得出问题的结果，使他们感受对知识的认识过程，建立起对事物的新的认识，从而灵活掌握和使用知识，让学生掌握科学方法，并培养科学探究的能力。以往的教学重视的是知识的掌握，忽略了科学方法的训练，导致学生出现高分低能的现象。探究式课堂教学把科学知识和科学方法结合起来，在掌握知识的基础上发展学生的观察力以及提出问题、分析问题、解决问题、交流结果的能力，从而发展学生的科学探究能力。除此以外，在探究过程中形成学生的科学态度和习惯，如在课堂教学中，让学生公布探究结果，其他学生质疑，提出不同的见解，引发新的问题，解决存在的矛盾，形成实事求是、精益求精、谦虚谨慎、客观公正、敢于创新的精神。

（二）重视学生的主体性和教师的主导作用

探究式课堂教学强调学生的主体性和教师的主导作用，学生在探究中始终处于主动状态，从问题的提出、制定问题探究的计划到收集资料处理信息和得出结果验证结论，都渗透了学生的辛勤劳动和积极思考。教师是指导者和帮助者，通过教学情境问题的创设来激起学生探究兴趣和欲望，促使学生思考。在探究过程中帮助学生明确方向，点明问题关键，疏通思维障碍。

（三）重视全体参与合作学习

探究式课堂教学提出全体学生的积极参与，而不是面向少数尖子学生

的教育，要求每个学生都积极参与到探究的各个活动进程中来。教师应该给每一个学生参与探究的机会，根据学生现有的探究能力水平和个性特点，制定合适的探究活动计划，实现个人的探究目标。全体参与的另一个方面就是合作学习。在探究式课堂教学中，常常以小组合作的形式开展探究，即分组制定工作计划，分组实践和调查，共同讨论、争论和综合意见。在此学习过程中，学生按自己的认知方式和思维模式去理解事物，由于每一个人已有的知识经验、文化背景的不同，学生对事物的理解会各不相同。合作学习让学生懂得彼此尊重、理解和容忍，学会表达自己的思想、倾听他人的意见与说服他人、形成合作研究的能力，同时增强了学生的合作意识和团队精神，体现了时代和社会的要求。

（四）重视探究式课堂教学的评价

探究式课堂教学的评价对探究活动有很重要的作用，它能促使学生探究水平的发展和提高。评价包括教师的评价和学生的自我评价。教师应及时对学生的表现做出适当的评价，在评价过程中也能及时了解自己讲了哪些内容，学生懂了哪些概念和原理，哪些还不清楚或不知道，这一思维过程中出现障碍时能否从相关的证据和材料中推论出合理的解释。学生在自我评价时，要分析自己学到了什么，应该学什么，学习方法是否恰当，对知识的理解程度如何，同时学生之间还要相互评价。探究式课堂教学评价，有利于学生学习效率的提高。

三、探究式课堂教学的实施过程

探究式课堂教学的操作过程是遵循学生的认知规律，以素质教育思想为指导，学生主动参与为前提，自主学习为途径，合作讨论为形式，培养创新精神和实践能力为重点，构建教师导、学生学的教学程序。

（一）激趣引题，自学探究

激趣引题是指教师的课堂导入，自学探究是指教师提示后的学生活动，这一环节起着影响全局、辐射全课的作用。教师简短的导入是为学生自学探究做铺垫，学生有了浓厚的兴趣，就会主动地进入自学探究阶段。自学探究的目标是挖掘学生的潜力,发挥学生的能动性,培养学生的自主意识和自学能力,使学生终身受益。学生自学探究是由学、思、疑、问四个相互联系的学习要素组成的,学而不思,思而不疑,疑而不问,是传统教学模式的弊端之一;而学有所思,思有所疑,疑有所问,是现代教学提倡的优良学习方式。学生在自学探究中,能把学、思、疑、问联结在一起,就会给自学探究增添无限的乐趣和动力。

(二)解疑导拨,合作探究

学生自学探究是学中有探,探中有学,一般问题均可以在边学边探中自行解决,不理解或解决不了的疑难问题,可集中在合作探究中解决。这一环节可在每课主要内容进行完以后进行,教师可给学生留出针对所学内容提出疑问的时间,面对学生的疑问,教师不必过早解释,只要综合大家的疑问,提出一两个重点问题组织学生合作探究即可。合作探究的形式有三种:一是两人一组合作探究。即让同桌学生发挥各自的学探优势,就相关疑难问题,相互启发,相互研讨。二是小组合作探究。合作小组可以是四人或六人,合作探究中,学生集思广益、思维互补、思路开阔、分析透彻、各抒己见的特点,使获得的概念更清楚,结论更准确。三是大班集体探究。即抓住中心议题或关键性问题,让学生各自发表见解,集中解决难点。合作探究能促进学生思想情感交流,培养团结协作精神,构建民主和谐气氛,养成良好个性品质。

(三)明理强化,实践探究

这一步既是对探究成绩的巩固,又是对探究效果的检验,其作用在于帮助学生学会方法。首先,教师要根据教材要求和学生合作探究情况,简要归纳、概括讨论要点,掌握什么方法,理清什么概念,明白什么道理,几句画龙点睛的话,就可以给学生以明明白白、清清楚楚的交待。其次,要求学生运用自学和讨论探究获得的知识,学会举一反三,解决类似或相关的问题。学生实践探究是巩固和扩大知识的过程,同时也是吸收、内化知识为能力的过程。

（四）激励评价，引申探究

这一阶段既要总结前三步探究活动的基本收获，对学生积极主动参与探究给予充分肯定，又要得出结论，为学生今后解决类似或相关问题导向指路。这是探究式课堂教学活动继往开来的一步，其作用在于进一步让学生牢记探究的方法，养成自主探究的习惯，把学习探究变成自己生活的乐趣。激励评价可由教师进行，也可以让学生自评、互评，大家总结，教师补充。另外，教师要把局限于课堂的时间与空间扩大到课堂之外，引导学生到图书馆阅览室，到社会生活中去探究，给学生更多自己探究的机会。以自学探究、合作探究及实践探究为特色的探究式课堂教学是否能取得实效，归根到底是以学生积极主动的参与来决定的，只有学生积极主动地参与教学，才能改变课堂教学机械、沉闷的现状，让课堂充满生机，才能使探究式课堂教学进入理想的境界。

（本章执笔者单冬旺，审定者徐新民）

第三章
主要环节

从传统的教学向新课程理念下教学的转变，表现为学生层面的“学会”向“会学”的转变，教师层面的“教会”向“会教”的转变。传统的教学就是教师带着知识走向学生，目的在于教会学生应该掌握的学习内容，即学生学会知识。新课程理念背景下的教学，目的在于学生在学习知识的过程中掌握方法、习得习惯和养成素养，这是贯穿学生终身的一种学习意识和学习能力，是“会学”。要实现这种转变，在整个教学过程中的组织形式就要发生相应的变化，因为形式反映了内容，形式体现了教学的主张。每一节课都有一个学习内容，相应有学习目标。教师首先要将学习内容与学习目标相对应，将一节课化解为几个学习项目，每一个项目明确相应的学习方式。各个项目的学习方式就体现在本课题提出的课堂教学的主要环节“自学、讨论、探究、生成”之中。

第一节　自学

自学是一节课的首要环节，目的在于让学生明确学习任务，初步了解本节的学习内容，独立解决能自主解决的问题，同时提出自主学习过程中存在的困惑或遇到的新的疑问。自学环节的要点在于教师首先要提供自学的材料，材料可以是导学案，也可以是预习提纲。但不管是什么形式的预习材料，都要以问题的形式呈现。因为有了问题的引领学生才会从表层学习走向深入，才会总结提炼学习内容的概念、规律等，才会思考学习内容之间的联系。只有激发思维的学习过程才是有意义的。

自学这一环节大体可以从以下三个方面进行引导。

一、回顾复习，温故知新

按课堂教学任务的不同可以将课分为新授课、复习课、讲评课。不管什么类型的课，都是整个学习过程中的一个组成部分。不管哪一种类型的课，使用导学案或其他学习材料，都要安排学生回顾复习的环节。下面以《物理选修 3—2》第四章“电磁感应”第四节“法拉第电磁感应定律”的内容在各种类型的课中的运用情况加以说明。

（一）新授课的回顾复习

新授课承前启后，是前一章节的延续，也是后一章节的过渡，不可能是孤立的知识的学习。因此要了解本节课学习内容的前因后果，就需要温故而知新。

“法拉第电磁感应定律”这节内容是在之前学习了“划时代的发现”“探究电磁感应的产生条件”及“楞次定律”三节内容之后的一节内容。第一节“划时代的发现”交代了电磁感应的科学价值及历史意义，给电磁感应这一物理现象及规律在物理学中的地位给予了比较高的评价，以引起对这一学习内容的重视。第二节“探究电磁感应的产生条件”则阐明了能否发生电磁感应，是电磁感应现象有无的一种条件判断。第三节“楞次定律”是在发生电磁感应现象之后探寻具体规律的内容之一，即产生的感应电流的方向的规律。本节内容是探寻电磁感应的另一规律，即产生的感应电动势的大小的规律。通过回顾复习，认识到本节内容在整个电磁感应中的地位和作用，从而将本节内容的学习纳入到整章的学习链中，不再是孤立的节的学习。

（二）复习课的回顾复习

复习课是重要的教学课型，是对前一阶段学习的总结提升，它能弥补知识的缺陷，加深学生对知识的理解，加强知识的纵横联系，提升知识综合运用的能力。

“电磁感应”这一章内容在《物理选修 3—2》模块中处于核心地位，后一章内容“交变电流”本质上是电磁感应的具体运用。而电磁感应的核心内容是电磁感应现象产生条件的判断及产生电磁感应现象之后的两个规律，即感应电流的方向判断法则（楞次定律和右手定则）和感应电动势大小的判断法则（法拉第电磁感应定律）。因此，在“法拉第电磁感应定律”这节内容的复习课中，要从模块和整章的结构化中去认识本节内容，提升对该节内容所处的地位及重要性的认识。

（三）讲评课的回顾复习

讲评课是中学课堂教学的重要组成部分。做好测试后的讲评有助于弥补知识缺陷，完善知识网络，提高学科建模能力，养成良好的解题习惯。讲评课是针对学习过程中练习的反馈，是检测阶段性学习的效果及其查漏补缺的不可或缺的一种补充。在练习结束之后需要学生能自主地发现问题、提出问题，需要对前阶段的学习进行总的回顾。

以下是“法拉第电磁感应定律”的限时练习：

1. 闭合的金属环处于随时间均匀变化的匀强磁场中，磁场方向垂直于圆环平面，则（　　）

A. 环中产生的感应电动势均匀变化

B. 环中产生的感应电流均匀变化

C. 环中产生的感应电动势保持不变

D. 环上某一小段导体所受的安培力保持不变

2. 单匝矩形线圈在匀强磁场中匀速运动，转轴垂直于磁场，若线圈所围面积里磁通量随时间变化的规律如图所示，则 $O\sim D$ 过程中（　　）

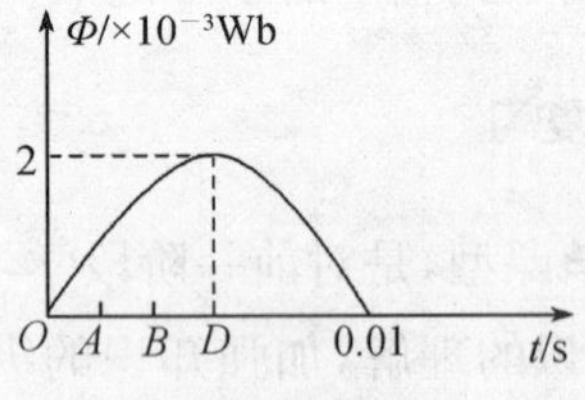

第 2 题图

A. 线圈中 O 时刻感应电动势最大

B. 线圈中 D 时刻感应电动势为零

C. 线圈中 D 时刻感应电动势最大

D. 线圈中 O 至 D 时间内平均感应电动势为 0.4 V

3. 如图所示，闭合开关 S，将条形磁铁插入闭合线圈，第一次用时 0.2 s，第二次用时 0.4 s，并且两次的起始和终止位置相同，则 (　　)

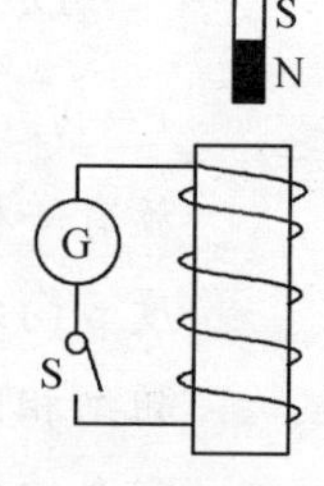

第 3 题图

A. 第一次磁通量变化较快

B. 第一次 G 的最大偏角较大

C. 第二次 G 的最大偏角较大

D. 若断开 S，G 均不偏转，故均无感应电动势

4. 一闭合线圈放在随时间均匀变化的磁场中，线圈平面和磁场方向垂直。若想使线圈中的感应电流增强一倍，下述方法可行的是 (　　)

A. 使线圈匝数增加一倍

B. 使线圈面积增加一倍

C. 使线圈匝数减少一半

D. 使磁感应强度的变化率增大一倍

5. 在图中，EF、GH 为平行的金属导轨，其电阻不计，R 为电阻，C 为电容器，AB 为可在 EF 和 GH 上滑动的导体横杆。有匀强磁场垂直于导轨平面。若用 I_1 和 I_2 分别表示图中该处导线中的电流，则当横杆 AB (　　)

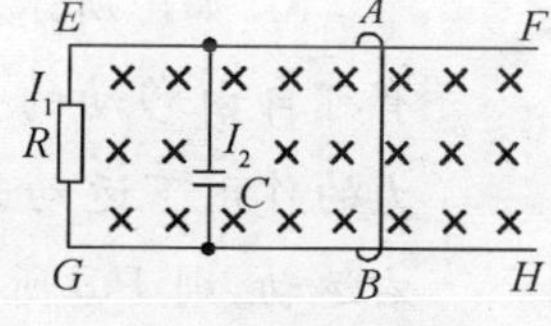

第 5 题图

A. 匀速滑动时，$I_1=0$，$I_2=0$

B. 匀速滑动时，$I_1\neq0$，$I_2\neq0$

C. 加速滑动时，$I_1=0$，$I_2=0$

D. 加速滑动时，$I_1\neq0$，$I_2\neq0$

6. 如图所示，一导线弯成半径为 a 的半圆形闭合回路，虚线 MN 右侧有磁感应强度为 B 的匀强磁场，方向垂直于回路所在的平面，回路以速度 v 向右匀速进入磁场，直径 CD 始终与 MN 垂直。从 D 点到达边界开始到 C 点进入磁场为止，下列结论正确的是 (　　)

A. 感应电流方向不变

B. CD段直导线始终不受安培力

C. 感应电动势最大值$E_m = Bav$

D. 感应电动势平均值$\overline{E} = \frac{1}{4}\pi Bav$

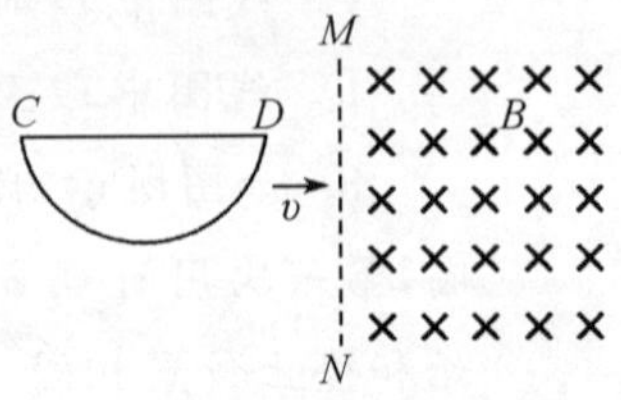

第6题图

7. 如图所示，金属三角形导轨COD上放有一根金属棒MN。拉动MN，使它以速度v向右匀速运动，如果导轨和金属棒都是粗细相同的均匀导体，电阻率都相同，那么在MN运动的过程中，闭合回路的 ( )

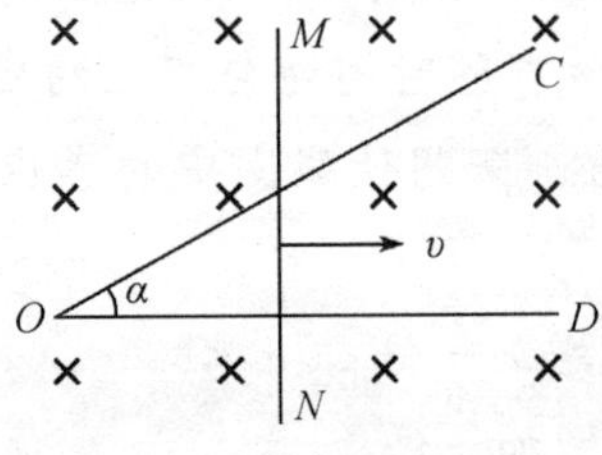

第7题图

A. 感应电动势保持不变

B. 感应电流保持不变

C. 感应电动势逐渐增大

D. 感应电流逐渐增大

8. 如图所示，水平放置的两条光滑轨道上有可自由移动的金属棒PQ、MN，当PQ在外力的作用下运动时，MN在磁场力的作用下向右运动，则PQ所做的运动可能是 ( )

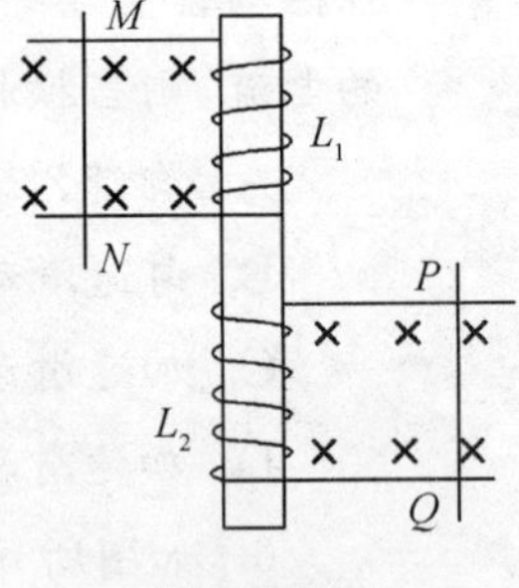

第8题图

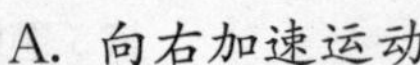

A. 向右加速运动　　B. 向左加速运动

C. 向右减速运动　　D. 向左减速运动

9. 某同学在实验室里熟悉各种仪器的使用，他将一条形磁铁放在水平转盘上，如图甲所示，磁铁可随转盘转动，另将一磁感应强度传感器固定在转盘旁边。当转盘(及磁铁)转动时，引起磁感应强度测量值周期性地变化，该变化的周期与转盘转动周期一致。经过操作，该同学在计算

机上得到了如图乙所示的图象。该同学猜测磁感应强度传感器内有一线圈，当测得磁感应强度最大时就是穿过线圈的磁通量最大时。按照这种猜测　　　　　　　　　　　　(　　)

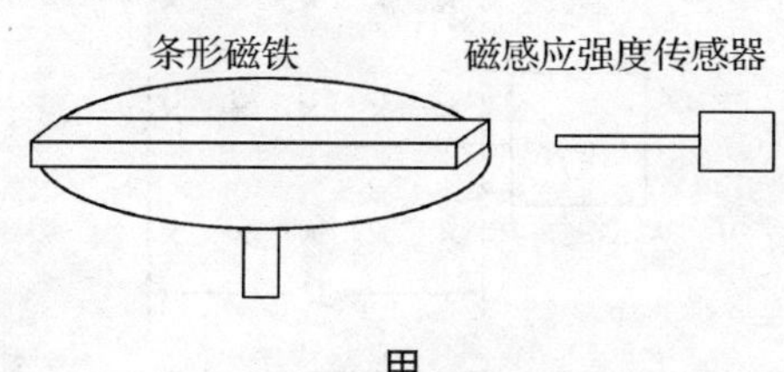

甲

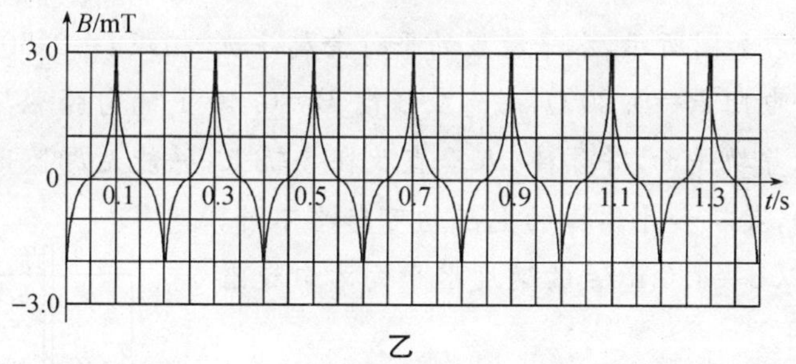

乙

第 9 题图

A. 在 $t=0.1$ s 时刻，线圈内产生的感应电流的方向发生了变化

B. 在 $t=0.15$ s 时刻，线圈内产生的感应电流的方向发生了变化

C. 在 $t=0.1$ s 时刻，线圈内产生的感应电流的大小达到了最大值

D. 在 $t=0.15$ s 时刻，线圈内产生的感应电流的大小达到了最大值

10. 穿过单匝闭合线圈的磁通量随时间变化的 Φ—t 图象如图所示，由图知 0～5 s 线圈中感应电动势大小为________ V，5～10 s 线圈中感应电动势大小为________ V，10～15 s线圈中感应电动势大小为______ V。

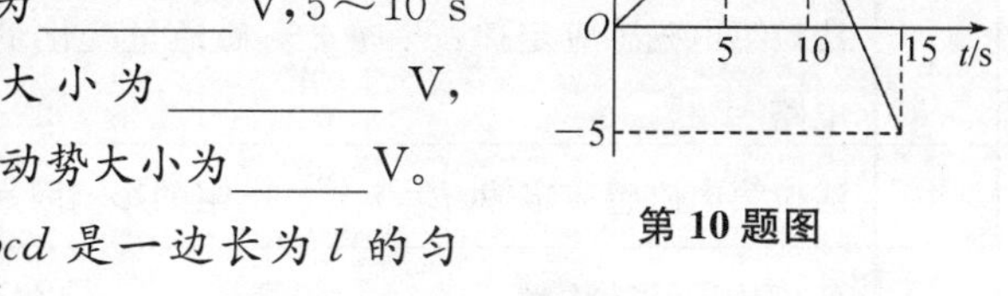

第 10 题图

11. 如图所示，$abcd$ 是一边长为 l 的匀质正方形导线框，总电阻为 R，今使线框以恒定速度 v 水平向右穿过方向垂直于纸面向里的匀强磁场区域。已知磁感应强度为 B，

磁场宽度为 $3l$,求线框在进入磁区、完全进入磁区和穿出磁区三个过程中 a、b 两点间电势差的大小。

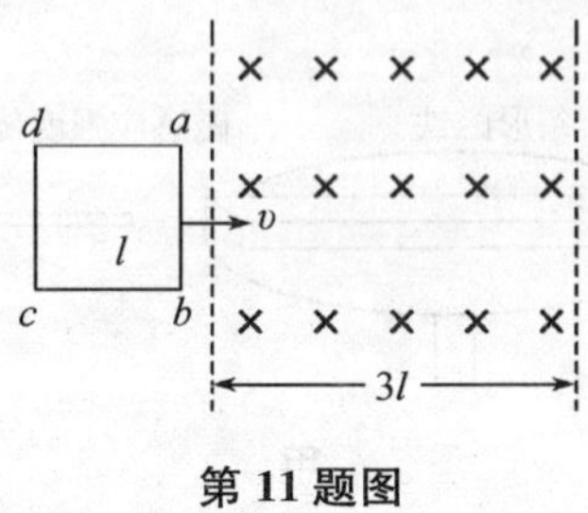

第11题图

12. 如图所示,水平放置的平行金属导轨,相距 $l=0.50\ \text{m}$,左端接一电阻 $R=0.20\ \Omega$,磁感应强度 $B=0.40\ \text{T}$ 的匀强磁场方向垂直于导轨平面,导体棒 ab 垂直放在导轨上,并能无摩擦地沿导轨滑动,导轨和导体棒的电阻均可忽略不计,当 ab 以 $v=4.0\ \text{m/s}$ 的速度水平向右匀速滑动时,求:

(1) ab 棒中感应电动势的大小;

(2) 回路中感应电流的大小;

(3) 维持 ab 棒做匀速运动的水平外力 F 的大小。

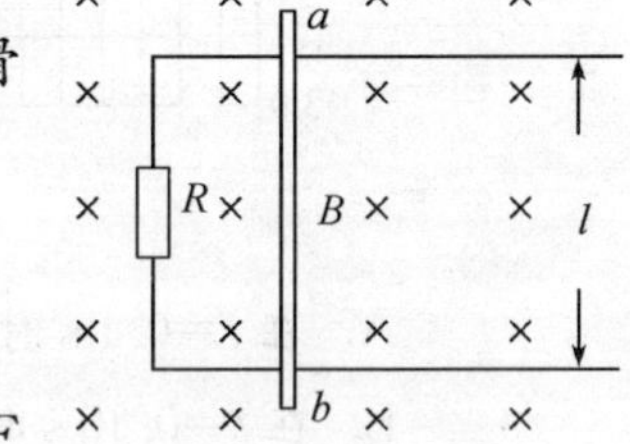

第12题图

这份训练各题对应的知识点如下表:

题号	知识点
1	法拉第电磁感应定律:$E=\frac{\Delta\Phi}{\Delta t}$
2	$\Phi-t$ 图象;图象斜率的物理意义;法拉第电磁感应定律:$E=\frac{\Delta\Phi}{\Delta t}$
3	法拉第电磁感应定律:$E=n\frac{\Delta\Phi}{\Delta t}$;磁通量变化量与变化快慢的区别;电源与电路
4	法拉第电磁感应定律:$E=n\frac{\Delta\Phi}{\Delta t}$;电阻的影响因素
5	$E=BLV$;含容电路
6	$E=BLV$;法拉第电磁感应定律:$E=n\frac{\Delta\Phi}{\Delta t}$

（续表）

题号	知识点
7	$E=BLV$；电阻定律
8	互感
9	图象意义分析；条形磁铁周围磁场分布特点
10	$\Phi-t$ 图象；法拉第电磁感应定律：$E=\frac{\Delta\Phi}{\Delta t}$
11	$E=BLV$；等效电路
12	$E=BLV$；闭合电路欧姆定律；力的平衡

学生的回顾复习就需要对这份练习中各题涉及的知识点有明明白白的认识，如果遇到疑问时，可以查阅教材或相关资料，由此为后期的讲评做好准备。

二、文本自学，提炼要点

新授课、复习课、讲评课三种课型中的文本自学阶段，需要学生根据不同课型按不同的要求进行。下面以《物理选修 3—2》第四章“电磁感应”第四节“法拉第电磁感应定律”这节内容为例进行说明。

（一）新授课的文本自学

新授课的文本自学目的在于让学生在独立阅读教材的基础上，对该节内容有一个比较清晰的认识，了解该节内容涉及的主要概念、规律等。要求学生能认真详细地阅读，并能提炼出本节内容的要点、概念或规律，最好能找出各知识点之间的关联。

学生对“法拉第电磁感应定律”这节内容的文本自学，要求学生知道本节内容是电磁感应现象中的定量规律之一，知道产生电磁感应现象时存在对应的电源。电源电动势的计算有两种方法：一是法拉第电磁感应定律，二是切割产生的电动势由 $E=BLV$ 进行计算。同时对反感生电动势有初步的认识。

（二）复习课的文本自学

复习课的文本自学目的在于学生对该节内容再次阅读后，能回忆起该节内容的主要概念、规律等，并对该节内容在这一章中的地位和作用有一定的认识。要求学生能勾勒出本节内容与之前学习过的内容的知识网络，由此能从知识结构、逻辑关系等层面掌握本节内容，认识本节内容的地位及作用。

"法拉第电磁感应定律"这节内容复习课的文本自学，除了要回忆起法拉第电磁感应定律和切割产生的电动势两种计算方法，还要认识到这两种计算所针对的对象不同：一种是用来计算平均感应电动势，另一种是用来计算感应电动势的瞬时值。并认识到解决了感应电动势的大小计算只是解决了感应电动势定量问题的一个方面，还需要判断感应电流的方向。从而认识到本节内容是整个电磁感应现象定量规律的一个有机组成部分。

（三）讲评课的文本自学

讲评课的文本自学就是针对所做的试题进行再次阅读。这种阅读包含两个方面，一是对正确作答的试题进行粗略的浏览，认识到自己已经初步掌握这些试题所对应的知识点。二是对作答错误的试题进行再次研读，分析自己错误的原因。有些错误可以在这次阅读分析过程中得到纠正的，可能是由审题不仔细、分析不到位、简单的计算错误等原因造成的。有些错误通过再次研读仍然没有办法进行正确解答。这就明晰了后期的课堂试卷讲评过程中自己听课的重点。

以某一学生在上述电磁感应训练题的文本自学为例。该学生正确解答的试题有1、3、4、9、10，其他试题解答错误或部分错误。通过对这份试题的再次研读，发现关于法拉第电磁感应定律的直接运用掌握得较好，但关于图象的阅读能力、两种计算感应电动势的方法的区别、电磁感应和电路组成的题型等还存在障碍。

三、问题初想，独立思考

新授课、复习课、讲评课三种课型中的问题初想，就是根据不同的学习

阶段,对导学案中的问题进行独立思考,一方面是检验自学的成果,另一方面是为后续的学习提供学习的方向。不管是哪种类型的课,都需要学生明明白白地将遇到的疑问、生成的问题表述出来。在《物理选修 3—2》第四章“电磁感应”第四节“法拉第电磁感应定律”这节中,问题初想可以体现在以下三个方面。

(一)新授课的问题初想

在对新授课内容进行文本阅读之后,除了了解本节内容的主要概念、规律之外,还需要认识到这些概念、规律在该节内容中的缘起、功能及地位,需要知道这些概念、规律等是如何推导出来的,需要了解这些概念、规律应用的条件、方法及注意点等。

在文本阅读之后,应该认识到这是电磁感应现象发生之后对定量规律的应然追寻。如何得出电磁感应电动势的大小,法拉第电磁感应定律是直接给出了历史性的结论,而切割产生的电磁感应电动势则是在法拉第电磁感应定律的基础上推导出来的。同时,要思考两种计算感应电动势的方法分别有什么适用条件,运用过程中应该有什么注意点,以及反感生电动势在我们日常使用的电器中有哪些具体体现。

(二)复习课的问题初想

在再次阅读教材文本之后,在回忆该节内容的基础上,认识该节内容的地位和作用,还要思考关于该节内容在学习过程中存在哪些问题,存在哪些障碍,本节内容具体的运用过程中有哪些注意事项。要求学生能围绕核心概念、规律提出有质量的问题,而不是简单的“为什么”。简单的问题容易引导学生思维简单、不深入,久而久之变得只会等问题而不会提出有质量的问题。

“法拉第电磁感应定律”这一节的复习课,应该是整个电磁感应复习的一个组成部分,限于当下的课时,应该将电磁感应的产生条件、法拉第电磁感应定律及楞次定律一并复习,由此认识到法拉第电磁感应定律是定量解决电磁感应现象的一个方面。要联想到在电磁感应现象的问题中,如何灵活使用法拉第电磁感应定律,如何求解不同感应电动势的大小。

（三）讲评课的问题初想

在对试卷进行文本阅读之后，结合这份试卷的解答情况，思考自己在这部分内容的学习过程中掌握的情况如何，在哪些概念、规律的使用中还存在问题，通过何种方式来弥补知识与能力上的缺陷。

前述的法拉第电磁感应定律的试卷，还是以那位学生的试卷为例。从解答情况可以看出，该学生对法拉第电磁感应定律这一概念规律已基本掌握，但对图象的认识、分析，在电磁感应和电路的综合运用等问题上还存在理解不清的情况。因此，需要对电路的认识和规律再次复习巩固，需要澄清电磁感应现象中的内外电路等问题。

第二节　讨论

学生在自主学习阶段了解了课堂学习的主要内容，并经过若干种途径解决了能独立解决的问题，但学生存在个体差异性，这种差异性表现在自学阶段就是对于所提供材料的阅读、理解的程度不同，独立解决问题的程度不同等。对于学习过程的认识，我们不能停留在理解上认为仅仅是教师对学生课堂传授这种单一的形式。既然班级授课制存在，因此班集体就是一群有共同愿景的学生的集合，这就是一个小社会，这些学生就有共同的语言，存在可以沟通交流的先决条件，而且在这种交流过程中，没有了传统课堂中的对教师权威的迷信，没有了教师指令性的口令，同学之间是平等的，是自由的，是心理宽松的。因此，在课堂中组建学习小组是有效的学习方式。小组内的相互交流、问题解决给了部分学生一定的自信。小组学习组织的有序程度给学生体验到社会契约的作用。小组学习中学生角色和功能的转化能不断挖掘、展示学生个性化的潜质。因此，新课程提倡的小组合作的学习方式，是对传统课堂的重要补充，让学生的学习过程变得多一些自由，少一些痛苦，多一些成功的体验与幸福。只有自由、幸福的学习体验才是持久的，才能影响学生一生，为学生的终身学习奠定基础。

讨论环节可以从以下三个方面进行引导。

一、分组活动，差异配搭

分组活动是对学生群体这一资源的充分利用，是培养学生社会交往、沟通能力的主要途径之一。传统的课堂教学过程是单向的，只是教师讲授，学生听讲，缺乏学生之间的交互性。通过分组活动，可以加强学生间的交流，给学习好的学生一个展示的机会，为这些学生树立自信心搭建一个很好的平台。而对于学习中存在薄弱环节的学生，可以通过同学之间的交流，达到更好的学习效果。因为同学之间的交流没有师生之间交流的隔阂，可以更自由、更放松、更贴近学生的思维层次。分组的过程中，要体现“组内异质、组间同质”的特点，即同一学习小组的成员之间在同一学科上存在认知能力上的差异，不同的小组之间同一学科学习的整体情况接近，从而保证小组内的交流过程中有带头人的存在，小组间则是公平的，不存在优势小组和劣势小组。

（一）新授课的分组活动

新授课的分组活动是建立在新授课学生自主学习的基础上而进行的教学环节。分组活动的要求是交流学生对新授课内容的自学情况，交流新授课对应的内容、概念和规律等，交流自主学习过程中存在的疑问和对一些问题的看法。分组活动的过程要求学生能畅所欲言，组内的每一位学生都要发表自己的看法观点，不能成为一两个学生的表演平台。否则分组活动会使活跃的更活跃，沉闷的更沉闷，达不到组内学生共同发展的效果。

在“法拉第电磁感应定律”这一节新授课的分组活动中，要求学生交流的本节内容包括产生电磁感应现象之后应该有电源存在，电源电动势的大小计算有两种方法，这两种方法的得出途径不同，了解电动机运行过程中存在反感生电动势等。其中，对于这两种计算电动势方法的区别、使用条件及运用注意点学生可能存在疑问。

（二）复习课的分组活动

复习课的分组活动目的在于为学生自主复习之后搭建一个相互交流的平台，充分利用学生之间的资源，将一些能在学生之间解决的问题先解决掉。因为学生之间的平等交流使教学形式变得丰富，比教师纯粹的讲授更具效果。分组活动过程中要求学生之间知无不言，言无不尽，既陈述自己的观点，也表达自己的疑问，更可以就某一概念、规律的看法有争议。

"法拉第电磁感应定律"复习课的分组活动，学生对于这节内容的回顾，对这节内容的地位及作用，对两种求解电磁感应电动势的方法的区别与联系等，就可以在分组活动中得到解决。

（三）讲评课的分组活动

讲评课的分组活动的目的在于让学生在自我订正的基础上，对试卷中还存在个人疑问的试题进行相互交流。分组活动的要求在于能解决通过相互交流就能解决的学生个性化的问题。这些问题往往不太复杂，学生犯错仅仅是计算问题、关键信息疏漏或者是思维的狭隘等。通过学生之间的交流，就能帮助同组的学生对这些简单的错误进行纠正。

比如前述的那位学生，在"法拉第电磁感应定律"的测试中所犯的错误，其中的第 4 题，是没有认识到图象斜率的意义；第 6 题错误地选择了 B，是错误地认为 CD 边与运动方向一致，而没有意识到 CD 边是否受力要看其中是否存在电流。这两道试题在学生相互交流过程中就得到了解决。

二、形成看法，畅所欲言

在同一学习小组充分交流之后，对一些正确的概念、规律的认识得到强化，一些简单的问题在学生的交流中得到了解决。对于比较困难的知识点，学生也有了比较充分的讨论与思考，为后期的教学提供了很好的准备。但重要的一点是，小组交流所形成的看法应该是基于小组交流讨论之后的共识，即同一小组在一些问题上已经全员理解、掌握，在一些问题上还存在模糊和不清晰的地方。

（一）新授课的形成看法

在小组交流之后，学生对于新授课的内容有了初步的认识。但对于其中的核心概念、规律等的得出过程，运用的注意点等问题需要在小组交流中形成一致的意见。这种统一的看法有时是不全面的，甚至是偏颇的。但这些都不影响后期的学习，反而是后期学习的基础，体现了后续学习的必要性。

“法拉第电磁感应定律”新授课的小组讨论之后，需要学生形成的看法有：电磁感应现象中存在电源，电源电动势的计算一般方法是法拉第电磁感应定律，切割时产生的电动势的计算方法是 $E=BLV$，电动机正常运行过程中存在反感生电动势等。

（二）复习课的形成看法

在学生自主复习之后，学生会出现对所复习内容存在遗忘之处、对概念存在混淆之处、对规律运用的熟练程度有所下降等情况。在复习课的分组讨论过程中，这些方面在同组学生的帮助之下有所改观。但对于复习课中出现的复习试题可能还不能独立解决，小组讨论之后还存在疑惑之处。对于本节内容需要提升深化的关节点也需要在复习课中进一步得到体现。

“法拉第电磁感应定律”的复习课，主体内容即电磁感应现象发生后，必定有对应的电路，存在相应的电源，不同类型的感应电源电动势有不同的计算方法等，这些问题通过自主复习和小组交流后基本能得到解决。但对于电磁感应和电路、力学、能量综合的问题，学生的认识还是模糊的，小组交流之后形成的看法基本上是点状的，不能形成整合的、系统的认识。

（三）讲评课的形成看法

学生在对限时训练独立订正、小组交流之后，对于试卷已经基本形成了自己的认识：有哪些知识点已基本掌握，有哪些错误是稍加留意就能避免的，还有哪些问题需要进一步澄清。而小组内的交流结束之后，对本节内容的认识也会达成共识：哪些属于基本题，有哪些知识点可以进一步拓展、延伸、综合，在储备了相关的知识之后，能力的增长点在什么地方等。

“法拉第电磁感应定律”这节课的限时训练，前述的这位学生基本掌握了法拉第电磁感应定律及切割磁感线产生的电动势的计算方法。但从错误的试题看，该学生对两种感应电动势的计算方法的区别比较模糊。之前的知识有遗忘，如电阻定律、电容器的相关知识等。对电磁感应和电路的综合问题，缺乏情境转化的意识和能力，对于图象的物理意义的分析能力还有待提高。

三、点评推进，把握规律

在小组交流、小组内形成统一的看法之后，下一个环节就是课堂上整体的交流与总结。首先是各小组代表在课上交流讨论结果，提出本小组已经解决的问题和还存在的无法解决的问题。其次是不同小组之间进行互动，看是否能帮助其他小组解决他们存在的疑问。第三是教师的引导、点拨，对所有学习小组都无法解决的问题一起探究解决。

（一）新授课的点评推进

新授课中在小组交流之后，学生对于该节内容有了初步的认识，但可能对这节内容内部的逻辑性缺乏思考，对这节内容在章、块中的地位缺乏认识，对内容本身的一些关键点的认识存在难度，对新的概念、规律的使用注意点缺乏意识等。这些都需要教师在新授课的教学过程中进行点拨、引导。

"法拉第电磁感应定律"这节内容中，产生电磁感应现象后，就从对磁场的认识转化为对电路的研究，首先就是等效电源的认识，因此就有了本节中关于电磁感应电动势求解的问题。法拉第电磁感应定律是一般的求解方法，$E=BLV$ 虽然是由法拉第电磁感应定律推导出来的，但又有其使用的特殊性和优势。这些都需要在新授课的教学过程中进一步加以深化和总结。

（二）复习课的点评推进

复习课中，在学生自主复习、小组交流之后，尽管解决了学生在自主复习过程中遇到的一些问题，但还存在小组的学生间无法解答的问题。这时，课堂小组间的互动交流，一方面解决了其他小组中存在的学习疑问，另一方面将一些问题引向深入，学生处于积极的"愤悱"状态，迫切需要教师进行点评，从而引导学生正确思维，解决遗留问题，得出正确结论。

"法拉第电磁感应定律"的复习课在自主复习、小组交流之后，初步解决了等效电动势位置的判断，不同类型感应电动势大小的计算方法。对于复习中遇到的综合电磁感应和电路、力学、能量等方面的问题，教师就需要点拨、提醒学生画出等效电路图，找出动生电动势问题中的动力学分析的主体，分析各种形式的能量形成和转化的特征等。这就是复习该节需要点评

推进的主要内容。

（三）讲评课的点评推进

学生在自主订正、小组交流之后，遗留下的问题和存在的疑惑急需教师进行深入剖析，以达到释疑解惑、深化认识的效果。教师点评的出发点有两个：一是直接来自于学生的疑问。对于学生已经解决了问题，教师就没有必要再次复述。一定要改变观念，要相信学生的独立解决问题或互动解决问题的能力。不能认为只有教师的讲授才是学生学习的唯一通道。因此，来自于学生的疑问是聚集各小组交流之后的共同的问题。这些问题有一定的深度，或者是这些问题的解决存在特殊的学生还未学习到的技能等。二是来自于试题的有效拓展。一道试题所包含的概念、规律或思维能力要求是有限的，但一道试题的背后可能还存在许多可利用的资源。这种资源就是基于试题且高于试题的拓展、延伸，从而形成新的观点，得到新的结论。而将试题进行拓展、延伸就是提升学生能力、锻炼学生思维的过程。

"法拉第电磁感应定律"这份限时训练题，对于图象的解读、两种电磁感应电动势的计算方法的比较、电磁感应和电路的综合、电磁感应和力学的综合等方面就需要教师进行点拨。特别是电磁感应所生成的电路，分析电路的结构、电源电动势和路端电压的关系等需要学生养成画出相应电路图的习惯。

第三节　探究

在自主学习、小组讨论之后，学生解决了能独立解决的问题，解决了小组内相互交流能解决的问题。此时还存在的问题则是需要寻求更大范围内的帮助，需要寻求教师的帮助。这就使课堂的探究成为可能，也成为必需。探究的根本目的在于培养学生的探究意识、探究习惯及探究能力等。传统的教学中更多的是学生等待，等待教师给出答案后然后再通过习题强化。学生习得的更多的是结论，忽略了结论得出的过程性体验，也就缺乏独立面对问题、解决问题的能力。新课程提倡的探究教学是对传统教学的一种重要补充，以此来弥补传统教学的不足。探究的起始点是问题，问题的提出或发现可以是教师明确提出来的,但最好是由学生在阅读相关材料之后主动提出的,这就是一种问题意识。因为发现问题的能力远比解决问题的能力有意义。

课堂中的探究环节,可以从成果展示、情境探究、生成创新这三个层面来组织。

一、成果展示,培养能力

成果展示是学生自主学习和小组交流之后的教学环节。展示的内容有学生独立学习的心得体会,也有小组内交流总结的结果。首先,展示的目的是为了显现学生前两个阶段学习所达到的层次,成为下阶段教学定位的基准,也就使教师的教有了明显的最近发展区的依据。其次,成果的展示使学生的表达能力得到了锻炼,是表达能力提升的有效途径。要将学习成果从心中明白到让别人清楚,就需要科学、合理、有条理、讲逻辑的展示。这是学生终身必备的交流能力。第三,学习成果在课堂中的展示得到了其他学生和教师的认可,提升了学生学习的自信心,是学生后续学习的动力。第四,成果展示的形式可以多样化。口头表达、板演、动作模拟、实物演示等都可以成为展示的方式。这也丰富了学生的交流表达能力。

(一)新授课的成果展示

新授课在学生自主学习和小组讨论之后,首先展示的是学生自主学习和小组交流的成果,展示的要求要尽可能详尽覆盖新授课所涉及的主体内容。这是下阶段课堂集中探究的基础。展示的注意点首先要完备但不要重复,即将新授课的主干知识全覆盖,不同学生与小组的展示内容可以围绕主干知识相互补充但不要重复。其次,展示要有层次性。展示的内容有先后之分,有主次之分,有重点和非重点之分。第三,展示要有逻辑性。展示的内容之间存在内在的逻辑关系,不能像散落的珍珠一样孤立地呈现,要寻求内在的逻辑主线。

"法拉第电磁感应定律"这节新授课展示的内容有:电磁感应现象中由磁生电,即存在电源;感应电动势有两种定量计算的方法;电动机正常运转过程中存在反感生电动势。其间的层次和逻辑关系体现如下:从电磁感应现象的有无的定性判断到定量规律的追寻,从一般的感应电动势的计算到

特殊情况下感应电动势的计算，从理论上的感应电动势到实际生活中的感应电动势的具体体现。

（二）复习课的成果展示

复习课成果展示的内容包括学生自学的内容，也包括小组讨论的结论，更应该展示自学和小组讨论过程中存留的问题和生成的新疑问。成果展示的过程中要求教师对各个小组、各位学生展示的成果要完整，但不要交叉。同时，在成果的表述、呈现过程中要有层次性、结构性等。以此来为后期的课堂教学服务，引领后面的总结、探究，使教学过程变得有条理、有层次，体现整节课的结构性。

“法拉第电磁感应定律”的复习课中，学生展示的成果主要有两种电磁感应电动势的计算方法，并认识到切割磁感线产生的电动势是一种特殊的计算方法。但存留的问题是对法拉第电磁感应定律能否计算瞬时感应电动势，$E=BLV$能否计算平均感应电动势还有疑惑。教师需要将学生的成果按是否产生电磁感应，产生了电磁感应之后必定存在对应的电路，对应电路的电源电动势如何定量计算，两种计算电动势的方法之间的区别和联系，及不同的计算方法在什么情况下使用等进行有层次的板演。这样就为后阶段的探究和小结提供了一个很好的课堂教学平台。

（三）讲评课的成果展示

教师批阅试卷之后，对学生的作答情况有个基本数据的分析。集体上课前应明确哪些问题是可以由学生自主解决和小组讨论解决的，还有哪些问题是需要课堂集体探究、交流的。对于可以由学生自主解决或小组讨论解决的问题，要学生展示解决问题的过程。防止教师出现主观判断错位的现象：认为学生已经掌握了相关内容，但事实上学生还存在错误认知或疑难障碍。第二个需要展示的是需要课堂集体探究、交流的问题，可以让学生展示对这些问题的初步设想和有效联想。充分暴露学生的最近发展区，为后期的课堂集体讲评做准备。

“法拉第电磁感应”这份试卷的讲评课。学生要主动展示解答正确的问题，展示过程中要用最精练的语言将问题的核心表述出来，比如第 1 题：磁场均匀变化，也就是说$\frac{\Delta B}{\Delta t}=k$，根据感应电动势的定义式$E=\frac{\Delta \Phi}{\Delta t}=\frac{S\Delta B}{\Delta t}=kS$，其中$k$是一个常量，所以圆环中产生的感应电动势的数值是一个常量。而线圈中某一小段受到的安培力方向是不同的。这样的表述就表明学生已经完全掌握了该题所考核的内容。对于做错的问题，也要用简练的语言表述出存在的疑问。比如第5题：学生的疑问是为何电容器所在的支路中还有电流有无的判断。这说明学生对于电容器的认识仅仅局限在两极板间绝缘这一层次，忽略了电容器充电、放电时相对于电路是"闭合"的这一动态特征。有了诸如此类的展示，后面的课堂集体探究就有了明确的方向。

二、情境探究，解决疑惑

自学、讨论更多的是学生自我认知和学生层面的认知整合，是为下阶段学习新知识、更新能力服务的。而新知识、新能力的养成则依赖于从已知走向未知的探索，这种探索过程比较合适的途径就是探究。当未知或疑问摆在面前时，探究性的教学是师生双方共同摸索的过程，是原有的认知结构得到优化的过程。探究是学生基于未知和问题的主动学习过程，更能激发学生的求知欲，达到更好的教学效果。

（一）新授课的情境探究

学生展示了新授课所涉及的内容的成果后，只是从表象层次了解和初步掌握该节内容。许多知识、概念或规律存在深层次的需要进一步探究的地方。展示的成果表明这部分内容有些什么，但这些内容背后有怎样的原因、有怎样的运用则需要在教师引导下进行探究。首先要注意的是探究一定源于问题，而不是探究已经清楚了的结论。问题则是来自于前两个学习阶段中学生真正的困惑。其次，探究要设置相应的问题情境。因为情境是问题的温床，是滋生问题的土壤，而离开了情境的问题则是突兀的，是为问题而问题的探究。第三，情境的设置要有真实感，可以是虚拟的，但一定是对现实情境的部分理想化的虚拟。这样的问题才是进一步探究驱动力的源泉。第四，情境要接近但又要高于学生的认识，如果是学生完全理解的情境，在学生看来则是透明的，会使接下来的探究变成一种形式。如果情境复

杂到学生完全不能理解，则也不会激发学生探究的兴趣。

"法拉第电磁感应定律"这节内容，教材中直接给出了法拉第的研究成果。学生在自学、讨论之后，也许会对法拉第电磁感应定律这一内容产生怀疑。这种怀疑就是课堂探究的问题基础。教师可以设计相关的演示实验，或者是让学生提出相关的实验探究方案进行探究。

（二）复习课的情境探究

复习课的情境探究区别于新授课的情境探究。因为新授课的情境探究面对的是全新的知识，情境的设置是为学生掌握新的概念和规律服务。而复习课中的情境探究则是为了帮助学生恢复原有的认知内容，为了深化原有的认知层次。因此，复习课中的情境探究更多的是以问题或者是具体的习题形式出现。这些问题或习题要具有一定的情境，而且这些情境相对于新授课中的情境要复杂些，内涵更丰富些，从而对概念、规律的深化起到积极的导向作用。

"法拉第电磁感应定律"这节复习课，在学生完成了基本概念、规律等的复习后，可以提供这样的问题情境：在磁感应强度为 B 的匀强磁场中，有一矩形线框，边长 $ab=L_1$，$bc=L_2$，线框绕中心轴 OO' 以角速度 ω 由图示位置逆时针方向转动。求：(1) 线圈转过 1/2 周的过程中的平均感应电动势；(2) 线圈转过 1/2 周时的感应电动势。

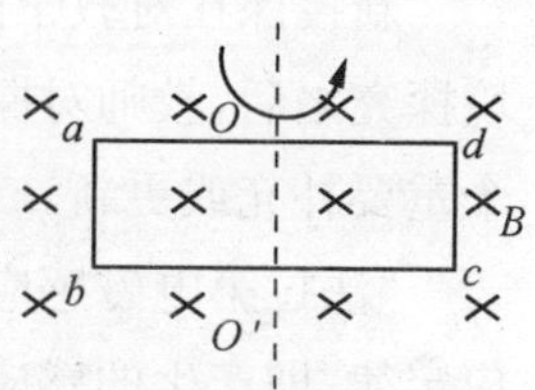

对这一问题的探究，让学生在具体的情境中练习使用两种感应电动势的计算方法，可以达到巩固提升该节内容的效果。

（三）讲评课的情境探究

讲评课中学生展示了已经解决的问题，教师除了对其进行肯定和提醒之外，对于试卷中存在的问题，特别是存在知识点需要拓展延伸的问题，课堂中就需要进一步加以探究。

前面的"法拉第电磁感应定律"这份试卷中的问题都属于基本题，但其中存在诸多值得延伸拓展的地方。比如第 11 题，线圈穿越有边界的匀强磁场过程中，除了要对整个过程进行分段讨论之外，还需要画出对应阶段的等效电路图，特别是画出等效电源。另外，该问题在以下几个方面也值得探究：画出 ab 边的电压随时间变化的图象；匀速穿越过程外力随时间的变化关系；穿越过程中外力所做的功、产生的焦耳热等。通过以基础题为基础的拓展探究，可以最大限度地利用试卷资源，提高教学的效果。

三、生成创新，强化思维

探究过程解决了疑问，收获了新的知识，更新了学生的能力。但要优化学生的认知结构，使学生的能力得到进一步提升，还需要结合原有的认知和本节课的教学内容进行总结提升。总结提升的过程能帮助学生进一步清晰知识框架，因为整体大于部分之和，在建构新的认知图景的过程中往往能生成新的观点、概念或方法等。这就是生成、创新的过程。

（一）新授课的生成创新

新授课在对教学内容，特别是学生在自学、讨论之后存留的问题进行情境探究之后，教师对探究的结果进行引导归纳，使之成为学生认知结构的一个重要补充或更新。

“法拉第电磁感应定律”这节新授课，探究的主要环节是法拉第电磁感应定律，即产生的感应电动势和磁通量的变化率成正比，与磁通量变化的时间成反比，与线圈的匝数成正比。学生在探究完这一内容之后，教师引导学生思考感应电动势与磁通量的变化率成正比，而与磁通量的变化量无关这一特点和曾经学习过的那些物理量类似。学生会联想到加速度的定义，即加速度由物体的速度变化率决定，而与物体的速度变化量没有关系。这种引导下的联想、对比，就使学生掌握了一类物理量定义的特点。掌握的不再是孤立的法拉第电磁感应定律这一新授概念，而将这一新概念整合到原有的认知结构中去。一旦成为认知结构的一个组成部分，学生将加深对法拉第电磁感应定律的认识和理解，也使学习的过程变得丰满，变得有意义。

（二）复习课的生成创新

复习课不仅仅是对原有概念、规律的回忆，也不仅仅是这些概念、规律

的运用，而是需要在原有基础上进一步拓展加深，达到对这些基本概念、规律可以变通运用、熟练掌握、深刻理解的程度。

“法拉第电磁感应定律”的复习课中，可以引入这样的问题：

长为 L 的金属棒 ab，在磁感应强度为 B 的匀强磁场中绕 a 点以角速度 ω 匀速转动。金属棒转动的平面与磁场方向垂直，则金属棒两端的电压是多少？

这种转动切割磁感线问题可以利用感应电动势的两种计算方法来处理。同时，这种转动问题和前述线圈在磁场中转动切割磁感线的问题有相似之处，但问题的本质截然不同。由此将本节内容中的概念进一步拓展，以深化学生对法拉第电磁感应定律的理解。

（三）讲评课的生成创新

讲评课的拓展探究，是为了更新学生原有的认知结构，提升学生分析问题、解决问题的能力。这就要求在课堂探究之后，学生能结合探究的内容，激发继续学习的动力，产生新的认知，从而让试卷讲评课发挥最大的效益。

电磁感应可综合的环节很多，与之前学习过的许多知识有关联。通过“法拉第电磁感应定律”这份试卷中基础题的拓展探究，一方面强化了该部分内容的学习，更重要的是将这部分内容和原来学习过的电路知识、力学知识和功能关系等结合起来，唤起了学生对原来这些知识的回忆，加强了学生对各种知识运用方法的体悟，提升了学生综合分析能力。如试卷中的第 11 题，利用该题将电磁感应与电路、图象、力学、功和能等知识点综合起来，达到了生成创新的效果。

第四节　生成

在教师引领点拨的前提下，学生对于课堂教学内容有了一个崭新的认识。这就为学生的认知结构优化、学习能力提升提供了一个外部条件。对于学生而言,这些是被动的吸收过程。要将这些内容和能力转化为自身的自觉的认识和能力,还需要学生的自我反思、转化与内化。彰显学生自我提升效果的途径就是让学生展示课堂教学内容的小结,并通过课堂当堂课的针对训练反馈来检验。

一、小结反思,凸显主体

小结反思首先应该是学生学习过程中应该养成的意识,不能被教师包办替代。只有当小结反思成为一种自觉意识和行为时,才能不断从已知走向未知,才能使知识从点状走向结构,才能让学生的学习品质具有一种持久的魅力。其次,小结反思要有针对性。在一节课结束时,要对所学内容,遇到的问题及问题分析方法、解决策略,自主学习、小组讨论及课堂探究等环节中意外的惊喜和困惑等进行全方位的回顾。重点是在知识层面、方法层面、技术层面及能力层面的内容进行总结。第三,小结反思要有结构性。因为结构性意味着整体性,意味着一种力量,意味着一种稳定。只有结构化的稳定性的知识才能持久,伴随学生一生。小结反思的内容要融入到学生原来的认知结构和能力框架中,来充实、丰满、调整原来的认知结构。第四,小结反思要有品位。小结反思不要仅仅停留在知识层面和教材维度。教学目标有三个维度。同样,学生的学习指向就应该体现在知识与能力、过程与方法、情感态度价值观等方面。学生可以分别从这三个维度进行小结反思,这样才能使学习的过程成为人的成长历程,不再是纯粹的指向知识的应试训练。

(一)新授课的小结反思

新授课学生的小结反思,重点是引导学生提炼出本节课的核心概念、规律等,并能结合章节内容对新授课的知识为什么出现、什么时候出现和怎样出现等有深刻的认识。这就从结构的层面理解本节课的内容,而不是简单的片段式的识记。有了结构性的认识,就有了逻辑意识、整体意识,这往往是超越知识层面的具有普遍意义的能力。

"法拉第电磁感应定律"这节新授课,除了让学生能总结出两种电磁感应电动势的计算方法,还要引导学生思考:为何要去求感应电动势的大小?为什么是本节去解决该问题而不是在这之前或之后?完成了感应电动势大

小的求解，之后应该解决什么问题？有了这样的总结和反思，学生就意识到电磁感应现象的有无判断是前提，电磁感应现象定量规律的追求是从定性到定量的一般性的思维方向。这也是所有的物理规律发现、发展的历程，也将成为学生以后学习过程中遇到问题一般性的处理方法和策略。这正是超越纯粹的"法拉第电磁感应定律"这一知识本身的长远意义之所在。

（二）复习课的小结反思

复习课的小结意义在于对所复习内容的总结、提炼，反思的意义在于对所复习内容的再认识，反思自己是否真正理解与掌握，反思所学内容在章节中的地位与作用，反思所学内容如何体现学科的方法与能力。

"法拉第电磁感应定律"的复习课，要求学生能小结出两种计算电磁感应电动势的方法，知道切割情况下电动势的计算方法是法拉第电磁感应定律推导得出的，但又有其特殊的功用。能意识到电磁感应问题是一个具有很大空间进行综合的平台，并对各种综合使用的注意点和解决策略有一个初步的了解。

（三）讲评课的小结反思

讲评课的小结反思目的在于对所练习的内容回顾总结，特别是对做错的问题要反思发生错误的原因及其正确应答的策略。如果能从更高层次进行小结反思，即跳出具体的问题，从概念、规律拓展运用的角度，从知识、内容熟练使用的角度，从方法、思维变通的角度等进行小结反思，会最大限度地发挥所练试卷的功能。

以上述那位学生的"法拉第电磁感应定律"限时训练情况为例，除了对电磁感应两种电动势计算方法的区别与联系进行总结之外，还要反思电磁感应与其他知识、方法综合的问题处理要点，如与图象结合的问题抓住图象中点的含义、图线斜率的含义等，与电路结合的问题抓住电磁感应过程中的等效电路特点及内外电路的界定，与动力学结合的问题抓住分析的对象及受力与运动关联性的分析等。要意识到电磁感应这一物理现象的平台，具有很大的包容性、延展性与复杂性。分析电磁感应类型的问题要从具体的情境出发，寻求问题的着力点而后转化为电路问题、动力学问题或能量问题等。有了这样认识的高度，其实就具备了学习具体的知识而训练了思维能力，提升了一般性的问题分析能力等。

二、阶梯训练，分层要求

学生对知识掌握的情况如何，将接受相应的测试反馈。学生往往存在懂而不会、甚至是会而不对的现象。有些知识学生看似懂的，但一旦面临具体的关于该知识点的考查时，却又茫然了，甚至是知道如何去解答该问题，但实际的解答过程却不能得出完整的正确结果。因此，学习过程中必要的针对训练是必需的。而针对训练要充分反馈学生的学习情况，就应该设置有梯度的训练题。整个练习中基础题、中档题、提升题要有一定的比例。根据不同的学习阶段，几种题型的比例要有相应的调整。由此来反映学生在不同学习阶段掌握的情况，与该阶段应该达到的学习层次之间相关性，最终根据针对训练的反馈来掌握和调整相应的教学。

（一）新授课的阶梯训练

要检测学生在新授课教学过程中对于新学习的知识、概念或规律的掌握情况。因为是刚刚学习的内容，所以设置的反馈练习要以基础题为主，适当可以有中档题，但不宜出现难题。该反馈练习往往是当堂课要完成并反馈，因此问题个数或题量要加以控制。该针对训练要求基本覆盖本节课所学内容，一定要重点突出本节课的核心概念、规律等。对于一般性的具有学科特质的方法、能力，可以以本节课的知识为载体适当出现，但检测的重点仍然是本节课的教学内容，方法和能力的考查是次重点。

"法拉第电磁感应定律"新授课的针对训练可以设置5个问题：电磁感应现象的有无判断及产生的感应电动势大小的定性判断；考查直接运用法拉第电磁感应定律的基础题；考查切割情况下感应电动势大小的计算公式的使用；结合图象如何求平均感应电动势和瞬时感应电动势；双轨道切割问题中的电路、电压的计算。这5个基础题既考查了本节课的重点内容，又将前面所学的知识联系起来了，使知识具有连续性。同时，将图象分析、电路分析与电磁感应进行简单的结合，渗透了相关的学科能力。

（二）复习课的阶梯训练

复习课本身就是强化新授课学习的效果，并对新授课教学内容适度的拓展与延伸。检验复习效果及训练新授课内容的拓展与延伸部分，比较理想的形式就是通过对应的阶梯训练来实现。阶梯训练的内容要针对性强，即紧扣新授课的主要概念、规律等。要有适当的梯度，对于已学概念、规律的训练题要有所提升，不能仅仅是概念、规律的简单性运用。对于概念、规律拓展延伸的问题，只要体现出拓展与延伸的味道就可以了。同时，训练的量要加以控制。复习课的阶梯训练往往是在课堂教学内完成的，也尽可能当堂课进行反馈分析，所以训练的题量要加以控制。总之，训练要贴近学生实际情况，有渐次提升但又有效激发学生继续学习兴趣的效果。

“法拉第电磁感应定律”的复习课，阶梯训练除了强化两种感应电动势的计算方法的运用之外，要适当地体现电磁感应与图象问题、电路问题、动力学问题及能量问题的综合。围绕拓展内容，可以设置两到三道围绕以上知识点与方法运用的基础题。由此为学生后续学习电磁感应综合性的问题留下印象，初步形成对于此类问题的解决策略。

（三）讲评课的阶梯训练

讲评课的阶梯训练更多的是一种变式训练。针对学生解答试卷的具体情况，对于学生掌握的不太好的概念、规律等，对于存在众多拓展变化的问题等，教师可以在讲评试卷的过程中穿插些变式训练。因为变式题的功能就是转化问题的角度来加强学生对于概念、规律的认识，因此选择好恰当的变式题，可以提高讲评课的效果。

“法拉第电磁感应定律”的讲评课，变式训练就是围绕电磁感应与图象、电路、动力学及能量综合的问题来设计。诸如试卷中的第 11 题，是电磁感应与电路综合的问题，学生往往是等效电路意识不够，特别是路端电压的判断有误。此时可以设计这样的变式训练题：

如图所示，用一阻值为 R 的均匀细导线围成的金属环半径为 a，匀强磁场的磁感应强度为 B，垂直穿过金属环所在平面. 电阻为

$\frac{R}{2}$的导体杆AB，沿环表面以速度v向右滑至环中央时，杆两端的电压为（　　）

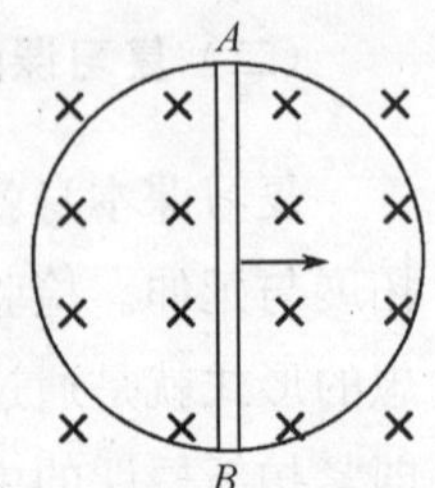

A. Bav　　B. $\frac{1}{2}Bav$

C. $\frac{2}{3}Bav$　　D. $\frac{4}{3}Bav$

答案　C

三、课后拓展，举一反三

针对训练完成之后，如果反馈结果不理想，说明之前的课堂教学存在需要弥补之处。这时的弥补不可能将原来的教学内容再重复一遍。有效的补救措施就是将相关的教学内容转化为一些问题和习题。通过学生对于紧扣教学内容的问题和习题的解答和训练，帮助学生理解相关的概念、规律。如果反馈结果正常，则还需要在原来的基础上对这部分内容进行拓展加深，围绕该节课的核心概念和规律提出具有挑战性的问题或提高题，以促使学生对相应教学内容有更高层次的追求和认识。

（一）新授课的课后拓展

新授课的课后拓展目的之一是巩固本节课所学内容。也许学生在课堂教学过程中已经理解了，但没有及时的课后巩固，会很快遗忘。而拓展的目的仍然是加深对教学内容的理解，以强化相关概念、规律的学习效果。因为是新授课的巩固拓展，因此所选的习题要有基础题，适当提高中档题的比例，可以出现个别难题。从而体现学习的渐次性、阶梯性。

"法拉第电磁感应定律"新授课的课后拓展，一方面要体现对两种感应电动势计算方法的理解和运用，另一方面要体现基于电磁感应的各种学科特质的能力的综合运用。比如图象的识别与理解、电路的分析与动态变化、与力和能量的综合运用等。这些拓展题可将电磁感应与之前学习过的这些内容进行简单的综合，但问题的情境不宜过分复杂，只要体现适度综合的味道就可以了。从这些课后拓展中让学生品味电磁感应现象的应用情况，体

会各种知识与能力综合性问题的处理方法。

（二）复习课的课后拓展

复习课的课后拓展有两种形式：一是教师根据复习课教学过程中学生掌握的情况与教学内容的教学要求之间的距离，以课后拓展训练的形式来进行补充、强化或深化；二是学生根据复习的效果，围绕有疑问之处、概念混淆之处、重点概念运用等方面自行设计问题。学生自行设计的问题也许不成熟，甚至存在科学性错误。通过这种学生自主设计的问题，不管对与错，都可以反映学生对所学内容掌握的情况。教师布置的课后拓展训练，仍然要紧扣复习课的主体内容，拓展延伸的部分也要适度，训练的量要加以控制，并非以数量取胜。学生自主的课后拓展设计，不求多、全，只要所设计的问题能体现核心概念、规律，如果能注意到问题的情境、方法与思维的体现则更好。

“法拉第电磁感应定律”的复习课后，学生设计了如下一道习题：

两平行金属导轨上有一金属棒 cd，导轨宽为 L，虚线左侧距离导轨最左端 ab 的距离也为 L。整个装置处于与之垂直的磁场中。虚线右侧的磁场恒定为 B_0，左侧的磁场随时间变化的规律为 $B=B_0+Kt$，当金属棒 cd 以速度 v 向右运动时，回路中的电流强度是多大？

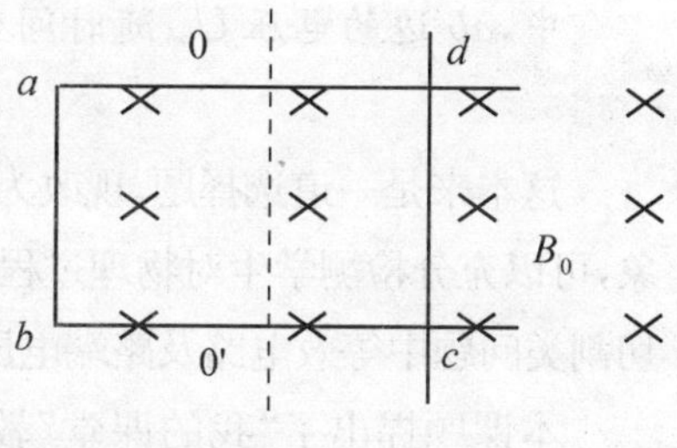

学生设计的这道习题中缺少电阻的信息，是无法求解电流强度的。但问题中显示了该学生知道了感生电动势和动生电动势。两种电动势的明确区分尽管是后一节的内容，却正说明了学生学习的潜质和创造力。这样的课后自主拓展有效地检测了学生对学习内容的掌握情况，更重要的是将激发学生后续学习的积极性。

（三）讲评课的课后拓展

讲评课的课后拓展的目的在于巩固讲评课的效果，也是试卷所考查内容的进一步拓展加深。讲评课之后的拓展加深同样有两种形式：一是教师根据学生所答试卷的情况，有针对性地对学生犯错较多的概念、规律等进行再次训练，或者是对重点内容进行变式强化等。二是学生课后的主动拓展，根据试卷的解答情况，对自己掌握不太好的内容再次自我设计问题，由此来变换理解概念、规律的角度。

“法拉第电磁感应定律”的训练之后，针对电磁感应与电路综合类的问题的重要性，同时这也是学生在电磁感应中的容易发生错误的地方，课后的拓展训练就应该有针对该问题的训练题。比如下题：

如图所示，在空间中存在两个相邻的、磁感应强度大小相等、方向相反的有界匀强磁场，其宽度均为L。现将宽度也为L的矩形闭合线圈$abcd$，从图示位置垂直于磁场方向匀速拉过磁场区域。试画出线圈穿越磁场的过程中，ab边的电压U_{ab}随时间变化的图象。

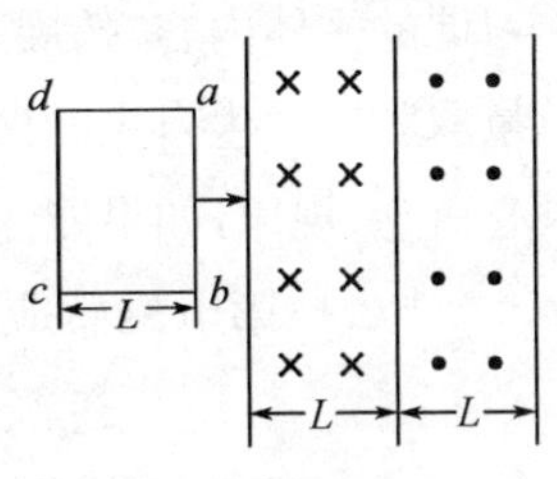

这本来是一道选择题，现改为让学生画出ab边的电压U_{ab}随时间变化的图象，可以充分检测学生对物理过程的分析能力，利用图象表示物理过程的能力，切割类问题中等效电路及路端电压和动生电动势的关系等的掌握情况。

本课题提出了“我的课堂”教学基本范式：围绕“自学、讨论、探究、生成”四个环节，但在不同的课型，即新授课、复习课及讲评课不同的课型中，各个环节的注意点和要求又有所不同，从而实现和谐共生的课堂生态。在和谐的课堂系统内，教师对学生学习过程进行科学指导，学生主体充分进行创造性学习，师生、生生交流合作，同质互激，异质互补，各展其能，身心和谐发展。它要求有效地确立学生的主体地位，实现师生的良性互补，形成和谐统一的教育生态，激发和引导师生在自探、自悟中增强自我选择、自我建构的能力。

（本章执笔者耿建，审定者陈明华）

第四章
教学策略

“我的课堂”的构建，要用好“先学后教”“先问后研”“先示后范”三个教学策略。

如果说“先学后教”针对的是课堂的总体流程，那么“先问后研”“先示后范”则是整个过程中的局部流程。“先学”这一环节如何实施？那就需要引导学生带着问题去研究教材，带着解决疑问的动机去进行相关的阅读、检索、分析与综合。

“先学”之“学”，重要路径为“先问后研”。“先问”，可以是老师问学生，可以是学生问老师，可以是学生问学生。“研”，而不是“答”，以生生互动为主，以师生互动为辅，目的在于通过有效营造民主平等的教学环境，培养学生的实践能力和创新精神。“先学”环节完成后，就进入“后教”的环节。

“后教”之“教”，重要路径为“先示后范”。“先示”，可以是学生的“展示”，也可以是教师的“演示”；“后范”，可以是学生间的互相切磋达至“问题解决方案的合理化、规范化”，也可以是教师的“垂范”与“匡正”。“示”，不是封闭式的独自练，而是学生或者教师当堂公开展示；“范”，要求在“示”的基础上师生共同举一反三，并发现和总结由点到面的规律。

第一节　先学后教

自2001年新课改以来，各种新的教学策略不断被提及，新的教学方法也不断涌现。西方的教学策略如“做中学”“学生中心”等均是新课程效仿的对象。新课程改革从西方的一些理论如后现代主义、实用主义以及多元智能理论中获得了较多的启示。新课程在政策的推动下，其理念为大多数人所认同理解，可是大多数情形下，仅仅只是停留在理解和认同的层面上，至于如何将理念化为实际的教学活动，在教学中如何评价，还有很多亟待解决的问题。新课程在教育评价方面、课程改革的落实方面显得尤为尴尬。因此我们需要反思怎么样的课程改革才能促进学生的发展，或许形成一套不断完善的教学策略可以在一定程度上促进课程改革的落实和学生的发展。"先学后教"教学策略就是连接课程理念和学生学习的一个教学策略。不管改革的方向和措施怎么样，我们的着眼点始终应该指向学生的发展。将"先学后教"这种策略在学科教学中进行适当的改造并加以运用，相信可以在一定程度上促进学生的发展，推动课程改革的发展。

一、"先学后教"策略的理论基础

（一）哲学基础——内因与外因相互关系

哲学是系统的方法论，"先学后教"教学策略的哲学基础即内因和外因决定论等。内因决定外因理论认为，事物的发展变化是由内外因共同决定的。事物内部的矛盾称为内因，事物外部的矛盾称为外因。内外因之间存在相互辩证的关系：首先，内因是事物发展以及变化的依据，它决定着事物发展的基本趋势和方向；其次，外因是事物发展以及变化的不可缺少的条件。内因和外因在事物发展的不同阶段所起的作用不同，有的时候对事物的发展而言外因甚至起着很重要的作用，当然，尽管外因对事物的发展作用很大，但是外因必须通过内因才能起作用。将这个哲学的基本原理应用于教学，我们发现教学过程中存在着教与学两个矛盾主体。教（教师）是事物的外部矛盾即外因，学（学生）是事物的内部矛盾即内因。决定学生学习成败的主要因素是学生，学生的学习是整个教学过程开展和实施的依据以及关键所在。教师的教导是教学过程的辅助条件，但是起着重要的作用，是必不可少的条件，教学对学习的进展起着重大的促进和推动作用。总之，学生的学习是内因，教师的教学是外因，教学必须围绕着学生的学习情况而灵活地进行调整。"先学后教"策略充分遵循了学生的自主学习和教师的教导这一对内外因素影响，因而更加有利于学生的学习。

（二）认知学习理论基础

学习的本质是什么？学习是如何发生的？关于学习的这一问题经历了很长时间的研究。在教育心理学发展的不同阶段，对学习有着不同的解释。行为主义学习论认为学习在于刺激和反应之间的链接，强调学习在于行为方式的形成，行为方式的形成是强化的结果，这种学习论把学生作为知识的灌输对象。社会认知理论则偏重于观察学习这样的替代学习，认为观察和模仿是学习的主要方式。认知学习理论认为学习是信息加工的过程，学习的实质在于认知结构的形成。布鲁纳认为学习在于认知结构的形成，这种认知结构被布鲁纳称之为“表征”，进一步可以将其分为动作性、影响性和符号性三种表征方式。人的学习主要是通过这三种表征方式使新知识和旧知识结合起来，将新知识纳入已有的认知结构中。因此，学习者已经有的知识深刻影响着学习者的学习。学习是学习者利用已有的知识和经验不断对新知识进行选择、存储、转化以及应用的过程。学习是学习者主动形成和发展认知结构的过程。学习者在学习任何知识的过程中，都要经过获得、转换和评价这三个几乎是同时发生的过程。布鲁纳同时还强调，要把基本结构放在学习者学习的中心位置，学习在于基本结构的掌握。基本结构指的是构成一门学科统领性的观点。以人教版地理必修1为例，其基本结构是指自然学的五大规律，即地球的运动规律、大气的运动规律、水的运动规律、岩石圈的物质循环以及自然环境的整体性和差异性规律。个体的学习过程与认知过程有着密切关系的，因此学习是如何发生的、概念是如何被学习者加工形成的和学习环境是怎样影响学习的都是学习中应该考虑的因素。认知学习理论，需要明确在教与学的过程中，谁是学习的主体，谁是学习的客体，并以学习者为中心营造良好的学习氛围。“先学后教”这种教学策略下学习的过程即是认知过程，这与认知学习理论不谋而合，它强调学习者的自我学习，强调学习是与原有知识经验有联系的，强调学生在学习中的主体地位，即学生是认知的主体。

（三）建构主义学习理论

新课改主要是在西方的一些理论如建构主义、多元智能理论等理论支撑下展开的。新课程倡导自主、合作、探究学习，与"先学后教"教学策略中发挥学生主体性的理念是一致的。建构主义这种全新的学习理论是"先学后教"重要的理论支撑。建构主义学习理论认为知识是学习者在一定的情境下，学习者自我建构的，即利用相应的学习资料，在他人(主要指教师和学习伙伴)的帮助下，自我建构而获得知识的过程。建构主义指出"情境""协作""对话"以及"意义建构"是组成学习环境的四大要素。其中"情境"对教学设计极具指导意义。教师如何将知识呈现给学生，是需要教师下功夫去研究的，教师设计时一方面要考虑教学目标，同时还要创设有利于学生建构的问题情境或者学习环境，可以说，教师如何创设情境是教学设计的重要内容之一。"协作"是指在整个学习过程中，学生搜集、分析资料、提出验证、评价学习结果乃至意义建构都需要协作。"对话"是指学习共同体或者小组成员之间用对话商讨的方式完成学习任务。"对话"是学习过程中必不可少的环节，"对话"过程也是学习者互相讨论、师生讨论以及教师指导学生的过程。学生之间不同的理解可以为建构提供一个平台，对知识的不同方面的理解是建构知识整体结构的有效方式。这是一个思维碰撞的过程，对话是意义建构的重要方法。"意义建构"是最终的学习目标及结果，学生在教师的指导下自我建构，具体来说就是对学习内容体现的某个事物的特点、性质、规律以及该事物与其他事物之间的关系达到了比较深刻的理解，这个过程也即一个不断顺应和平衡的过程。学生理解的这种知识也即"图式"，或者布鲁纳所说的认知结构。所谓理解，也即学生将新知识与认知结构中的知识联系起来。总结以上分析可以看出，学习的效果取决于学生主动参与，积极思考。只有学生自己主动思考，使知识和自己已有的知识经验相结合，才可以说是真正意义上的学习。因此，学生到底学了多少，获得了多少知识，完全取决于学生自我思考下的建构能力，而这种自我建构是学生基于自身原有知识和经验的，教师只是学习的促进者和指导者。"先学后教"最大限度地发挥了学生的自我学习能力，学生自学的过程是一个意义建构的过程，并且学生在学习过程中积极主动思考，发展了学生的思维能力，教师在学的基础上进行指导，进一步促进学生知识的建构，直至学生掌握知识。因此，建构主义学习理论是"先学后教"策略的重要理论基础。

（四）课程改革的基本理念

教育部颁布的《基础教育课程改革纲要（试行）》中指出："以学生发展为本"是新课程的基本理念。纲要同时还指出要"改变接受学习、死记硬背、机械训练的现状等"。可见纲要的变革焦点在于"学"，这对于之前以传授为主的教学来说是个进步。教学过程应该是让学生学会学习、获得知识的过程，而不是死学。教学要促进学生的发展，就必须关注学习的"学"，只有"学"才是教学的核心问题。要让教学的价值发挥出来，关注点应该是学习能力的培养和学生思维的发展。要创设条件使在学习中感悟、在感悟中升华。

新课程所提倡的是自主、合作、探究的学习方式，而"先学后教"策略下的学习也是学习者思考、探究、分析等的过程，这是符合新课程所倡导的探究学习的，"先学后教"这种学习策略与新课改的理念不谋而合。在课堂上教师依据学习内容创设一定的学习情境，学生在情境下参与活动，在活动过程中进行体验、感悟、学习知识，进而发展能力。怎么样的学习才能促进学生的发展呢？有几个点是必须要考虑的，就是学生确实主动参与了，学生确实积极思考了，学生确实有所收获。"先学后教"教学策略下的学习过程也是学生发展的过程。学生发展了，这样的教学才是有活力的、有价值的。"先学后教"的教学过程是基于学生全面发展的，是倾注了人文关怀的，是可以提升学生的实践能力，使学生学会学习，学会思考，为学生有创意的发展创造了条件。实践证明"先学后教"这种教学策略确实促进了学生的发展，并在教学改革中取得了一定的成绩。我们就应该结合教与学的不同特点，将二者结合起来，研究它在教学中的特点、规律、实施策略以及应该注意的问题等等，以此来促进教学的发展。

二、"先学后教"与"引导模式""翻转课堂"的辨析

目前在教学过程中存在较多的"导学模式"，并且国外的"翻转课堂"在国内也属于热门研究，这些教学策略和"先学后教"教学策略有着一定的区别和联系，下面对其进行辨析，以使我们更好地认识"先学后教"这种教学策略。

（一）"先学后教"与"引导模式"的辨析

新课改以来，传统的讲授——接受式教学策略不再是单一的教学策略，出现了各种各样的教学策略，如"引导式""先学后教"等等。教学教育的理论也从教师的教转向了学生的学。可以说这些教学策略的出现有力地发挥了学生学习的主体性以及主动性。引导式教学策略是指在教学过程中教师通过分析学生已经有的知识和经验，不断提出问题来积极引导学生主动思考的一种教学策略。教学的本质在引导，引导的内容不仅仅局限于方法和思维，还包括价值观和世界观。引导式教学策略，教师以精心设计问题为基础，采用课堂讨论、课题研究、师生对话等方式。这种教学策略有利于学生提高自身的兴趣，发挥学习的主动性。引导式教学模式有一系列过程，分别是设疑、构思、解惑和成能等。其过程如下：

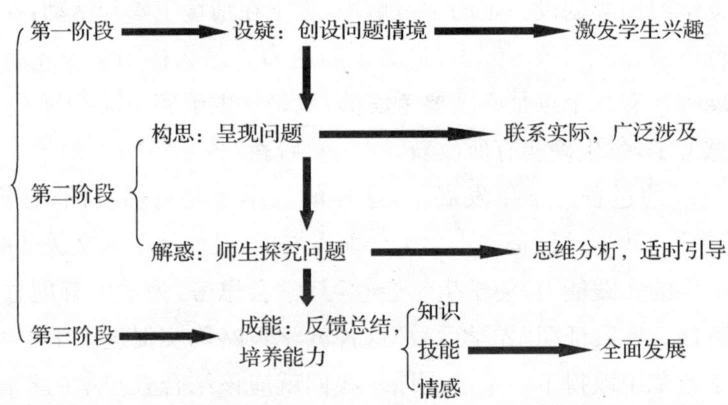

从上述引导教学的模式图可以看出，教学中的引导分为三步，具体来说就是创设情境、呈现问题、引导学生探究思考和反馈调控。问题是引导教学策略的关键，这些问题应具有启发性、和学生的知识经验相联系以及基于最近发展区等要求。

"先学后教"顾名思义就是针对教学关系和教学顺序而言的，是指改变传统的授课模式，先让学生自主学习，然后在自主学习的基础上进行的教。"引导式"和"先学后教"教学策略，它们的共同点在于它们都注重问题和引导，它们最大的不同在于"先学后教"在操作上强调的是"先学"；"引导式"注重的是教师抛出问题、学生思考后教师的引导，但是存在的问题是学生有时注意不

到问题的关键点以及没有足够的时间去思考。而“先学后教”可以说是克服了这个问题,学生有足够的时间去思考问题并找出自己的盲点,这样就更有针对性。当然“先学后教”也强调小组合作学习和引导、问题导学等等。总之可以说“先学后教”比“引导式”教学策略的内涵更为广泛,理念更为先进,它更注重学生思维过程的发展,而“引导式”更多的是关注问题的解决。

(二)“先学后教”与“翻转课堂”的辨析

“翻转课堂”和“先学后教”的出现,其根本的指向都是学生积极自主参与的学习,其出发点都是教学中要充分调动学生的积极性,让学生去主动思考。这相对于传统的讲解——接受式教学策略是一种进步。在传统的教学中,学生在教师的讲解下接受知识,这是一种快速的获得知识的方式。但是因为知识包含不同的方面,学生只听教师讲解很难去理解知识的各个方面,无法把握知识结构。如布鲁纳所说的:“掌握事物的结构,就是以允许许多别的东西与它有意义地联系起来的方式去理解它。”简单地说,学习结构就是学习事物是怎样相互关联的。以知识为例,通常包含这些知识的分布、成因等等。如自然带这个概念,学生需要掌握的是它的概念、成因、具体自然带的分布等等。在教师讲解的过程中,学生或许理解了部分知识,但是这些知识学生没有经过思考,不能联系自己所知道的知识去解释自然带,就说明这些知识还没有内化成学生自己的知识。从知识是学生自我建构的角度看,学生理解和内化知识需要一个过程,需要一些问题,这些正是“翻转课堂”和“先学后教”的优势所在。

在“翻转课堂”中,教师运用现代化的多媒体制作视频,学生可以根据视频在上课前自学。它的优势在于可重复性,体现了学习自主性,并且给了学生一定的思考时间。当学生听不懂的时候可以来回反复地观看,直至学懂。这样到了课堂上,就是学生讨论和教师引导的过程。“翻转课堂”的弊端在于一定程度上剥夺了学生自主思考的空间,剥夺了学生自己理解知识的这个思维过程。学生学习的过程,也是一个主动思考、发展思维的过程,当学生学不懂的时候就去看视频,这是否是抹杀了学生在学习知识的过程中思维的价值,这个值得我们去思考。另外,“先学后教”小组之间的讨论也是促进思考(可以思考总结其他同学是怎么理解的)、深化理解知识的过程。而“翻转课堂"模式中,当学生独立学习的时候,不能发挥这个机会和平台的优势。总之,"翻转课堂"运用了现代化的技术,可以实现学生学习的重复性,但是其在锻炼学生自学能力和思维能力方面还是逊色于"先学后教"。在现代化的教学背景下,我们要结合二者之长,共同打造高效的课堂,促进学生的发展。

三、"先学后教"教学策略的定义和特征

关于教学策略,有很多种不同的说法,一般而言教学策略有结构观、程序观与方法观三种不同的取向。简言之,结构观认为教学策略就是一种教学结构,程序观认为教学策略是一种教学过程的设置。方法观认为教学策略就是一种教学方法。这三种教学策略的定义从不同的角度说明了教学策略,都有一定的道理。我们认为教学策略应该综合三种观点,以下是我们对"教学策略"的界定:所谓教学策略,是指在一定教育教学思想、理论或原理的指导下,教学系统内基本构成要素(主要指教学结构、教学过程与教学方法)之间彼此联系、相互作用、协调运行的,静态与动态相统一的有机整体。总之教学策略是一种教学过程,是教师和学生以课堂为主要渠道的交往过程。常见的教学过程有讲解接受式、自学辅导式、参与讨论式以及角色扮演式等等。"先学后教"教学策略旨在颠覆那种先老师教、然后学生学的教学策略。让学生先学,老师在学生学习完之后再组织和实施教学。

概括起来,"先学后教"教学策略是指在一定的教学思想指导下,在课堂教学中让学生先自学知识,教师在学生学习结束进行引导的一种教学模式。这种模式给予了学生更多的学习和思考时间,教师的主要作用在于引导。

教学是为了促进学生更好的学习与发展,学生学习的方式多种多样。"先学后教"这种模式打破了传统的教学顺序。在课堂中,教师先让学生运用教师预先设计好的学案以及教材和有关学习资源进行自主学习,然后教师再根据学生的学习情况进行指导、反馈和评价。这种学习方式可以发挥学生学习的自主性,让学生主动学习和思考,教学生学会学习,将学生自学、课堂与教师的引导有机进行了结合。这种学习方式在一定程度上让学生学会思考和学习,学会主动获取知识。

"先学后教"具有以下一些特征:

1. 超前性

所谓超前性是指先学，也就是学生的学习在教师指导讲授之前，或者在学生自主思考问题的基础上教师的指导。超前性颠覆了传统的教与学的关系，即是将传统的“学”跟着“教”走转变为“教”为“学”服务。这种超前性给予学生思考的时间和机会，发挥了学生学习的自主性，因此可以促进学生知识的掌握和思维的发展。

2. 独立性

独立性首先强调的是学生学习的独立性与自主性，只有学生在学习中主动参与学习，主动思考问题，才可以真正发展他们的思维，培养其素养。“先学后教”要求学生不再对教师过分依赖，独立开展阅读和思考，在此基础上能够独立自主解决问题。教师的教可以说是对学生独立学习后的补充、深化和拓展。

3. 差异性

学生是学习的主人，学生支配自己的学习。先学就意味着学生按自己的方式进行学习，而学习是以原有的经验知识为基础的，所以学生的学习也就有了差异性，差异本身也是一种宝贵的资源，可以使学生从不同的角度来思考问题。

4. 针对性

后教区别于传统教学或者相比传统教学的显著特征就是针对性，教师的教是专门指向学生先前学习中存在的问题。教师应集中讲那些学生学习中的疑难点，以及学生想不到、想不深以及想不透的问题等等。这也是针对性教学的特点。

5. 发展性

教学的本质在于促进学生的发展，“先学后教”课堂的着眼点在于促进每个学生的发展。根据最近发展区理论，先学的是学生已经具备的发展区，而教师后教的则是跳一下可以摘到果子的那个最近发展区。这样的教学得以使学生走在发展的前面，这样的教学为教师和学生提供了丰富的时间和平台，保证学生学有所得，促进了学生的发展。

四、“先学后教”教学策略的实施流程

“先学后教”教学策略在国内很多学校已经进行了较多的教学实践，在

以杜郎口、东庐以及洋思的教学实践中,分别采用了不同的教学策略,如洋思很注重教学案的统一,杜郎口很重视学生的展示。借鉴不同的模式,中学"先学后教"模式建构应该包括"先学""小组合作学习""展示""后教""总结测评"这几个模块。

(一)"先学"

中学"先学后教"中的"先学",是指学生在上课时,教师先展示学习目标,然后学生在教师事先编制好的导学案的指导下学习。从相关的实证研究和分析我们也可以看出来,这个导学案是教师在事先精心研读课程标准、对教材进行处理、对学情进行分析等前提条件下所设计出来的。学生不是盲目的自学,而是在导学案和教学目标的指导下进行的自学。因此学生学习效果的好坏,和导学案设计的好坏有很大的关系。为了保证学生在课堂中自学的效果,教师必须把视角关注到学生的"学",应该知道学生在自学的过程中应该学到哪些知识,学生应该具备怎么样的一些信息或者知识的铺垫才能学得更好,学生又需要哪些练习才可以学好知识。总之,"先学"不是盲目学习,而是在教师组织和规划下的有目的的学。

(二)小组合作学习

学生在各自学习完之后,下一步就是各个小组内部的讨论学习。这个时候各个小组内部的成员根据自己对知识的理解,以及学习中的疑难点进行讨论,应该说这也是理解知识的一种方式。古人云:"独学而无友,则孤陋寡闻。"合作探究也是新课程所倡导的一种学习方式,学生讨论的过程也可以说是一种程度的自主探究。学生合作学习的过程中,教师应该注意观察学生的学习讨论情况,记录下相关的问题。

(三)展示

当各个小组在内部讨论完之后,应该说各个小组都会有一些收获。学生如果掌握了一定的知识,往往展示欲很强,这个时候教师让学生上去展示,一方面是学生对所学知识的一个巩固加强的过程。另一方面,由于学生个体有各自的一些知识和经验,学习知识时的关注点和思考点也不一样,学

生的知识也是在已经有的经验基础上自我建构的，所以各个学生的理解情况也不一样，这样的展示能够给予学生一个从不同的角度思考问题的视角，而在不同的角度思考和理解问题，也是学生理解知识的方式、过程或层次。总之，经过小组展示，学生可以深化对知识的理解，但是这个要建立在学生自主思考、良好的班级氛围的基础上。

（四）“后教”

当学生经过“先学”“小组合作学习”“展示”这个过程后，也就知道了自己的问题在哪里，事实上有的知识学生是学不懂的，这个时候学生带着疑惑和问题，教师在此基础上进行“后教”，可以说是恰到好处，学生处于“愤”“悱”的状态，对知识的学习更加有效。同样，前面的一个自学、讨论以及展示的过程，是学生对知识的思考、比较和建构的过程。缺乏思维的教育是没有价值的，如果没有思考，教学和知识的获得是没有意义的。在课堂教学中，将知识进行处理，教师将分析、综合、比较、抽象这个过程让学生去体验，不仅教给学生知识，同样给了学生一个思考、协作和讨论的机会，各种思想相互碰撞，学生必定学有所得，并且情感和心灵得到了丰富发展，这与新课改的理念是吻合的。这样的“后教”是有效果的，这也是“先学后教”这种模式在教学中的生命力所在。

（五）总结测评

总结和测评也是一种促进知识建构的有效方式，经过前面的四个环节后，教师在此基础上进行总结，这将促进学生知识的建构，有利于学生知识的系统化。当学生学有所得的时候，任何的讲述都比不上一道例题或者习题来得及时，教师适当布置一些任务，让学生应用所学的知识去解决，可以进一步深化对知识的理解，或者在做题的过程中进一步发展和完善问题，当然最主要的是促进了学生的思维发展。当学生成功地解决了问题的时候，学生的自我成就感也会极大增强，这将使学生内在的学习动力与兴趣得到激发。中学“先学后教”模式诸要素是相互依赖、相互制约、相互促进的系统关系，而不是“程序步骤”关系。在实际的教学中，教师可以根据教学需要选择其中的要素进行创造性的组合，使其成为更实用的模式，以便更好地为教学服务。

五、"先学后教"实施过程中需要解决的问题

（一）学生自主学习知识效率低下

关于学生自学效率的低下，有很多原因。教师从这个层面上首先应该考虑的是对教材的处理。教材里有很多的确定性结论，表现在教材里面学生要学习的一句话，看似简单，但是这一句话或许是人类历经千百次的曲折而又艰苦的探索总结出来的，有着丰富的内容。比如自然带的概念，是人类经历了千百年探索的结果。自然带的概念也是理解地域分异规律的基础，地域分异规律正是通过自然带来体现的。学生单凭自主学习课本，是很难理解自然带的概念的，热力环流的学习也是如此。这就告诉我们在先学后教的时候要从学生学习的实际情况出发，综合处理教材，适当进行补充，适当对教材内容进行处理。常见的处理方式有情境化和问题化，提供学生认知过程中的必要环节，以方便学生的学习，如热力环流学习中"气压"概念的补充。教师在编制学案时要充分考虑到学生实际的学习情况，如理解这个概念需要哪些知识做铺垫，学生怎么样理解知识的思维过程，都是教师处理教材时需要考虑的，处理好了这些，可以提高学生学习的效率，培养兴趣和提高学生学习的效果。

（二）导学案编制的存在问题

"先学后教"教学模式是建立在学案导学的基础上，因此如何编制高质量的导学案就是教学的重要组成部分。现如今的导学案质量参差不齐，有的只是将课本内容进行了一些简单的改编，类似于填空题。这样的导学案没有思维价值，好的导学案应该是能促进学生知识学习和思维发展的。教师应该编制高质量的导学案。

（三）教师评价学生学习效果的难度较大

教师如何对学生进行评价，是教师引导的基础，也是教师教学技能的体现。在课堂观摩中发现，教师对教学的评价需要改进。在研究教学设计中发现，我们在教学设计上很少可以看到教师预设评价的环节。一般来说教

师可以根据学生的回答、回答时的神态去把握学生的学习状况，但是更深层次的把握学生的思维过程仍然是教师教学评价的一个难点。总之，在“先学后教”教学模式中，教师一定要把握学生的学习，并对学生的学习进行适当的评价，这是我们实施“先学后教”必须要解决的问题。

（四）教师对引导时机把握难度较大

教师的引导要切实促进学生思维的发展，而不是单纯给予学生答案的评判。这就要求教师把握引导的实质，这是实施教学模式必须要解决的。具体来说就是要把握知识的来龙去脉，把握该知识点与其他知识的联系，因为学生理解有关知识点还需要其他的一些知识，学生往往被这些知识所困住，这是教师引导时应该注意的。比如地理学科，在进行海陆风的有关教学过程中，难倒学生的不是热力环流的概念，而是海陆风这个概念。

（五）学生展示以及讨论环节的形式主义

讨论与展示环节也是“先学后教”课堂教学中非常重要的一个环节，一方面是学生初步理解和运用知识的过程，另一方面是其他学生相互学习、深化理解知识的过程。学生个体由于不同的知识经验和个性，对知识的理解也存在不一样的地方，这时候的相互讨论，可以使学生理解到知识的不同方面。这是这个模式的一个优点，可是有的时候我们发现学生的讨论和展示只是流于形式，并没有深入涉及知识的深层。这就要求教师在导学案中设计切实的问题，以促进讨论和展示的进行，促进知识的理解和思维的发展。

（六）学生缺少知识反思的环节

知识的反思是比知识总结更深层次的一种构建和思考，知识的个性化总结当然可以促进知识的建构，而知识反思则是在更高层次对知识进行的审视，主要有知识的来龙去脉、应用前提、适用范围、与其他知识的联系等等。从知识反思的一些途径可以看出，这个环节是深化和理解知识所必需的。遗憾的是，我们的教学往往缺乏这个环节。在课堂教学中应用“先学后教”，应该在设计中增加知识的反思这个环节，促进学生的知识建构和理解。

（七）自主学习及讨论氛围不足

在实际的课堂观摩中发现，有的时候学生自学不积极，讨论不到位。这是由很多原因引起的，一方面我们要加强课堂上的引导，另一方面我们应该加强课堂和校园文化的建设，积极营造健康向上的学习氛围。

第二节　先问后研

“先问后研”的教学策略就是解决“先学”的具体方略。

一、“先问后研”教学策略的含义

先问后研，首先指学生要带着问题走入自我研究的进程。这些问题，有来自于学生在初步了解学习材料后产生的某些疑问；更主要的，是来自于教师依据学习内容所要解决的核心问题以及根据以往教学经验所归纳的学生学习过程中共性的问题所提出的问题清单。

先问后研，还指学生进入小组讨论阶段时，向学习同伴提出自己的疑问或者给学习同伴出考题，使得自己对某些问题的思考结果有个比对的对象，交换对问题的看法。提出问题后，学习伙伴可以即时提出自己对该问题的思考结果，也可以就此进一步研究后讨论问题的解决方案。

“先问后研”教学策略不是“一次性”的，它应该是在教学的各个环节里都有所呈现。课堂教学中教师要善于设立问题来引导、诱导、疏导和开导学生，以“问题导思”为主线，通过“导听”“导论”“导读”“导练”等环节，设计适合学情的问题清单，创设愉悦的认知环境，使学生循导而学，从而调动学生的学习积极性，使他们由学会逐步到会学，培养学生的学习能力和学习习惯，进而关注他们的全面发展和个性培养。

二、实施“先问后研”教学策略的意义

（一）实施“先问后研”教学策略，促进了教师角色的转变

“先问后研”教学策略的实施，使得教师从传统课堂中的知识传授者变

成了学生学习的促进者和指导者。这意味着教师不再是知识交互和应用的中心，但他们仍然是学生进行学习的主要推动者。当学生需要指导的时候，教师便会向他们提供必要的支持。自此，教师成了学生便捷地获取资源、利用资源、处理信息和应用知识到真实情境中的脚手架。

伴随着教师身份的转变，教师迎来了发展新的教学技能的挑战。在"先问后研"的课堂中，学生成为了学习过程的中心。他们需要在实际的参与活动中通过完成真实的任务来建构知识，这就需要教师运用新的教学策略达成这一目的。新的教学策略需要促进学生的学习，但不能干预学生的选择。教师通过对教学活动的设计来促进学生的成长和发展。在完成一个单元的学习后，教师要检查学生的知识掌握情况，给予及时的反馈，使学生清楚自己的学习情况。及时的评测还便于教师对课堂活动的设计做出及时调整，更好地促进学生的学习。

（二）实施"先问后研"教学策略，促进了课堂时间重新分配

"先问后研"的第二个核心特点是在课堂中减少教师的讲授时间，留给学生更多的学习活动时间。这些学习活动应该基于现实生活中的真实情境，并且能够让学生在交互协作中完成学习任务，将原先课堂讲授的内容转移到课下或者课上的集体研修中来，在不减少基本知识展示量的基础上，增强课堂中学生的交互性。此外，当教师进行基于绩效的评价时，课堂中的交互性就会变得更加有效。根据教师的评价反馈，学生将更加客观地了解自己的学习情况，更好地控制自己的学习。

学习是人类最有价值的活动之一，时间是所有学习活动最基本的要素。充足的时间与高效率的学习是提高学习成绩的关键因素。"先问后研"的课堂通过将预习时间最大化、自我准备及交流时间最大化来完成对教与学时间的延长，其关键之处在于教师需要认真考虑如何利用课堂中的时间来完成"课堂时间"的高效化。

（三）实施"先问后研"教学策略，促进了学生角色的转变

随着技术的发展，教育进入到一个新的时代——学生可以进行"自我知识延伸"的时代。教育者可以利用多媒体、网络、人机实时交互等技术工具

高效地为学生提供丰富的学习资源,学生也可以在网络资源中获取自己所需的知识。在技术支持下的个性化学习中,学生成为自定步调的学习者,他们可以控制对学习侧重点的选择,可以控制学习内容、学习深度和学习量。在"先问后研"的课堂中,需要学生高度参与,但并非完全独立地进行学习。在技术支持下的协作学习环境中,学生需要根据学习内容反复地与同学、教师进行交互,以扩展和创造深度的知识。因此"先问后研"的课堂是一个构建深度知识的课堂,学生便是这个课堂的主角。

(四)实施"先问后研"教学策略,体现了主流的教学价值取向

许多研究"先学后教"教学策略的学者都认为课堂教学效果和学生的主动探究学习是衡量"先学后教"教学模式成效的两个基本标准。在他们看来,一种教学策略的有效性最终应表现在促进教学目标的达成上,也就是说客观的教学效果是检验"先问后研"教学策略是否科学、可行的标准。的确,现代社会里,质量和效率是各行各业共同的追求目标,教学作为人类社会实践活动的一种形式,也应以质量和效率为自身存在的根据和价值,因此,"先学后教""先问后研"的理论和实践同样要把提高教学效率作为自己的价值追求。同时,许多研究者都把学生是否主动学习和探究看作是"先问后研"教学策略是否成功的显著特征。他们认为检验此种教学策略是否有效就是要看学生在课堂上是不是在教师的指导下积极主动地学习,并互相交流彼此的困惑与收获,取得学习能力上的进步。否则,即使教师的问题清单设计得再好,课堂气氛再活跃,教师驾驭教材和课堂的能力再强,这节课也是低效的、失败的,"先学后教""先问后研"也仅是一句时髦的空话而已。这些真知灼见应该对我们有所启发。

三、"先问后研"教学策略的实施

(一)实施条件

实施"先问后研"教学策略,在教学指导思想上,是以研究学生的心理为前提,以系统科学和建构主义教学理论为理论基础,是运用信息论、控制论和系统论探讨教学优化的一种有益尝试。

1. 高中生的心理特点

高中阶段的学生，正处于青年的初期，跟初中阶段比较，在心理、生理上更趋成熟，他们精力充沛，求知欲强烈，记忆清晰。其智力活动主要有以下几个特点：

首先，对死记硬背的方法感到厌烦，会寻求良好的记忆方法，具有初步归纳重点知识、抓住问题本质的能力，对“保姆式”呆板的教学方法不感兴趣，观察水平不断提高，能够初步地独立发现事物的本质及各个主要细节，发现事物的因果关系。他们乐于独立地提出问题，分析并解决问题的特点。这为采取以学生为主的教学行为奠定了基石。

其次，抽象逻辑水平由经验型向理论型急剧转化，独立思考能力提高。他们不轻信，不盲从，对各种问题能谈出自己经过思考后的见解。高中生具有的逻辑思维批判性使他们喜欢争论、讨论，这为组织学生讨论提供了可靠的依据。但他们在观察时，往往存在程序不恰当，过早地下结论的缺点，而他们的思维又往往存在主观性、片面性，易被表面现象所迷惑。对经过自己思考后而得出的见解，往往固执己见，不易改变，他们思维的不成熟及固执偏激和不良倾向，需要教师在教学中引导和帮助。这说明用问题链来诱导学生探究是必要的。

第三，高中生注意力较稳定且持久，能把注意力集中并稳定在那些毫无直接兴趣而又具有直接意义的比较抽象的学习上，对难度不大的理论推理较感兴趣，适当难度的问题能激发他们向更深的知识探求的兴趣，所以，在设计学案时要考虑到学生的这个特点，通过各种方法了解学生的最近发展区，设计出适合他们的问题。

2. 系统科学

系统科学由信息论、控制论和系统论三部分组成，系统科学之所以成为当代自然科学和社会科学共同的理论基础，不仅因为它具有先进、严谨的理论，更因为它具有科学、高效的方法——“系统方法”。所谓系统方法，是把研究对象看成一个整体，看到系统与要素、要素与要素、系统与环境之间的相互联系和相互作用，并从整体角度注意协调处理各种要素之间的相互关系，以达到最优化效益的一种方法。系统方法即优选法，它的灵魂在于最优化。

我们利用系统方法指导“先问后研”的课堂教学，就是着眼于教师、学生与教材之间的相互联系和相互作用,并从整体角度注意协调处理各种要素之间的相互关系,使教师的讲解中有学生的参与和练习,学生的活动和练习中有教师的讲解。这样讲中有练,练中有讲,可以使时间得到加倍的利用,使学生的注意力也得到加倍的集中,从而使课堂教学达到最优化效益。

"我的课堂"改革的核心是转变学生的学习方式,变接受性学习为探究性学习。要转变学生的学习方式,首先要转变教师的教学方式,变灌输式教学为探究性教学。"先学后教""先问后研"的课堂教学可以使师生花费最少的时间和精力获得最佳的教学和学习效果,这是因为"先学后教""先问后研"教学的理论基础是系统科学,用系统方法从整体角度协调处理教师与学生、教师与教材、学生与教材之间的相互作用和相互联系,即把每节课的学习内容用分解教材的方法分解成学生"已知的""半知的"和"未知的"三部分内容。"已知的知识",教师提出问题由学生回答;"半知的知识",在教师的引导下由学生探究得出结论;"未知的知识",由教师深入浅出地讲解明白。

这样就可以做到凡是能由学生理解的问题,就不要由教师泛泛剖析;凡是能由学生做出的表述,就不要由教师直接代劳;凡是能由学生发现的结论,就不要由教师简单地给出;凡是能由学生解答的习题,就不要由教师逐一示范。从而做到让学生用已知知识作为工具去揭示、分析和解决矛盾,通过学生自己的独立思考和主动探究,去弄清知识的来龙去脉,发现事物变化的起因和内在联系,亲自把知识整理归位,引发学生原有认知结构的调整和变化,并使学生在生动活泼的探究过程中学习到探索未知的科学学习方法和研究方法。这样用系统方法处理教材、驾驭教法,教学内容会像磁石般吸引学生的注意力,学生会在不知不觉中参与到教学过程中,积极地思考,主动地参与。全然不知的知识就所剩无几了,师生双方都节省了气力,也培养了学生独立获取知识的能力,使他们成为课堂上"发现知识"的主体,并使学生切实感到获得知识和形成能力的过程,是一个美好而有趣的学习过程。

(二)实施原则

1. 主体性原则

教学中尊重和发展学生的主体意识和主动精神,始终把学生视作学习的主人,变"要我学"为"我要学""我爱学""我善学",强调教师指导的转化作

用，突出学生在教育教学过程中的主体地位和能动作用，教是为了不教，学是为了会学。教学活动的根本目的是为了促进学生主体的成长和发展，教师要在教学活动中尽可能多地把学习时间留给学生，尽可能多地把活动空间交给学生，让学生独立思考，探索研究，树立创新意识，培养自学能力，养成良好的学习习惯。

2. 全面性原则

全面性原则是对主体性原则的细化，是对素质教育要义的具体体现。要求教师在教学活动中注意两个方面：一个是面向全体，面向每一个学生，不管是优等生，还是后进生，都要平等对待，给予同样的关心，使每个学生都能得到提高和发展；另一个是重视学生全面素质的提高，既要注意学生手、脑、口、眼等多种感官的协同活动，又要注意学生读、写、听、说等多种能力的培养，提高学生的整体素质，开发学生的各种潜能，促进个性的全面发展。

3. 民主平等原则

民主平等原则强调人与人之间的相互尊重，给予每个人参与活动、展示自己的机会，从而学会合作，善于竞争，促进学生人格的健康发展。民主平等的人际关系，特别是良好的师生关系所营造出来的一种生动、活泼、和谐的教育氛围，有利于教育信息的充分交流和各种思想火花的激发，能够调动学生参与学习的积极性，保证教学的各个教学环节取得实效。

4. 鼓励性评价原则

表扬和鼓励是提高学生兴趣、增强学生自信心的有效途径之一，能够促使学生经常处于一种追求成功的心理状态。教师要善于运用夸奖的言辞、友善的微笑和热情的鼓励来引导学生学会尊重他人的学习成果，善于发现别人的闪光点。特别要注意保护那些稚嫩的、具有创新特点的思想火花，培养学生对自己能力的自信和获得成就的勇气，激发学生不断成功的欲望，形成积极探索、勇于创新的精神和良好的学习习惯。

5. 发展性原则

教师的教学不仅要关注学生的今天，更要着眼于明天。教师在教学过程中，必须致力于学生学习兴趣的激发，学习方法的指导，学习习惯的训练，学习态度的养成。必要时，可以组织学生进行学习方法的交流，促使学生相互启发，相互借鉴，不断完善各自的学习方法，找到一条自己独特的有效学习途径，形成学会学习的能力。教师通过巧妙点拨和科学归纳，为学生点拨出一片新天地，归纳出一个崭新境界，为学生的持续发展打下良好基础。根据现代教育理论，教学任务不再是单纯传授知识，而是完成教育、教养和发展这三方面的任务。在新世纪的学习化社会中，唯有具备终身学习能力和自主发展能力的人，才能适应社会并创造未来。自主学习教学模式以促进学生各方面的发展，特别是思维能力的发展为出发点，不仅要让学生"学会"，而且要让学生"会学"；不仅给学生知识，还要给学生打开知识宝库的钥匙，使学生学会学习，学会发展。

6. 合作性原则

杨振宁教授指出，如果说在过去还有可能一个人独立完成诺贝尔奖项工作的话，那么进入 20 世纪 80 年代以来，尤其是进入信息社会以来，没有人们的共同参与、相互合作，任何重大发明创造都是不可能的。自主学习并不意味着固步自封地闭门造车，也不意味着没有师生交流、生生交流。建构主义认为，学习者与周围环境的交互作用，对于学习的理解起着关键性的作用，教与学是多向互动的过程。由此，在教学中，教师要提倡师生间、生生间充分地交流互动，对知识进行深层理解，完成对所学知识的意义建构。

（三）实施过程

实施过程的主要部分包含五个教学环节。

第一个环节是创设情境，导出问题链。这一环节是一节课的开始，属于引导学生探究的阶段。所谓创设情境，就是创造探究的氛围和条件。一般有以下三种方式：(1) 出示问题情境，引发研究兴趣。(2) 展示实际场景，引入研究的切入点。(3) 实验操作，引发研究的强烈动机。教师需要利用合理的构想、恰当的材料、精练的语言、演示实验现象等提出令学生困惑或感兴趣的问题，激起他们探索未知的兴趣和求知的强烈欲望，引发学生对探索问题的关注，形成鼓舞人心、令人兴奋的课堂气氛。例如，在学习闭合电路的欧姆定律之前，教师提出问题："为什么电池用久了小灯泡就不亮了呢?"学生的回答是电池没电了，电压变小了。可是分别用电压表测量新、旧电池两端的电压，结果几乎都是 1.5 伏，这让学生大吃一惊，感到非常诧异，都想知道这是为什么，学生学习的积极性也就产生了。

第二个环节是以个体和小组学习相结合进行探究和思考。实践是检验真理的唯一标准，任何科学假说和科学猜想都需要经过科学的检验。实践也是学生吸收知识、锻炼能力的重要环节。这就需要教师有计划、有目的地以问题、实验为载体或通过组织学生自学课本、习题检测等有效手段引领学生亲历知识的"发现"过程，主动参与知识建构，成为知识的"探索者"和"发现者"。

【案例】　科学探究《动能的改变》

问题1：通过多媒体课件录像片演示运动的物体可以做功，提出问题。什么是物体的动能？物体的动能大小跟哪些因素有关呢？

问题2：课件展示保龄球撞击球瓶做功，动能减少，请学生分析保龄球动能减少的原因。若外力对物体做功，该物体的动能总会增加吗？如果物体对外做功，该物体的动能总会减少吗？做功与动能的改变之间究竟有什么关系呢？

问题3：指导学生阅读教材"实验与探究"部分。这个实验需测量哪些物理量？应用什么方法、什么仪器来测量？

问题4：小车运动过程中受几个力？为使细线的拉力充当合力，其他力应怎样处理？

问题5：如何平衡摩擦力，平衡到什么程度，如何验证？

问题6：实验中，是什么力对小车做功？小车做什么性质的运动？初速度、末速度如何求？

问题7：如何处理实验数据得到合力的功与速度变化的关系？

问题8：为什么会有误差，怎样才能减小误差？本实验是否还有其他的设计方案，请学生于课后思考，并将自己的实验方案与其他组的同学进行交流，选择出更好的实验方案。

问题9：通过实验探究，我们已经知道恒力做功与动能改变的关系，那么能不能从理论上来进行推导得出其关系呢？

问题10：(1) 如果物体受到几个力的作用，动能定理中的W表示什么意义？(2) 我们是从物体受恒力作用且做直线运动的情况下推出动能定理的。动能定理是否可以应用于变力做功或物体做曲线运动的情况呢?

问题1至问题10的设计体现了教师在引导学生探究中,通过有梯度、符合学生认知特点的问题链设置引领学生不断发现新问题,解决新问题。问题与解决问题构成"问题链"中的一个个节点,它们携手并进,相互引发,使探究活动不断走向深入。学生的思维能力和实践能力得到了提高。也能使学生在探究中不断走向成功,体会到成功的喜悦。问题5让学生自己探究如何平衡摩擦力,激发了学生的创造性思维。问题8使学生在探究活动中将所学知识得以互补,同时也培养了合作意识。

第三个环节是成果交流。学生经过独立探索、协作学习之后,完成个人或者小组的成果集锦,学生需要在课堂上进行汇报,交流学习体验,分享作品制作的成功和喜悦。成果交流的形式可多种多样,如举行展览会、报告会、辩论会和小型比赛等。

第四个环节是反馈评价。"先问后研"的课堂中的评价体制与传统课堂的评价完全不同。在这种教学策略中,评价应该由教师、同伴以及学习者自己共同完成。"先问后研"的课堂不但要注重对学习结果的评价,还要通过建立学生的学习档案,注重对学习过程的评价,真正做到定量评价和定性评价、形成性评价和总结性评价、对个人的评价和对小组的评价、自我评价和他人评价之间的良好结合。评价的内容涉及问题的选择、独立学习过程中的表现、在小组学习中的表现、学习计划安排、时间安排、结果表达和成果展示等方面。对结果的评价强调学生的知识和技能的掌握程度,对过程的评价强调学生在实验记录、各种原始数据、活动记录表、调查表、访谈表、学习体会、反思日记等内容中的表现。

第五个环节是学以致用。这一教学环节包含练习和作业两个学习要素。教师在这个环节中引导学生运用探究出的结论、规律解决具体问题,这是认识在实践中接受检验并逐步转化为能力的过程,它可以使学生对概念、规律的理解逐步巩固、加深、拓展并升华。教师可以围绕着"双基"和培养学生掌握学习方法的目的,多出一些有一定梯度的练习题,反复训练学生,为学生能力的培养打好基础。

第三节　先示后范

一、"先示后范"教学策略的含义

"先示后范"是"先学后教"中"后教"的实施方式。学生对学习内容的自我建构不是一次性完成的，这样的建构过程必定包含着初步建构，以及与他者交流并进行适当修正或者强化、在新基础上进一步进行的意义建构。这个过程不断反复，学习过程就可得以推进。学生学习后要有反馈，教师和学习同伴要与之交流，对正确的建构内容加以强化，对不明确的内容加以点拨，对不正确的内容加以修正。怎么反馈？如何强化？如何点拨？怎么修正？我们以"先示后范"加以概括。

"先示"，有两个层面的意义。一是学生的学习过程与问题解决的展示，二是教师的问题解决方式的规范性展示。

"后范"，主要指对学生展示的学习内容的不当之处进行规范与纠正。

二、学生展示中，教师介入的原则

"先示后范"，是实现学生在课堂上的真正自主。课堂展示是充分实现学生自主学习的一个重要过程和平台。通过展示，学生的思维过程和学习方法可以得到更为充分的交流和互动发展。长期进行展示训练，不仅能使学生形成有效的学习方法和技能，而且能使学生具备自主学习的习惯和能力。

在学生展示环节，我们主张教师活动应尽可能地减少。教师介入如果必须发生，也要以对学生的自主学习起促进而不是抑制作用为前提，这是教师介入的总则。在"促进自主"的总则指导下，教师的介入应遵循以下几项基本原则：

1．即时性原则

学生展示完毕，教师应立即做出反馈，不要因为其他事情而忽略或忘记反馈，以免给展示的学生造成不知对否可否的困惑。当然，教师的反馈可以多样化，并不一定都是口头反馈。"先示后范"课堂对教师的"讲"有严格的时间限制，因而，更多时候教师应以巧妙的非言语方式对展示给予反馈，如以目光嘉许、眼神肯定、手势鼓励等，有时甚至可以是意味深长的沉默，以鼓励学生作进一步的思考。总之，教师应尽量采用更为丰富多彩的方式对学生的展示做出反馈，使课堂展示过程更为轻松、默契、高效。

2. 激励性原则

在对学生的展示进行反馈的过程中，教师要多以“欣赏”的姿态“激励”学生的展示行为。学生的展示是一种极有价值的学习过程，是一种包含自我开放、积极交流和勇于探索在内的综合性的身动、心动的探索过程。教师发自内心的赞许和支持，能够使学生产生“参与者将得到无条件尊重”的安全感和支持感。

3. 描述性原则

描述式反馈强调对学生的展示过程和方法进行细致描述，关注学生在学习过程中的情绪和同伴关系等综合内容，而不仅仅关注学生对知识内容的获得。教师长期使用这种反馈策略，不仅有助于学生对自己的学习方法或合作方法进行反思，对自身的学习有效性进行自我检测，而且会使学生逐渐学会自我接纳和自我评价，进而形成自我认同。

三、学生展示中，教师介入的意义和方式

展示过程中教师的介入应具有以下意义：一是将学生当前的探究推向更高更深的层次；二是使学生注意当前无人注意的错误；三是当所有的学生都感到困惑、展示陷入困境时，能帮助学生走出困境；四是能迅速解决当前除了教师之外无人能解而又必须立即解决的难题；五是使学生的思维更科学；六是使学生的交流更顺畅；七是使当前的学习更高效；八是使当前的学习过程更加充满趣味和吸引力。

教师介入的方式有：直接反馈、对问题进行追问或质疑、比较、中断、重述、搭桥、直接进行精讲和点拨等等。

四、学生展示中，教师介入的时机和策略

说到教师介入的策略，它往往与教师介入的时机紧密相连。以下是教师在学生的展示过程中介入的一般策略。

1. 当学生的展示表现为“正确”或者“很好”时的介入策略

许多教师在这种情形下所作出的反馈，往往是个简单的评价，如“他们的展示很好”“对了”等等。有些教师则习惯于把学生展示中或正确或很好的内容或结论简单地重复一遍。这样的介入方式，都是“先示后范”课堂所不能认可、不会主张的。理由很简单：浪费宝贵的课堂时间，同时对推进学生的学习没有积极意义，久之还会使学生养成一个“等待教师最后认可”的坏习惯，使之难以在知识、情感、态度和价值观等方面形成自己的是非标准。而这对于培养学生的学习自信心以及发展学生的自主学习能力，都是极为不利的。

因而，当学生的展示表现为“正确”或“很好”时，教师的介入可以使用如下方法。

(1) 遵循“描述性原则”，对学生的展示进行“描述式赞美”。

“回答这个问题，得分点一共有 3 个，展示的同学既没说一句多余的话，也没漏一个得分点；在进行意义过渡和关联的地方，用词很恰当，有‘同时’‘另外’‘并且’等。希望大家都能注意到这些答题细节，我认为，这是展示组做得最好的地方。”

“大家都知道，解这道题至少有 3 种方法可以使用，展示组用的方法是其中计算最快、途径最简捷的一种……”

“我和大家一样，认为展示组的板书很好！他们使用了 3 种独特的标记符号，还绘制了一个让人一目了然的表格，使用了 3 种不同颜色的粉笔，很好地帮助我们区别出了三组不同的概念……”

总之，对细节加以细致描述，可以使展示组和非展示组的学生都能清楚地知道“很好”究竟好在哪里。

(2) 使用“比较”“关联”等策略，对展示组提出更高的要求，引导学生的学习向更广、更高、更深处探究。

“请将你们的方法与其他两个组的方法进行比较，看看你们的方法有哪些优于别人的地方。”(比较)

“能否回顾一下我们学过的内容，想想你们刚才展示的这个问题所用到的方法涉及哪些我们曾经学习过的领域?”(关联)

……

2. 当学生的展示表现为"错误"时的介入策略

当教师发现学生对展示任务的理解不对,或对问题的解答错误时,应该如何介入呢?许多教师会"不由自主"地直接指出学生的错误,或是转而询问全班:"大家认为这样的回答正确吗?"这些方法,不符合我们的主张。

我们认为,当学生的展示出现"错误"时,这正是一个宝贵的学习契机,教师把握得好,会使学生和教师同时从中获益。因为通常学生之所以对问题的回答错误,除了少数存在不用心等主观因素外,更多的时候,也许和问题本身有关,包括问题的难易程度、呈现的方式、问题(任务)分配的方式等。此时教师的介入可考虑以下几种方式。

(1) 进行启发式搭桥。如果是问题的难度过大,教师可及时启发,如提供线索等,然后重新给出时间,耐心等待学生的解答。

(2) 使用"返回小组"的技术。展示出现错误,也许意味着更多的学生在这个问题上需要作进一步思考,或者需要更加充分的交流,或者需要从另外的角度重新审视问题,等等。这个时候,将问题返回小组,对于鼓励所有学生正确认识错误,都有积极的意义。

"既然大家对这个问题的解答都不太满意,那么,大家的意见是什么呢?我很想知道更多小组的意见。下面请各组用两分钟的时间再次进行讨论,得出你们组的意见。"

(3) 提供"反思和分享"的机会。在"先示后范"课堂中,常常会出现展示出错的情形,而学生的学习其实就是在一次又一次出错的展示和交流中完成的。教师应该注意到,在每次展示出错以后,如果能给出一定的时间,引导学生对错误进行分析和总结,让学生认清"错误"所在,理解"错误"的价值,可以使全体学生的综合素质在反思和纠错的过程中得到全面提升。

3. 当学生的展示表现为"不理解"时的介入策略

学生对所要展示的任务表示"不理解",这也是"先示后范"课堂中的常见现象。这时,教师介入的方法有:

(1) 修改导学问题。这种情形往往是因为导学问题本身导致了展示组学生的疑惑。因此,修改导学问题,使学生去除疑惑,对展示任务有更明确的认识,是非常必要的。

（2）使用“返回小组”的技术。

（3）建议展示组求助于其他小组，让学生学会借助外在的力量，将自己的“不理解”变为“理解”后的自我解答。

4. 当学生的展示表现为“肤浅”时的介入策略

当学生对问题的回答浅尝辄止、不够深入时，教师还是要考虑导学问题的设计是否科学合理。

（1）重点考虑导学问题中的“人本化”因素。导学问题中的“人本化”因素，是合作课堂非常强调的导学设计要点之一。它强调提出的问题不仅应与“文本”有关，即与知识点有关；更应与学生有关，应是学生所关注的，能让学生产生相应的情感和心理体验。

（2）增加对于“过程与方法”的展示要求。不仅要求学生展示问题的结果、答案，还要求学生展示思考和解答问题的过程与方法。

（3）运用“现场搭桥”和“返回小组”的方法。值得一提的是，当教师做出“现场搭桥”或“返回小组”的处理后，应鼓励展示组再度展示，而不是换由其他小组来“纠正”或补充，这样可以保护展示组学生的自尊心，激励其自信心。

5. 当学生的展示表现为“沉默”时的介入策略

当展示出现“沉默”时，教师应首先明确沉默的原因。一般来说，课堂中的沉默有以下一些原因：学生在思考；学生对任务不解或有较大答题困难；学生不自信，不敢展示；学生在等待或观望；展示组内的学生在相互依赖、推诿；学生处在游离状态，没有投入对任务的准备，等等。

针对以上“沉默”，教师的介入策略分别是：当学生还在认真思考时，请给出等待、提示或搭桥；当学生不自信时，请采用激励或转换展示的方式，改变展示的任务要求；当学生观望或相互依赖、推诿时，请帮助指定发言人；当学生游离、不投入展示任务时，请重新布置任务……

有的时候，教师表达自己对于课堂的感受——对学生个人或小组展示的某些细节或片段的内心感受，以此提出问题或帮助学生找到对问题思考的新的切入点，也是一种打破沉默的有效办法。比如：“刚才我观察到第三组的两位同学在导学案上轮流写着、画着、说着，而你们组其他的人也一直在认真地听着。我想知道你们讨论的是不是现在我们所关心的这个问题？刚才讨论到了什么程度？你们遇到了什么困难吗？为什么不和我们分享一下你们刚才的讨论呢?"

6. 当学生的展示过程中发生观点冲突时的介入策略

对于展示环节中的冲突处理,可以参照以下步骤:第一步,鼓励冲突的各方分别陈述各自的观点;第二步,鼓励冲突各方提供证据;第三步,鼓励各方寻求本组观点中的差异和共同点;第四步,请冲突各方聚焦问题的本质;第五步,寻找冲突中的价值和收获。最后一步是当冲突完全化解以后的必要步骤,它的意义如同以上"展示出现'错误'时的策略"中的"反思和分享"。

7. 当展示的学生"话多"时的介入策略

展示者"话多"的原因,要么是学生的展示技能训练不足,要么是对问题的思考不能切中要点。大多数的"话多"是表达方面的问题。由于课堂上的时间有限,"中断"技术是教师首先要考虑的介入策略。但一定要让展示的学生对于自己的表达有更多的思考。我们推荐以下几种方法:

(1) 重复学生说过的最后一句话。

(2) 要求展示人归纳要点。如:"能否把你刚才所说的内容,用一句话(或三句话)归纳一下,你想表达的最重要的意思是什么呢?""我们想知道,你刚才所说的,归纳起来一共有几个要点呢?"

(3) 提问他人。"我想知道,谁可以告诉我们,刚才这位同学的展示中,最重要的意思是什么?"

(4) 直接中断。"对不起,我想我们必须打断你的发言了……"

8. 当展示的学生"离题"时的介入策略

遭遇这种情形时,教师的介入方法有:第一,重申主题和要求;第二,直接中断。

总之,在"先示后范"的课堂展示环节中,教师的介入应强调"促进自主"的总体原则。无论哪种情形下的教师介入策略,考虑的重点都是"让学生变得更会思考、更会学习"。

(本章执笔者黄夏炎,审定者陈明华)

第五章 特征呈现

“我的课堂”，意在强调“我”，“我的课堂，学教在我”，是学生主体、教师主导的“双主”课堂。“我的课堂”应以学生的学习为主体，体现学习的“自主性、探究性、互补性、创造性”特征；“我的课堂”应有教师的引导作用，以“学案导学、问题引领、交往互动、潜能激发”作为主要标志，以期使课堂成为自主的课堂、探究的课堂、共进的课堂和智慧的课堂。

第一节 以学案导学为载体，培植自主的课堂

学习的自主性是“我的课堂”的基础特征，教学中教师可以“学案导学”为载体，培植自主特征的课堂。

一、“我的课堂”是自主学习的课堂

（一）自主学习的涵义

自主学习是一种与他主学习相对立的学习方式，包括三个方面：一是对自己学习活动的事先计划和安排；二是对自己实际学习活动的监察、评价和反馈；三是对自己的学习活动进行调节、修正和控制。

（二）自主课堂的基本特征

自主课堂是以学生的自主学习为内核的课堂，自主课堂具有以下主要特征。第一，主动性。学生在课堂中表现为“我要学”，它是基于学生对学习的

一种内在需要。第二,独立性。如果说主动性表现为"我要学",那么独立性则表现为"我能学"。每个学生同时都有一种独立的要求,都有一种将自己独立学习能力表现出来的欲望。第三,自控性。课堂上学生对为什么学习、能否学习、学习什么、如何学习等问题有自觉的意识和反应,它突出表现在学生对学习的自我计划、自我调整、自我指导、自我强化上。即在学习活动之前,学生能够自己确定学习目标、制定学习计划、选择学习方法、做好学习准备。

(三)构建自主课堂的意义

1. 构建自主课堂是素质教育的必然要求

素质教育以提高人的素质为宗旨,以人的发展为核心。它强调充分发挥弘扬人的主体性,强调教育要尊重和发展学生的主体意识和主动精神,关注教学中学生主体地位与主体作用的确立和发挥。强调学生在学习活动中是认识活动的主体、实践的主体和发展的主体。也就是说,只有学生的主体性得到体现,课堂中的素质教育才算真正落到实处。

2. 选择自主学习方式是课程改革的必然要求

新课程改革关注学生的学习兴趣,关注学生学习方式的变革,过去的应试教育过分强调学生的接受学习、死记硬背、机械训练。现在要变这唯一的方式为多样化的学习方式,注重培养学生的独立性和自主性,促进学生在教师指导下主动地、富有个性地学习,其主要方式为自主学习。

3. 发展自主学习能力是满足学生个性心理发展的需要

从教育学和心理学角度来看,中学生的认知特点已由形象思维逐步发展到抽象思维,已有一定的自制力和较强的独立思维意识,其抽象思维、分析、综合能力已有较大提高。中学生的自学能力也有一定的发展,因此,教师要让学生自己学会主动去概括、归纳、思考问题,提高综合运用能力,逐步脱离教师去自主地学习。

4. 培养自主学习能力是提高学生在校学习质量的需要

调查表明,学习自主性强的学生其学习成绩一般要好于学习自主性差的学生,有时甚至优于智力水平高的学生。在课堂教学中培养学生的自主学习能力,能调动学习积极性,开发学生学习潜能,使学生真正成为学习的主人,让他们愿学、乐学,会学、善学。学生自醒、自励、自控能力的提高,也

与其意志力和抗挫折力的提升相得益彰。

二、“学案导学”培植自主课堂

（一）学案和学案导学的涵义

1. 学案

指教师依据学生的认知水平和知识经验，为指导学生进行积极主动地知识建构、掌握科学的学习方式、达成情感态度价值观目标、培养创新和实践能力而编制的学习方案。学案实质上是教师用以帮助学生掌握教材内容、沟通学与教的桥梁，也是培养学生自主学习和建构知识能力的一种重要媒介，具有“导读、导听、导思、导做”的作用。

2. 学案导学

就是借助学案这个沟通教与学的载体，引导和培养学生积极有效地自主学习，改善学习方式，达到减负增效的目标，促进学生主动构建知识，掌握科学的学习方式，达成情感态度价值观的课程目标。

（二）学案导学的特点

学案的特点决定了学案导学的特点，也具有鲜明的主体性、引导性、灵活性和开放性。

1. 主体性

学案的设计尊重学生，注重发挥学生的主观能动性，以激发其主体精神；学案的设计依靠学生，注重引导学生直接参与并完成一系列学习活动，以发挥其主体作用；学案的设计信任学生，注重用足够的时间和空间，让学生自主学习和发展，以确立其主体地位。

2. 引导性

强调学生的主体性，并不意味着教师可以“放羊”，可以撒手不管。恰恰相反，教师在设计学案时应立足于“引导”的地位，肩负起“教练”的责任。课前，要精心设计教和学；课上，积极施教，应变有术，引导得法。如此，师生默契配合，和谐相处，共同实现教学目标。

3. 灵活性

俗话说:“教无定法。”这其中主要是指教师课堂教学方法可以是多种多样的,机动灵活的。对理论性知识内容,侧重于学法的设计;对实践性知识内容,侧重于实验的设计。

4. 开放性

学案从目标、内容到学案的形式,都是开放的。学案的表现形式也可以是多样的,可以是一个标准的各种项目都有的学案,也可以是一个只有部分项目的学案。学案可以是标准答案,也可以是不确定答案。

(三) 学案导学对自主课堂构建的促进作用

1. 学案导学可以激发学生自主学习的动机

事物的发展都是内因和外因共同作用的结果,外因必须通过内因起作用。在学案导学过程中,学案属于外部条件,是外因。学生是学习的内因,教师的“教”必须通过学生的“学”才能发挥作用。因此,“学案导学”通过学生自学、讨论、答辩等方法能充分调动学生内在的积极性、主动性。同时辅以教师的指导,又能维持和发展学生学习的内在的积极性、主动性,能激发学生的学习动机。

2. 学案导学可以引领学生自主学习的过程

“学案导学”中的“导”即开导、启迪之意,导学不是传统教学意义上的辅导教学,导学是以学案为依托、以素质教育为指导、以培养学生的创新能力为目的,为学生导思、导读、导练的过程。

(四) 学案导学的基本操作程序

构建以学案为载体,导学为方法的教学模式,教师要逐步引导学生掌握科学的自主学习方法,养成良好的自主学习习惯,逐渐培养学生的自主学习能力。具体操作程序如下:呈现目标,激发动机→引导自学,自学检查→合作学习,展示讨论→精讲点拨,即时练习→检测反馈,内化拓展。这些基本环节涵盖了课前环节、课堂教学和课后巩固三个层面。

1. 课前环节

呈现目标,激发动机。教师提前将导学案发放给学生,让学生完成学案

上的内容，这一环节的目的是明确本堂课的学习目标和学习内容，让学生知道本堂课学什么，怎样学，给学生指明课前预习的方向。通过本环节的学习提高学生预习的针对性和有效性，发现本堂课的重难点。学生通过查阅相关参考资料、工具书，检测已学知识的掌握程度，使学生提前做好上课的准备，慢慢培养自主学习的习惯，并为课堂上的小组讨论、集中展示做好准备。

引导自学，自学检查。先练后讲，学生既预习了要讲的知识，还明确了重难点和自己薄弱的环节。在提前做导学案的过程中，学生一定会遇到一些超出自己解决能力范围之外的困难。实践和理论都证明，当学生处于困惑而自己又具有一定基础，只要经过一番努力就能解除困惑的时候，学生的学习积极性最高，兴趣最大。处于这种状态下的学生，就能充分调动他们的求知欲望，认真听讲，主动向教师或同伴求助。

2. 课堂教学

合作学习，展示讨论。课堂上，教师要求各小组的学生先将导学案中填空部分中的相关练习，交由小组进行组内自查，让学生自己来发现存在的问题。鼓励学生参与，大胆发言，活跃学生思维，教师给学生提供的主动学习的机会越多，就越能将学生的积极性调动起来。通过学生之间的互动和启发，可以解决一部分问题，同时，教师在这个环节中除了履行好协调者、组织者的职责外，还要发挥好指导者的作用，及时发现学生中存在的共性疑难问题，从而为下一环节的精讲点拨做好准备。

精讲点拨，即时练习。在经历了自学、讨论等环节后，学生对所学知识已经有了一定程度的感性认识，还没有上升到理论高度，对一些难点可能还存在一丝疑惑，这种状态下，教师要抓住学生急于解惑的心理，言简意赅，理清思路，帮助学生建构新知识。讲清某个知识点后，教师当堂布置达标练习，检测学生听课效果。

3. 课后巩固

检测反馈，内化拓展。根据艾宾浩斯遗忘规律的研究，新知识在刚刚学完的时间段里是最容易遗忘的，为了便于学生复习巩固，教师在对知识进行精讲点拨的同时，要适时根据具体学习内容施加有针对性的学法指导，让学生通过训练能够举一反三，触类旁通。经历一番感悟反思后，学生把教师提供的指导内化为自己的学习方法，将来即使离开了课堂、离开了教师，一样能游刃有余地解决问题,从而提高自主学习能力,实现由“学会”到“会学”的转变。

三、“学案导学”培植自主课堂例举

(一)学案的组成部分

学案的主要内容因学科和课型的不同而有所不同,主要包括以下几个组成部分。

1. 学习目标

即确立知识和技能、过程和方法、情感态度和价值观“三维”目标,使学生真正明确要学的是什么。目标的制定不仅要具体,要充分利用教材的单元(课组)目标要求、章节(课例)预习提示和课后的思考和练习要求,具体确定学习目标,而且要重点突出,善于为学生确立学习的重点目标,不要面面俱到,避重就轻。

2. 学法指导

主要包括知识识记和技能训练的方法指导、问题的处理策略指导。要明确告知学生从哪些角度进行观察、记忆、联想、对比、推理、归纳、思考、讨论等,学习方法指导要充分结合学习目标,要举出一定的学习题例,通过题例使学生循序渐进掌握学习的方法。

3. 课前预习

课前预习可以包括以下两点:一是与本学习目标相关背景材料和思想意义,学科问题的新发现、新猜想、新论证等,如语文课例中关于作品、作者、写作的时代背景、作品的思想意义、现在学习的价值、主要知识和技能的逻辑结构图等。二是提供基础知识和基本技能训练的题例,通过预习前置,学生自学,促进学生完成一定的基础目标,为课堂教学奠定扎实的基础。

4. 课中导学

即围绕重点、难点学习目标,设计的导学训练题例,主要包括对重要概念、语句的分析、理解或质疑,有关知识和技能规律的归纳、总结和提升,重要思想方法的概括等,要充分联系社会和生活实际设计问题,使问题能够激发学生的思维,走进学生的心灵深处。

5. 课后复习

即及时强化学生知识储备、技能训练和方法应用，复习训练要突出重点和难点内容，要有一定的层次性，使不同层次的学生都有所发展，有所提高。

（二）学案导学课堂实施案例

1. 课题与课型

英语学科人教课标版高中教材必修3Unit 4 Astronomy：the science of the stars，介绍动词不定式的形式和句法功能的语法讲练课。

2. 学习目标

掌握动词不定式的形式和句法功能。

3. 学习方法

归纳法、自主学习、小组合作。

4. 实施流程

Pre-class：Ask the students to finish Grammar exercises on period 5.

While-class：

环节一：检查作业并分配各小组任务

活动1：检查导学案上第一部分分析不定式所作成分的练习。

检查此部分练习情况，看学生是否能发现语言规律。由指定小组回答，其他小组认真倾听并随时纠错或补充。

设计意图：明确所学语法项目，让学生体验语言材料，通过自己或组内同伴的帮助发现规律。

活动2：核对导学案上第二大题翻译句子。

设计意图：复习课文中不定式作各种成分的句子并按照其句法功能分类，加深学生对不定式的感性认识。

活动3：核对导学案上第三题答案。

本部分的题目较难，要留给学生较充足的时间，采用合作讨论的形式，教师订正答案并归纳总结。

设计意图：教师要善于总结本阶段学生的难点和易错点，及时点拨。

环节二：精讲点拨，归纳总结

教师列出不定式的各种形式，并解释不同形式的含义和使用的场合。

设计意图：经过前面三道题目的练习，学生在自己的努力和同伴的帮助下已经对不定式的形式和用法有了较深的感性认识，教师的归纳总结有利于学生升华认识，加深理解，使知识系统化。

环节三：当堂巩固，即时练习

Practice 1：Put the verbs in bracket into the correct infinitive forms.

① It is frightening ________（walk）in the road in a sandstorm. I hope I will reach home soon.

② Experts hope ________（learn）more about the movement of sandstorms.

③ I'd like ________（tell）about the situation before now.

④ The work needs ________（complete）by the end of the week.

⑤ My father was out of the city when the sandstorm came. He was very glad ________（miss）it.

⑥ The building has ________（finish）by the end of the year.

⑦ ________（see）a real sandstorm was frightening.

设计意图：刚刚讲完不定式的各种形式，学生需要练习来巩固一下，要考虑到各种形式，难度适中。

Practice 2：不定式句子接力

设计意图：采取小组合作的形式，共同选择话题，每人想出一个和组内确定话题有关的含不定式的句子，中间可以使用一些过渡性的语言来组织整篇文章，这一环节也是为了活用本节课所学内容，使学生感到学有所用。

After class：内化扩展

① 继续完善不定式句子接龙，下一节课安排展示。

② 从资料上摘抄含有不定式的句子，体会其用法。

第二节　以问题情境作引领，创生探究的课堂

学习的探究性是“我的课堂”的核心特征，探究性学习是针对传统课堂过分倚重接受性学习的弊端而逐渐形成的一种新的学习方式，教学中教师可以问题情境作引领，创生具有探究特征的课堂。

一、"我的课堂"是探究性学习的课堂

（一）探究性学习的涵义

1. 探究性学习

探究性学习指学生通过类似于科学家科学探究活动的方式获取科学知识，并在这个过程中，学会科学的方法和技能、科学的思维方式，形成科学观点和科学精神。

2. 探究性学习以问题为中心

探究性学习是一种学生学习方式的根本改变，学生由过去主要听从教师讲授，从学科的概念、规律开始学习的方式变为学生通过各种事实来发现概念和规律的方式。这种学习方式的中心是针对问题的探究活动，当学生面临各种让他们困惑的问题时，就会做出各种猜测，要想法寻找问题的答案，在解决问题的时候，要对问题进行推理、分析，找出解决问题的方向，然后通过观察、实验来收集事实。也可以通过其他方式（如查阅文献资料、检索等）得到第二手的资料，通过对获得的资料进行归纳、比较、统计分析，形成对问题的解释。最后通过讨论和交流，进一步澄清事实，发现新的问题，对问题进行更深入的研究。

3. 探究式学习与科学研究的区别

探究式学习作为一种学习方式，它不同于科学家的探究活动。与科学家的探究过程的主要区别在于，探究性学习必须满足学生在短时期内学到学科的基本知识和学科的结构，所以这个过程在许多情况下都要被简化，比如，提出问题这个环节，在大部分的教学活动中，多由教师提出问题，或由教材提出问题。在获取事实这个环节，常常是由教师和教材来确定研究方法、步骤、所用材料等，这样就省去了学生设计实验的环节。探究性学习中也要给学生提供进行完整科学探究活动的机会，这样的活动虽然要用更多的时间，但对学生体验科学家的探究过程是非常必要的。探究性学习的最终目的是要学生掌握科学研究的方法，如果不亲自参与探究，学生就无法理解科学探究的艰难，无法体会科学家在科学研究中可能遇到的各种问题，以及科学家是怎样通过一次一次的尝试来解决问题的。参与探究可以帮助学生领悟科学的本质。

（二）探究课堂的主要特征

探究课堂是指充分发挥学生的主体作用，采用探究性学习为主要学习方式的课堂。它有以下几个方面的主要特点。

1. 主体性

教学过程中把学生作为活动的主体，立足于学生的“学”，以学生的主体活动为中心来展开教学过程。学生在积极主动的参与教学活动的过程中以自己的经验和知识为基础，经过积极的探索和发现、亲身的体验与实践，以自己的方式将知识纳入到自己的认知结构中，并尝试用学过的知识解决新问题。教师在这个过程中只是一个组织者、指导者和参与者。探究课堂有利于学生主体意识和主体能力的形成和发展，有利于塑造学生独立的人格品质，有利于培养学生的自主性。

2. 实践性

探究课堂是以学生的主体实践活动为主线展开教学过程的。学生借助一定的手段，运用多种感官，通过自己的主体活动，在做中学，使得学生的实践活动贯穿于学习活动的始终。探究课堂特别强调学生的感知、操作和语言等外部的实践活动，强调学生的直接经验和间接经验的交融、统一，使认知活动建立在实践活动的基础之上，用学习主体的实践活动促进学习者的发展。

3. 过程性

探究课堂追求学习过程和学习结果的和谐统一，接受学习重视学习的结果，探究学习更加关注学习的过程。探究课堂非常注重学习过程中潜在的教育因素，它强调尽可能地让学生经历一个完整的知识的发现、形成、应用和发展的过程。让学生尽可能地像科学家那样，发现问题，解决问题，经历一个完整的科学研究过程，体验发现知识、再创知识的创新过程。

4. 开放性

探究课堂的目标是很灵活的，没有像知识目标那样明确具体的要求和水平。探究课堂在内容上是开放的，在探究结果的要求上也是开放的。探究课堂打破了传统教学在统一规定下的教学模式，为学生提供了大胆创新、实现自我超越的学习环境。学生在探究学习的过程中，能够大胆怀疑，提出问题，探讨解决问题的方案，对不同的结果进行分析，培养创新意识和创造能力。

二、"问题引领"创生探究课堂

（一）问题情境

问题情境，是指一种具有一定困难，需要学生通过努力克服（或寻找达到目标的途径），且力所能及的学习情境（学习任务）。也就是说，当已有知识不能解决新问题时出现的一种心理状态。要摆脱这种处境，就必须拟出以前未曾有过的、新的活动策略，亦即完成创造性活动。

（二）问题情境教学

问题情境教学的基本思想是，知识中相当大的部分可以不用现成形式传授给学生，而由学生在问题情境下，通过教师的组织、指导，在独立的认识活动过程中去获得。换言之，问题情境教学是通过调动学生认知积极性，在主动探究问题的过程中引导学生进行认知活动学习的。

（三）创设问题情境的方法与途径

1. 通过新旧知识的联系创设问题情境

一般来讲，知识都具有一定的逻辑结构，联系密切，这就为教师创设问题情境奠定了基础。教师在讲授新知识前，应先确定所授内容在本学科中的地位，列出知识结构，寻找到知识间前后的逻辑关系，然后围绕新旧知识的衔接点，针对旧知识的自然生长点设计问题，利用学生原有知识经验来创设学习新知识的问题情境，以此来激发学生探索新知识的欲望，促进学生积极主动地学习。

2. 通过矛盾冲突创设问题情境

学生在学习科学知识时，时常会受到一些"前概念"的负面影响，从而引起"负迁移"，产生学习障碍。教师如果能够因势利导，利用矛盾引发的"认知冲突"来创设问题情境，不仅可以纠正学生的错误认识，在"同化"和"顺应"的过程中加深对知识和规律的理解,还可以很好地培养学生的问题意识,强化学生的学习动机。

3. 通过精心设计的课堂讨论创设问题情境

学生间的讨论和交流对于激发学生的思维活动,培养学生思维的深刻性和全面性是一种非常有效的方法。由于学生已有的知识经验不同、思考问题的角度不同,即使对同一个问题,他们也往往会得出不同的结论。因此,在教学中精心设计问题,利用学生对某一问题的不同看法创设问题情境,从而诱导学生互相启发、互通有无,在这种特定的情境中,学生会产生问题。

4. 联系生产、生活和科学技术发展中的实际问题创设问题情境

紧密联系生产、生活和当前科学技术发展的实际,利用学生已有的生产、生活经验创设问题情境,激发学生去解释生产、生活中的现象、事实以及它们之间的联系,使学生认识到学习的现实意义,在解决问题的过程中培养学生思维的实践性和深刻性。这种由知识的实际应用创设的问题情境,由于与学生的日常生活联系密切,能很好地激发学生的求知欲,促使学生积极主动地参与到学习中去。

5. 通过科学史实材料创设问题情境

在课堂教学过程中利用科学史料创设问题情境,不仅可以使教学不再局限于现成知识本身的静态结果,而且可以追溯到它的来源和动态演变过程,使情感活动与认知活动相结合,揭示出反映在认识过程中的科学态度和科学思想,使学生从中感悟到科学家发现问题、进行推理判断、提出假设进行验证的科学思维过程,培养学生实事求是的科学态度、科学精神,掌握科学研究的和形成知识、运用知识的科学方法。

三、"问题引领"创生探究课堂例举

(一)问题情境的类型

问题是探究的起点和动力,创设问题情境的基本任务是激发学生的学习动机,这就决定了在应用问题情境进行教学时,教学中的认识过程是主要目的,而取得知识结论是手段。对教材的处理往往要更多地考虑创造各种问题情境使学生的问题意识得到提高。所以在创设问题情境时的着眼点是

依据教材的特点与学生原有认识能力的特点，在这两者之间开发各种问题情境。问题情境可划分为由低到高的三个境界。

1. 单向诱导情境

单向诱导情境是最低层次的问题情境，多为传统的练习或习题，在传统的课堂教学中用得较多。这种问题情境中产生的问题往往有唯一的正确答案，而且一般情况下解决问题的途径也是唯一的。

在这种问题情境中，教师起“引诱”和“主导”的作用，学生按教师的引导，向教师的既定目标靠近，最后完成问题解决。这种单向诱导情境的作用在于使学生巩固、运用所学知识，而不大可能激发学生的创造性。因为解决此类问题无须另辟蹊径，只是对所学知识的熟练运用。一般在复习课或利用旧知引出新课的时候，这种单向诱导情境用得较多。

2. 问题解决情境

问题解决情境就是直接呈现出某个新的问题，围绕如何解决这一问题去组织学生展开学习、探求知识、寻找解决问题的办法的一种问题情境。这里的问题是指那些无固定模式可套的非常规性问题，有别于传统的“练习”或“习题”。如答案和解法均不确定的开发题和设计题、条件不足或多余的实际问题等等。

这种问题情境意在让学生综合运用所学知识解决具体问题，特别注重培养学生的理论联系实际的能力，对于传统教学中理论与实践脱节的现象有所改善和补充，让学生感到学的东西都是有用的，进一步培养学生们稳定的、长久的学习兴趣。这类问题情境不再是“单向诱导”，因为无固定模式可套，需要学生运用自己头脑中已有的知识经验去探究、去创造，形成自己的解法，而且它不限制人的思维，给每个学生提供了自由想象的空间，使学生从不同的角度去观察和思考问题。这样，每一个角度的见解都是他们头脑中已有的与之相关的知识的综合运用，而不仅仅是针对书本上的某一个或几个知识点。这种问题情境的设计对于教师来说，本身就是一种创造。

3. 问题发现情境

发现问题的能力与人的直觉、联想力和想象力等品质有密切的关系，它的培养不仅仅靠知识的传授和解题技巧的训练，也需要一种特殊的“情境”。

这种情境应该是丰富的而不是单调的，应该是迷惑的而不是确定的，应该是以提问、发现为导向而不是以解题为导向的。即问题发现情境本身就应该包含着较多问题，给人以思考的空间和提问的气氛。

问题发现情境不强调学生对每一个词语的准确理解和把握，而是允许学生抓住一点，各抒己见；它鼓励学生凭直觉提出问题，而不苛求对结论的严格论证；它创设师生间和生生间的平等的合作交流气氛，提供合作学习的机会。问题发现情境的目的是让学生自己发现问题，并自己为了解决所发现的问题而去获取新的知识。这类问题情境的创设可以改变学生总是围绕教师、教材、书本转，以及迷信权威和安于现状的学习态度和习惯，从而突破思维定式的局限，发展求异思维和创造思维，为提高创新能力奠定基础。

（二）"问题引领"课堂实施案例

1. 课题与课型

生物学科人教版高中教材必修3"植物生长素的发现"

2. 设计构想

以问题讨论为主线，设计探究式教学，围绕"植物向光性的原因是什么"这个总揽性的问题来推进教学进程，让学生在发现、提出、化解问题的过程中，主动参与知识建构，实施探究学习，发展生物科学素养。施行探究式教学的关键是问题引领。教学过程中，教师可设计以下四种类型的问题：第一，设计导入式问题。在课堂教学的开始，由一个小小的问题作"导火索"，把学生带入探究的状态。第二，设计过渡式问题。这类问题，教师可设计穿插在几位科学家实验之间，使多个实验成为一个探究整体。第三，设计因果式问题。这类问题，实际上是一组存在因果关系的问题串。在解释向光性成因时，教师可用这种方式来实施问题探究。第四，设计发散式问题。这类问题常常由学生自主提出，是学生不迷信权威的批判精神的体现。教师在对植物向光性的成因做出"经典版"解释后，有的学生提出其他成因，这就会形成发散式问题。

3. 教学目标

概述植物生长素的发现过程；体验发现生长素的过程和方法；评价实验

设计和结论，训练逻辑思维的严密性。

4．教学方法

问题探究法、讲授法。

5．教学流程

导入：出示放置窗台的盆栽植物图片，提出：这株植物在生长方向上有何特点？向光性，学生归纳出向光性的定义。（教学意图：培养学生的观察能力）

过渡：人们对向光性现象熟视无睹，而达尔文做了个有心人，提出了“为什么”。

（1）生长素的发现过程

① 出示达尔文研究金丝雀虉草向光性的背景资料。

提出问题：达尔文的研究工作对我们有什么启示？处处留心皆学问；科学研究需要有敏锐的观察力。（教学意图：培养学生的信息处理能力）

科学重视实证，因此，达尔文设计了富有创造性的实验来进行研究。

② 达尔文实验的分析

出示实验示意图。

学生讨论：说出实验的操作过程、实验结果是什么？

学生陈述问题的答案后，再提出新的问题：实验中遮盖胚芽鞘的尖端及尖端下部的目的是什么？目的是分析这些部位与向光生长的相关性，这是实验设计中运用的排除法。

提出问题：胚芽鞘感受单侧光刺激的是哪一部分？胚芽鞘的尖端。弯曲生长的又是哪一部分？尖端下部。感受光刺激的部位和向光弯曲的不是同一部位，达尔文怎样解释这一现象？（教学意图：训练学生的逻辑推理能力）

③ 达尔文的推论：单侧光照射使胚芽鞘的尖端产生某种刺激，当这种刺激传递到下部的伸长区时，会造成背光面比向光面生长得快，因而出现向光性弯曲。

提出问题：达尔文的推论中还有哪些内容尚未得到证实？胚芽鞘尖端向下传递的刺激是什么？后人为解决这一问题继续探究。

④ 詹森、拜尔、温特实验的分析

出示三个实验示意图。

学生分组，每组分别讨论其中的一个实验。要求在讨论中解答以下问题:这个实验是围绕什么具体问题展开的?实验是如何设计的?实验现象是什么?从本实验可得出什么结论?

这三个实验的内在联系是:它们围绕三个递进的问题展开,刺激能不能传递?刺激传递的效果是什么?刺激可不可能是一种化学物质?三个实验得出的结论分别是:顶尖产生的刺激可以透过琼脂片传递给下部;胚芽鞘弯曲生长,是因为尖端产生的刺激在其下部分布不均匀造成的;造成弯曲的刺激是一种化学物质,温特命名为生长素。

⑤ 解释向光性的成因。先由师生共同以“倒叙”方式来分析:背光侧比向光侧生长得快→背光侧比向光侧生长素分布得多→单侧光照射的影响。学生讨论,解释向光性的成因。

⑥ 质疑:关于植物向光性的原因有没有其他的解释呢?有!

学生提出问题:植物弯向光源生长会不会是向光侧的生长素被单侧光照射后分解了?会不会是抑制物质分布不均匀造成的?师生交流。

教师提出问题:如何证明你的推测?学生说出实验验证的设计思路。

(教学意图:培养学生的批判性思维)

⑦ 生长素种类例举,导出植物激素的概念。

(2) 归纳生物科学研究的基本方法

① 思想方法。提出问题:四位科学家的探究的基本环节是怎样的?观察现象→提出问题→进行实验→合理推论→提出假说→实验验证→得出结论。概括出生物科学研究的基本方法是“假说——演绎”法。

② 实验设计方法。达尔文实验设计中的排除法;温特实验设计中体现单因子变量原则的对照法。

③ 实验操作方法。如怎样检出胚芽鞘向光生长过程中的弯曲部位?可以在幼苗上画平行横线,横线不平行的部位就是弯曲部位;加竖直参照物,幼苗生长方向与参照物出现夹角的部位就是弯曲部位。

科学研究需要哪些优良品质?学生归纳。

(3) 生长素的产生、运输和分布

教师提出阅读问题,学生阅读课本,师生共同归类基础知识。

(4) 评价实验设计和结论

教师用图片演示生长素转移方向实验设计步骤,学生对实验设计进行

评价。要求学生完善实验的设计。

第三节　以交往互动为方式，营造共进的课堂

师生共进是"我的课堂"的发展特征，"我的课堂"强调教师、学生双主体，教师引导的双向互动，实现教学相长，营造共进特征的课堂。

一、"我的课堂"是共进的课堂

（一）课堂师生关系

1. 课堂师生交往

在课堂教育教学情境中，教师与学生以符号（言语的或非言语的）为媒介，进行的信息传递、思想交流和情感沟通过程。

2. 课堂师生互动

在课堂教育教学情境中，教师与学生之间以教学内容为媒介，为达到教学目标而形成的相互作用和相互影响的关系。互动具有双向性，有教师对学生的作用与影响，也有学生对教师的作用与影响。

3. 课堂师生共进

在课堂教育教学情境中，以师生交往互动为基础，教师发挥主导作用、学生确立主体地位，教师与学生之间的互动达成优化状态，实现教师与学生共同进步、共同发展的过程。共进课堂是互动课堂的优化状态。

（二）师生互动共进课堂的积极意义

1. 有利于集中学生的课堂注意力

心理学研究表明，人的注意不可能长时间地保持固定不变，不同年龄的人，注意稳定持续的时间会有所不同，一般人在十二岁以后注意稳定持续的时间为 30 分钟左右。如果教师在课堂上只是简单讲解，即师对生的单向交往，很难把学生的注意力长时间集中在课堂上。

学生注意力转移的原因是与教学无关因素的刺激强度超过了教学刺激，因此，要使学生的注意力保持得久一些，就必须加强与当堂课教学有关的因素对学生的刺激。如找一些贴近学生生活的、符合学生年龄特征的内容来充实教学，增强课堂教学的趣味性；设置一些探究内容供学生小组讨论，增强学习学科知识的挑战性等等。这些方法都能使学生的注意力较长时间地集中在课堂之内，而这些途径都离不开师生间的互动交流。

2. 有利于培养学生良好的学习习惯

良好的学习习惯不仅有利于学生当前的学习，而且有益于他们今后的学习，甚至是决定一个学生未来成功的基础和保障。可见，培养学生良好的学习习惯至关重要。

一个学生的学习习惯指由于长时间的经验或重复在后天养成的行为倾向。传统的"以教师为中心"的教育方式使学生养成了及时记笔记的好习惯，但是也养成了依赖思想严重、缺乏独立思考等坏习惯。师生互动的教学方式坚持"以学生为主体"的教学理念，遇到比较难解的问题，教师只是帮助学生理清思路，适当引导，不直接告诉学生答案，迫使学生养成独立思考、合作学习的好习惯。师生互动过程中，还能培养学生认真审题、主动提出疑问、及时复习和合理利用时间等等一系列良好的学习习惯。

3. 有利于及时进行教学反馈

教学反馈既是课堂教学过程的重要环节，是学生更好地掌握并巩固所学知识的基本方式和重要手段。传统的课堂常用一张试卷来检测学习效果，反馈不全面。而通过师生互动，教师不仅可以在与学生对话的过程中发现学生在学习上的困难之处并帮助他们解决，而且还能依据学生反映的信息对自己组织的教学活动做出准确的分析与判断从而加以必要的调整和修正。因此，在课堂教学过程中，通过师生互动可以真实准确地反映学生对知识的掌握情况，得到真实的反馈信息。在课堂教学之初，通过师生互动可以帮助教师了解学生是否做好了上课的各种准备；在课堂教学过程中，通过师生互动中反馈出来的各种信息可以帮助师生不断调整各自的教和学的方式方法；在教学活动结束时，通过师生互动可以帮助师生共同总结一堂课下来的得与失，使一些成功的经验得到巩固，一些错误得到纠正。

4. 有利于增进师生间的情感交流

情感是人对客观事物的一种态度、一种倾向。情感交流是人与人沟通的基础。课堂师生间的情感交流会直接影响到课堂气氛，影响到学生思维，

影响到课堂的学习效果。可见，师生间的情感交流在课堂教学过程中发挥着重要的作用。

互动共进的课堂，增加了师生互动的“亲其师，信其道”，学生只有和老师亲近了，才会信任老师，相信老师，接受老师的教育，从而更加愿意与老师交流。而要让学生感到教师与自己的“亲近”感，离不开师生之间的互动。教学活动是教师的“教”与学生的“学”的互动过程，有了互动，师生之间和谐协作，教学活动才能顺利开展；只有通过互动，师生之间的关系才会融洽，课堂气氛才会活跃，学生的学习积极性才能被充分调动。因此，有效的师生互动能增进师生间的情感交流。

二、“师生互动”营造共进课堂

（一）现实课堂师生互动的不足

传统的教学活动中，教师注重的是学生对知识的掌握和教师自身的课堂效果，而现代教学理论要求，教学的过程是师生交往和师生互动的共同发展过程。常态教学的实然状态与应然要求之间存在差异，主要表现在以下几个方面。

1. 课堂师生互动的形式较为单一

课堂师生互动的主要目的是为了提高教学效果，以实现“知识与技能”“过程与方法”“情感、态度与价值观”的教学目标。让学生在学习知识的过程中，学会独立思考，培养各方面的能力。然而，在现实的教学过程中，教师常常会在“知识的习得”和“过程的精彩”两者之间矛盾徘徊。让学生学会了知识点之后，教学过程却是僵硬的、单一的；相反，如果教学过程中形式多样、活动丰富，学生却不一定能掌握课堂的主要教学知识点。课堂上，教师与学生最多的互动主要集中在教师讲解和教师提问上，互动的形式比较局限和单一。

2. 课堂师生互动中缺乏积极的反馈

在课堂中，教师和学生是双主体，教师作为课堂引导者，应该在课堂上发挥其引导者的角色作用，然而在现实的课堂上，有的教师则对学生缺乏积极的反馈与响应。主要表现为：教师不重视对学生的引导鼓励；教师对学生的提问不能给予及时回复。中学阶段的学生,正处于好奇心强、渴求新知的时期,希望得到的是教师各方面的肯定,课堂上学生想要回答教师的问题,但有时却被教师忽视了;有的学生回答了教师的问题,但教师未给予肯定。很多情况下,学生一回答完问题,教师便用"坐下"来结束师生互动。这样一来,学生的积极性就被挫伤了。

3. 课堂师生之间情感互动较少

课堂教学中,教师不仅要教授基本知识和教会基本的方法,更重要的是在传授知识的过程中,培养学生的情感、态度和价值观。课堂教学中,教师往往偏向于知识的问答,反馈的和回应的也都是知识性的答案。情感互动中包含了言语互动和非言语互动,一般教师在言语上会对学生的回答作出一些情感性的评价,比如学生回答正确,就会说"回答得很好""不错"等,学生需要鼓励的时候,教师也会讲"勇敢一点,说错了没关系""回答得还是可以的,继续努力"等,然而教师比较容易忽视非言语的情感互动,课堂上教师与学生缺乏眼神的交流,表情过于严肃,导致学生不敢参与到教学互动中去。

4. 课堂师生互动中有失公允

教师在互动对象、互动内容和互动方式上存在着不合理甚至是不公平的现象。教师给予学生课堂互动机会的多少具有明显的倾向性。教师眼里的好学生以及一些学生干部更容易获得教师所给予的互动机会,师生交流的机会比较密切;而一些成绩较差的学生与教师之间的互动机会则比较少,更多的是教师对较差学生的不适当行为和错误回答的批评。在互动时间和内容的分配上也有一些差异,成绩差和人际地位低一些的非学生干部在课堂上回答的多为一些难度较低的问题,教师所给予的互动时间相对短一些,有时候教师还常常不等待"较差学生"回答完问题,就立即给出答案,或者叫其他同学来回答;而成绩好和人际地位高一些的学生干部回答的问题则复杂一些,教师所给予的互动时间也更长一些,对成绩好的学生的反馈也是比较积极的,更多的是对学生问答问题的表扬和内容的补充。

(二)增进课堂师生互动的策略

"我的课堂"力求通过师生的双向互动传递教学信息,达成师生共进的

终极目标。营造和谐的课堂氛围、创设平等的教学环境、善用随机的生成资源、反馈真实的课堂信息是增进课堂师生互动的有效策略。

1. 营造和谐的课堂氛围

课堂师生互动的有效开展离不开和谐的课堂氛围，营造轻松、和谐的学习氛围，能在一定程度上调动学生参与互动的积极性。教师要用亲切的语言和学生互动。在学生心目中，教师一直是长辈，和长辈交谈难免会有紧张、胆怯的心理。教师平易近人的语气，有利于打开学生的心扉，引导学生主动参与到课堂互动中来。教师应该改变以往高高在上的姿态，多走下讲台，以倾听者的身份加入到讨论活动中去。珍惜每一次与学生交流的机会，以谦虚的态度对待学生的质疑，以赞赏的眼神对待学生的进步。因此，营造和谐的课堂氛围是课堂师生互动有效开展的前提。

2. 创设平等的教学环境

《基础教育课程改革纲要》指出："教师在教学过程中应与学生积极互动、共同发展——逐步实现教学内容的呈现方式、学生的学习方式、教师的教学方式和师生互动方式的变革。"平等地对待学生体现在教师与学生互动时要面对全体学生，鼓励全体学生积极参与、主动发言、努力探究。平等地对待学生体现在教师课堂真情实感的流露。课堂教学过程中，教师应该学会恰当运用自己的眼神、语言和手势向学生传递信息：对把问题分析得好的学生要用语言及时表扬，并给予赞赏的眼神；对于在互动过程中表现逊色的学生要给予鼓励的眼神，并表示出对其的关爱，避免对学生严厉的批评和表示出冷淡、不屑的眼神或者容易让学生误会的动作。教师要时时刻刻表达出对每一位学生的尊重、关爱和赞赏，激发学生参与互动的内动力。

3. 善用随机的生成资源

课堂教学一般都是根据预设的方案严谨、有序推进的，体现为条理清晰、结构完整。师生交互活动的过程中，往往具有很大的不确定性与可变性。课堂上经常会出现学生出乎意料的回答、节外生枝的举止，若置之不理，将错失宝贵的课程资源；若不加选择地随意开发，既不能使学生准确掌握知识，还会使课堂变成被学生"牵着鼻子走"的课堂。因此，教师要辩证看待并处理课堂上的一些突发情况，"化不利为有利"，引导学生进行观点的碰撞，"悟"出其中的道理。课堂的师生互动是动态发展的，辩证地看待并准确利用课堂上随机生成的教学资源，有时会达到事半功倍的效果。

4. 反馈真实的课堂信息

在民主、平等、和谐的课堂学习环境下，学生主动学习的热情增强，课堂气氛会比较活跃。教师作为课堂活动的参与者、引导者，应时刻关注课堂互动的反馈情况，把握好互动活动的"度"，确保课堂互动活动真正有利于学生掌握知识，锻炼能力，有利于师生共同成长。首先，教师要正确对待学生的问题反馈。对于教学内容学生可以畅所欲言，可以选择回答、质疑或保留意见。但有问题不等于有师生互动，要看问题的方向性与切合性。其次，教师要善于透过热烈的课堂气氛看互动的本质。课堂师生互动的是师生间知识、情感等各方面相互交流的，有时从表面看课堂气氛非常好，而实际教学效果可能较差。教师在课堂互动的过程中要尽可能地深入到每一个小组中去，与他们交流，及时发现学生的一些不良现象，及时加以纠正，促进课堂互动的有效性。

三、"师生互动"营造共进课堂例举

（一）师生互动课堂实施"三部曲"

1. 课前师生互动的准备

师生互动是一个完整的过程，课上有效的互动不是一蹴而就的，同样需要课前精心的准备。在日常教学中不难发现，如果抛开课前的教学设计，课堂教学就无法按时有效地完成。因此，无论做什么事情，前期准备都是必要的。

(1) 教师课前的弹性预设。教学是由多种要素组成的一个复杂系统，教学要素之间往往要形成某种关系，师生互动才能对系统运行发挥作用。因此，无论采用何种教学方式，教师在课前的预设都是必不可少的。但是传统的教学预设大多是刻板的，对每个教学步骤都有着明确的规定，显然这样的教学设计是不可取的，在高中课堂师生互动中要提倡弹性的教学预设。

课堂教学中可用的资源是相对比较丰富的，如何更好地整合它们为课堂教学服务是教师首先要考虑的问题。所谓的创造性并不意味着教师可以"天马行空、随心所欲"，而是必须要把握住一点，即以《课程标准》为主线，在

认真研读《课程标准》，领会其精神后，在它的指导下分析并创造性地运用各种资源。要充分了解每一位同学，包括他的知识背景、学习能力、性格特点和家庭环境等，能根据具体的学情灵活应变，作伸缩性和可塑性较强的“软设计”。

（2）学生课前的知识储备。在课堂师生互动前不仅需要教师做好充分的准备，学生也要有所准备，这种准备是实现师生有效互动必不可少的条件。主要体现在学生对相关知识的掌握程度，对于所要学习的新内容的预习情况。如果某个知识点恰巧与学生关注的某些事件或某个领域的知识相联系，那么必然会使课上的师生互动深入下去，让师生都有较多的收获。

2. 课上师生互动的实现

课堂教学是个动态生成的过程，教师、学生形成了同一教学系统中相互影响的关系，他们既可以相辅相成，共同提高，也可以相互排斥，只有师生互动，双方互相理解，互相信任，互相支持，产生协同效应，才能取得良好的教学效果。

大多数师生互动的发生都是以教师“巧设疑问”为起点的。众所周知，课堂提问不仅是一种教学手段，更是一种教学艺术。巧妙的提问能够激起学生思考和表达自己观点兴趣的提问。所以说，“须教有疑”，提问就是通过巧妙的能够激起学生疑惑的问题，使学生心中产生疑窦，促使他们积极思考；而思考，又是使学生学习深入的源头，启迪学生智慧的钥匙，沟通学生心灵的桥梁。

在师生互动中，教师的讲解也是必不可少的环节。教师的讲述和教师运用语言的艺术，都是无处不在的。因此在任何情况下，教师的及时、必要的讲述是不可丢的。教师可根据不同的课程内容、不同的课堂环境等，运用不同的讲述方法。教师对某一情境进行讲述，可以使学生处于思维活跃的状态，为新旧知识提供接触点。教师在讲述时应注意留白，同时要体现出教学的启发性和导向性。教师的讲述应该是富有情感的，教师要具有亲和力，把微笑与鼓励带进课堂。教师的讲述一定是富有科学性的，教学是一项严肃认真的工作，不管在什么情况下教师所说的每一句话都有可能会对学生产生极大的影响，因此，教师的语言一定要严密谨慎。

师生互动的形式不仅仅局限在教师与学生一对一的互动形式上，也可以采用教师与学生群体间的互动形式。师生互动也并不一定是用教学语言所引出的,也可以是通过现代教学手段引出。一方面,组织学生进行小组讨论以深化学生对问题的认识;另一方面,教师可以运用多媒体资源激活课堂师生互动。

3. 课后师生互动的升华

课堂上有效的师生互动需要课前精心的预设,需要课上教师和学生的完美合作,同时也需要课后对互动的结果进行升华。

学生课后认真完成作业以加深对所学知识的理解。布置课后作业是课堂教学结束时必不可少的一个环节,课后作业的设置可以是对某个问题的进一步思考,可以是运用本节课所学知识对身边的某件事进行分析,也可以是传统上的做一些题目对本课知识进行巩固。一次完整的课堂教学,不仅要有课前弹性的教学设计和课上教学过程的实施,还要有课后深刻的教学反思。尤其对于新教师来说,课后的教学反思可以使教师总结出课堂教学中的许多经验和不足。比如,对学生的哪些情况还不够了解,教学中选取的案例妥当与否,学生知识系统中有哪些薄弱环节,课上出现了哪些"意外"情况等等,这些都可以作为教师课后教学反思的内容被记录下来,进行深入的思考和探索后,对之前的教学设计进行修改和补充。同时,教师通过教学反思可以发现自己在教学中的不足,在日后的学习过程中不断完善自己,为更有效的师生互动做准备。

(二)师生互动共进课堂教学例举

课题与课型:人教版《化学选修 4》第二章第一节"化学反应速率"

1. 教学目标

知识目标:

① 掌握化学反应速率的概念;

② 学会有关化学反应速率的计算方法;

③ 了解有关化学反应速率的测量方法;

④ 了解研究化学反应速率的意义。

能力目标:

① 初步学会用化学反应速率图表获取信息;

② 本节学习，培养归纳知识和总结知识的能力；

③ 学会应用现代教育技术解决部分化学问题。

情感目标：

通过本节学习联系实际，培养环保意识。

2. 教学重点、难点

化学反应速率的表示方法及计算。

3. 学情分析

本次上课的是高一的学生，该阶段的学生思维敏捷活泼，但不够严谨，比较喜欢动手做实验，但缺乏正确的科学探究方法，因此必须在实验过程中加强培养，避免学生“做实验，看热闹”的心态，在实验活动中培养学生善于思考、善于分析的能力。

4. 设计思想

美国心理学家奥苏贝尔认为，影响学习的最重要因素是学生已知的内容，学生只有进行有意义的学习才有价值。有意义的学习是内发的、主动的，是整体性的质变过程。结合现代教学理念，高中化学课堂教学要围绕“收获者”，即学生为中心展开，体现“以学生为主体，教师为主导”的教学理念。

基于以上思想，本节教学设计将充分体现学生的主体性，积极引导学生参与到教学活动当中，让学生亲历科学探究的过程，从而学会学习、乐于学习。

6. 教学过程

复习引入

【教师活动】 提问：现代化工生产中，工程师最关注哪些方面的问题？

【学生活动】 学生讨论化工生产中关心的问题，引入化学反应速率。

活动一：感受化学反应的快慢

【教师活动】 播放视频，展示各种化学反应的快慢。

【学生活动】 观看视频。

【教师活动】 讲述：爆炸反应瞬间就能完成，溶洞的形成是石灰岩地区地下水长期溶蚀的结果，这是经过了亿万年岁月的沉淀，以上说明了化学反应是有快慢的。

【教师活动】 讲述：下面我们来做实验，体会一下化学反应的快慢。

【学生实验】 在两支装有少量大理石的试管中，分别加入 10 mL 1 mol·L^{-1}的盐酸和 10 mL 0.1 mol·L^{-1}的盐酸。直观感受化学反应的快慢。

【教师活动】 请学生回答实验后的感受。

【学生活动】 回答：从两支试管的对比中我明显感受到化学反应快慢的不同，加入 1 mol·L^{-1}的盐酸的试管中反应明显和剧烈，反应快。

活动二：探究化学反应快慢的表示方法——化学反应速率

【教师活动】 引导：在物理学上我们是用速率描述物体运动的快慢，你能仿照这种形式，给化学反应的快慢也用一个物理量表示吗？

【学生活动】 思考回答：可用化学反应速率描述化学反应的快慢。

【教师活动】 引导：根据速率的定义，能给化学反应速率来个定义式吗？

【学生活动】 发表各自的看法。

【教师活动】 引导：化学家是用单位时间内反应物浓度的减少或生成物浓度的增加来表示。

【教师活动】 投影展示：

化学反应速率

1. 表示方法：用单位时间内，反应物浓度的减少或生成物浓度的增加来表示。

2. 数学表达式：$v=\dfrac{\Delta c}{\Delta t}$。

请同学根据定义推导其单位。

【学生活动】 思考回答。

【教师活动】 投影展示：

3. 单位：mol·L^{-1}·min^{-1}　mol·L^{-1}·s^{-1}

【教师活动】 投影展示：

例题 1 书 P17 例题。

【学生活动】 做练习。

【教师活动】 指导学生并规范学生的书写。

活动三:探究化学反应速率的规律。

【教师活动】　投影两条例题,要求学生完成并总结规律。

例 2　向一个容积为 1 L 的密闭容器中放入 2 moL SO_2 和 1 moL O_2,在一定条件下,2 s 末,测得容器内有 0.8 moL SO_2,求 2 s 内 SO_2、O_2、SO_3 的反应速率和反应速率之比。

解:

	$2SO_2$	$+\ O_2$	$\rightleftharpoons$ $2SO_3$
起始浓度($mol \cdot L^{-1}$)	2	1	0
变化了的浓度($mol \cdot L^{-1}$)	2－0.8	(2－0.8)/2	2－0.8

所以:$v(SO_2)=(2\ mol \cdot L^{-1}-0.8\ mol \cdot L^{-1})/2\ s = 0.6\ mol \cdot L^{-1} \cdot s^{-1}$

$v(O_2)=(2\ mol \cdot L^{-1}-0.8\ mol \cdot L^{-1})/(2\times 2\ s) = 0.3\ mol \cdot L^{-1} \cdot s^{-1}$

$v(SO_3)=(2\ mol \cdot L^{-1}-0.8\ mol \cdot L^{-1})/2\ s = 0.6\ mol \cdot L^{-1} \cdot s^{-1}$

反应速率比 $v(SO_2) : v(O_2) : v(SO_3)=0.6 : 0.3 : 0.6=2 : 1 : 2$

例 3　取某物质 A 10 mol 在一个 1 L 的密闭容器中发生分解反应,每隔 1min 测定一次剩余的 A 的物质的量,所得数据如下表所示;试计算每一分钟内 A 的反应速率,并找出变化规律。

时间(min)	1	2	3	4	5	6	7	8
剩余的 A 的物质的量(mol)	6	4	2.6	1.4	1.4	1.4	1.4	1.4
v_A($mol \cdot L^{-1} \cdot min^{-1}$)	4	2	1.4	1.2				

【学生活动】　练习,小组讨论,总结规律。

【教师活动】　投影展示:

注意:

① 一个化学反应的速率用不同的反应物或生成物来表示,数值可能不同但含义是一致的,速率之比等于该反应方程式中对应物质的系数之比。

所以在表示某反应速率时应注明是用哪种物质表示的。

② 一般来说,化学反应速率随反应的进行而逐渐减慢。因此,某一段时间内的反应速率,是平均速率,而不是指瞬时速率。

活动四:化学反应速率的测定

【教师活动】 讲解:化学反应的速率是通过实验测定的。引导学生阅读教材 P8 相关内容。

【学生活动】 回答化学反应速率测定的方法。

【教师活动】 投影。

测定方法有:

1. 直接观察某些性质(如释放出气体的体积和体系压强);

2. 科学仪器测定(如颜色的深浅、光的吸收和发射、导电能力等);

3. 溶液中,常利用颜色深浅和显色物质浓度间的正比关系来跟踪反应的过程和测量反应速率。

【教师活动】 提问:在实验 2—1 中,对于锌和不同浓度的稀硫酸的实验,你准备如何比较反应速率的快慢?

【学生活动】 交流讨论后回答。

【教师活动】 总结,投影。

实验现象来判断反应的快慢——定性描述

① 观察产生气泡的快、慢;

② 观察试管中剩余锌粒的质量的多、少;

③ 用手触摸试管,感受试管外壁温度的高、低。

实验测量来判断反应的快慢——定量描述(化学反应速率)

① 测定气体的体积或体系的压强;

② 测定物质的物质的量的变化;

③ 测定物质或离子的浓度变化;

④ 测定体系的温度或测定反应的热量变化。

【教师活动】 提问:如何通过用注射器测量氢气的体积的方法来判断锌和不同浓度的稀硫酸反应的速率快慢?

【学生活动】 交流讨论后回答。

【教师活动】 总结,投影。

① 确定变量——稀硫酸的浓度不同;

② 找出某种易于测量的某种物理量或性质的变化——测量氢气的体积或时间;

③ 控制不变的因素——锌粒的表面积、温度

——时间或氢气的体积。

【教师活动】 分析该实验的缺点，将用注射器收集氢气测量体积改成递减洗洁精，通过测量生成泡沫的高度来代替测量气体的体积。

【学生活动】 实验后填表。

小结

1. 掌握化学反应速率的概念，数学表达式及计算步骤；

2. 理解化学反应速率是一段时间内的平均速率，不同物质表示的同一反应的反应速率之比等于化学方程式的计量数之比；

3. 了解化学反应速率可通过实验测定。

（案例提供：江苏省南通市天星湖中学　赖军）

第四节　以学生发展为旨归，催生智慧的课堂

智慧性是“我的课堂”的至善特征。“我的课堂”凸显学生的主体地位，变革学习方式，改善师生交往，发展到理想的状态，应然要求是超越知识的传承，以学生的发展为旨归，不断激发学生的创造潜能，催生智慧的课堂。

一、“我的课堂”是智慧的课堂

“智慧”是一个内涵丰富的概念，不同时期、不同地域的文献对其有着不同维度的解释。因而，关于“智慧”的界定具有不确定性、复杂性和开放性的特征，“智慧课堂”亦然。

（一）智慧与智慧课堂

智慧是一个含义丰富的整体，对智慧定义的完整解读应该从哲学、心理学和社会学等多个维度来认识。

在哲学意义上，智慧是指人在世界观、价值观和人生观等方面所具有的才智、明智、睿智、知识、常识、学问和德性等；智慧在哲学上更多地表现为灵动的、实践的，是一个人存在的整体精神状态。也是伴随着人存在的一种自由自觉的特性，促进自主性在人身上的充分发展；在心理学意义上，智慧指

人的聪明才智，智力发达，思维有创造性，能够解决认识上的问题等；在社会学意义上，智慧是指人在与他人交往的社会生活中对待人与事是敏感的、明白事理的和明智的，并且体现出来的思想和可见的行为不但符合实际也符合情理，能够做到实用与完美相结合。

伴随着课程改革的深化，现今对课堂的概念界定也不是那么狭义化，凡是能够促进个体发展的存在方式都可以称之为课堂。所以对智慧课堂的界定也应该是开放的。智慧课堂是在一定的教学时空范围内，以达成一定的学科素养为目标，以相关的学科学习材料为主要载体，以教师、学生以及学习载体三者之间的对话为主要方式，整合各种教育资源，促进学生智慧发展的场所。

"智慧课堂"的教学不同于知识课堂，其目的是为了引导学生在课堂上思考，开启学生的心智，启迪学生的智慧，最重要的是促进学生创造性的发展。它包括基于师生自我理解与相互理解的德性智慧；基于直觉把握、整体感知的知性智慧；基于系统思考、规律认识的理性智慧；也包含了基于个体经验积累、实践感悟、行为反思形成的实践智慧。总之，智慧课堂是一种激情与智慧相伴、科学素养与人文素养相随、充满活力和创造力的课堂。因此，教师在实施过程中不应该去寻找一个固定模式，而是把它当作努力追寻的方向。

（二）智慧课堂的主要特征

智慧课堂是学生的思维被激发、被启迪的场所，同时也是智慧生成的场所。从教学方式看，教师重视启发诱导；从教学目标看，知识与道德并重；在教学程序设计和运行过程中，不是按照一成不变的教案来解决所有的课堂问题；在教学结果上看，学生在课堂上除了学习到新的知识或技能以外，智慧也得到启迪。具体来说智慧课堂应具有以下特性。

1. 启智性

智慧课堂的启智性可以从两方面来理解：一是教师的启发是否是在学生苦苦探究未果，或者是已经了解却难以表达清楚的情况下给予的；二是学生通过课堂学习，除了学习到了具体的知识，智慧的火花是否被点燃，心智是否被开启。心理学研究发现，人的思维有一种非常有利于智慧发展的状

态，即当人的大脑皮层区域对某一特定的问题不断地恢复联系，形成联系并达到一定程度的时候，就会产生一种持续的以感知、记忆、思考、联想为基础的高度活跃的思维状态。当我们的大脑进入这种状态时，就是智慧形成的关键阶段，因此，教师在课堂教学中应该以敏锐的观察力捕捉到这种思维的状态，给学生以启发，以智启智。

2. 思悟性

思悟性就是在课堂教学中引导学生思考领悟。在日常的课堂教学中，让学生进行现成的知识的学习或许可以很快速地掌握大量的知识，却很难形成智慧。因为在现成知识学习中的脑力劳动是单一的，运用记忆就可以了，并没有涉及教学生如何去解决问题，如何让学生从未知过渡到已知。我们认识事物基本上是遵循"感觉——思维——知识——智慧"这样一个过程，传统的课堂过于注重大量知识的传授，大部分把感觉和思维这两大环节省略，在短期看来这并不会影响学生知识量的增长。但从长远看，学生在面对没有教师指导的新知识的学习时可能束手无策。因为在学校里学的都是陈述性知识，而不是程序性知识。因此，我们应该看到教学过程不仅仅是学生知识的掌握，而是学生不断进行自我成长、自我超越的过程。

3. 创新性

智慧课堂的创新性是指学生在教师的引导和启发下形成创新意识，发展创造性思维，提高创新能力的过程。智慧课堂的创新性包含三个方面，一是学生的新的想法或新的观点；二是新的解决问题的思路、方法或途径；三是学生能够用最恰当、最有效的方式解决遇到的问题。教师可在尊重学生主体性和能动性的前提下，注重对学生创造性的培养，尤其是创造性思维和能力。具体表现在：敢于批判质疑，产生新想法或观点；克服思维定式，进行创新性思维。

4. 生成性

智慧课堂的生成性可以从两个方面来理解：一是指在教学过程中应该整合各种资源，运用教育智慧，不失时机地促进学生智慧生成；二是指教师应该根据学生在学习时的状态表现和思维特征来把握教学的方向。在生成性课堂中，教师不是照搬教案，每一次教学都是现场直播，课堂是自然性与随机性、预设与生成性的有机结合。

5. 道德性

智慧课堂的道德性可以从两方面来理解：一方面是指教学目的的道德性，即教学目的在注重知识、技能时也不偏废道德教育；另一方面是指教学过程的道德性，即传授知识的过程是道德的，是"真""善""美"的体现。课堂上教师能够从具体的学科知识中挖掘蕴涵在其中的道德因素，对学生进行道德教育，做到知识、技能与情感道德的并重。道德的课堂教学氛围应该体现爱和尊重，这样学生的天性才能被释放，也只有这样的教育才符合智慧生成的教育，才是促进人的发展的教育。

二、"关注发展"催生智慧课堂

（一）"知识课堂"的不足

在以知识为中心的课堂里，知识教育已异化为知识的传授。教师课堂上呈现的仅是现成的、标准的知识，学生在一种强制、灌输的方式之下，被动地接受知识。这种重结论轻过程的教学排斥了学生的思考与个性，使学生的学习只需死记硬背，而无须智慧努力，而且学习的知识不是出于兴趣，而是为了考试。这种"知识课堂"，把传授知识当成了学校教育的唯一目的，从而造成了对学生个性的压抑和智慧的摧残。

这种课堂教学模式可以描述为：上课是执行教案的过程，教师的"教"和学生的"学"在课堂上最理想的进程是完成教案。教师期望的是学生按教案设想做出回答，教师的任务就是努力引导学生，直至得出预定答案。学生在课堂上实际扮演着配合教师完成教案的角色。于是，教学中常见这样的景象：课堂成了演出"教案剧"的"舞台"，教师是"主角"，学习好的学生是主要的"配角"，大多数学生只是不起眼的"群众演员"，很多情况下只是"观众"与"听众"。这样的教学，把学生的思维捆绑住了，把活生生的学生变为机器人，学生的思维能力、想象能力、创造能力、个性、灵感都给打掉了。

新课改实施以来，各种新的教学理念、手段、模式不断涌进课堂，课堂教学出现了不少新的变化，比如开始注重学生的主体性，注重师生的平等对话，课堂形式也多起来，演讲、小品、辩论会，层出不穷，使课堂空前热闹。但这些充斥着合作、探究、让人感受到热闹喧哗的课，却极少让人怦然心动。

也有的教师对对话、体验和探究的理解和运用还处于浅表层次，使教学仅停留于形式的追求上；还有的课堂变"满堂灌"为"满堂问"，问题缺乏梯度和深度……可以说大多数的课堂在深层次上并没有发生根本性的改变，课堂的面目依然如故。

这种现实的课堂教学境界实际上是呼唤人们加快课堂重构的步伐，即超越知识课堂，走向智慧课堂，用智慧来引领师生的生存与发展。

（二）催生智慧课堂的基本策略

教育的最终目的是为了人和谐、自由和全面的发展，因此必须从"人的发展"的高度来构建智慧课堂。它既需要教师智慧的管理，营造愉悦和谐的课堂生活，也需要智慧的实施教学，教会学生智慧的学习，只有这样，课堂才能真正成为一个智慧场。

1. 定位人本发展教学目标，催生智慧课堂

教育是人的灵魂的教育，而非理智知识和认识的堆积。教育本身意味着：一棵树摇动另一棵树，一朵云推动另一朵云，一个灵魂唤醒另一个灵魂。如果一种教育未能触及人的灵魂，未能引起人的灵魂深处的变革，就不能成其为教育。从古今中外教育发展的历史可见，实现人的发展是教育的基本出发点。当今世界各国的基础教育几乎都把培养人的个性、发挥人的潜力和创造性作为教育追求的首要目标。在课堂上，学生灵性的开启、情感的熏陶、素养的积淀、审美能力的提高等等，都是人的发展的重要内核。我们要借鉴人本教育理论中的积极因素，使智慧课堂的每一个环节都能以人为中心，使每一个生命得到最适宜、最充分的发展，让智慧课堂真正成为开启人的灵性、开发人的潜能、完善个性人格、实现师生生命自由自觉的智慧场。

2. 营造和谐愉悦教学环境，催生智慧课堂

在智慧课堂里，教师要努力营造愉悦和谐的情境，唤醒学生的智慧，使师生心态自由开放，学生个性充分张扬。要让学生智慧起来，首先就要让他们愉快起来，自由起来，只有愉快的心态和自由的氛围才可能有智慧火花的闪现。首先要拥有一种真挚仁爱的情怀，把整个心灵献给学生，以心灵赢得心灵。这种爱能让学生在教师的眼神里感到爱意，从教师的言行中得到尊重，从教师的笑容里读出信任，从而达到"亲其师而信其道"。其次要发挥情

绪的感染力。课堂上教师要热情洋溢，尤其要增强教学言语的情感性。再次要给学生心理的安全和自由。心理的安全和自由是催生创造的两个条件。心理安全的环境就是指一种没有批评、不同的见解均得到尊重与鼓励的环境；心理自由的环境就是提供机会让学生敢想，敢于向书本、向一切权威说“不”，也就是给学生以思想的自由、感情的自由、创造的自由。学生的心灵一旦获得自由，就会畅所欲言，他们的好奇心、想象力和创造性就会一一被唤醒，就会在有限的时空里无限驰骋。

3. 施行善待差异教学管理，催生智慧课堂

学生是学习和发展的主体，每一个学生都是一个独特的个体，“教育就是要在每一个个体独特生命的基础上去促进他们的成长、发展和完善，而不是去遏止、压抑和抹杀这种个性和独特性”。让每一个学生得到最适合他的发展。在教学中，可以激发学生不同观点的交锋，让课堂闪烁着学生思维碰撞的火花；鼓励学生向书本质疑，让学生的思想冲破牢笼，促进良好个性健康发展。教师要用发展的眼光看待学生，“多一把衡量的尺子”，努力发现学生身上的闪光点，哪怕是有一点点成功，也要给予及时的鼓励和表扬，从而激起学生的自信，让每一个学生都能体验到成功的快乐，获得更大的学习动力。正是智慧的评价，真诚的鼓励，可以激发学生的潜力，点燃学生智慧的火花。

三、“关注发展”催生智慧课堂例举

（一）智慧课堂的课前酝酿与预设

“我的课堂”倡导预设和生成的统一，要通过预设去促进生成，通过生成完成预设。所谓课前预设，就是教师课前对教学目标、教学内容、教学过程、教学方法等的预先设计，它是教师教学个性和教学智慧的外化产品。

智慧教学设计首先要关注教材。教师要站在更高的层次上系统地理解教材，既要基于教材又要超越教材，要有走进去的深度和跳出来的勇气，这样才能游刃有余地驾驭教材。教师与文本的对话是智慧教学的起点，教师课前要先与文本对话、交流，达到自己的视野和文本视野的融合。教学设计关注学生文化的独特性，就是要求教学设计的焦点落实到学生身上，充分了

解学生的发展需求，尊重学生已有的认知水平和生活体验，以学生发展的内在尺度为指引，更多地为学生的“学”而预设。

智慧课堂也需要弹性设计教学目标。教学目标是课的灵魂，以学生发展为本的教学目标，应设定在学生的实际水平和最近发展区之间，让学生既获得知识和能力，又掌握过程和方法，同时还得到情感、态度和价值观的提升。

教学过程的设计也要注意弹性区间。传统的教学过于重视教学预设目标的达成，于是教学就变成了完美教案的展示过程，学生丰富的发展过程也就成了没有生机的流程。因此智慧课堂的教学过程只能预设一个大概思路，必须保持较大的弹性和广阔的空间，并随时根据情境的不同对教学思路作适应性修改，为教师的“教”和学生的“学”留下联想和想象的余地。

智慧教学设计还要灵活选择教学方法。要改变传统教学一成不变、僵化死板的教学模式，使教师能够创造性地进行教学，使教学过程成为多种形式、有针对性的活动过程。

总而言之，富有弹性、给师生留下创生空间的教学设计，才会使教学焕发出生命的活力，才能增长教育智慧，在实施时也才会多一份从容、自信与机智。

（二）智慧课堂的课中实施与生成

智慧课堂把教学过程看成是师生交往、积极互动、共同发展的动态过程。这一过程，既要体现教学的目标和方向，又要体现对学生的尊重和引领，这就需要教师通过对话、体验等教学方式去探索智慧教学，催生智慧课堂。

1. 对话教学，体现教学智慧

对话是人的存在方式，存在就意味着进行对话的交流，对话结束之日也就是一切终结之日。对话教学是为根除独白式教学的弊端而大力提倡的一种教学方式，它指的是师生主体在彼此平等、彼此倾听、彼此敞开的基础上的双向互动交流，是双方视界的交融，是一种致力于相互理解、相互合作、相互激发、共同创造的精神和意识。对话主要有两种形式，一是学生与文本的阅读对话，一是师生之间的教学对话。

2. 体验教学,体现教学智慧

体验理论认为,体验是人的一种生命活动,人类的情感、精神和智慧是体验的结晶,因为情感就是体验的冲动,智慧就是体验的发现,情感和智慧只有在体验中才能生成。体验式教学就是让学生在教学过程中生成与发展独特的体验和真切的感悟,在体验中智慧地感悟人生,在体验中智慧地创造。

体验是在一定的情境中进行的。特级教师孙双金在教学中十分注重情境的创设,他把情境具体化为"让教学富有画面性和场景性","根据文本的叙述和叙述逻辑,进行创造性发挥,或演绎为一段故事,或编织成一个戏剧性的场面,或描绘成一幅生动的画面,由此让学生走进文本的情感世界"。如他执教的《二泉映月》。

教学片段一:

师:《二泉映月》反映了阿炳高超的音乐才能,是一首享誉中外的名曲,你们想听吗?

生:想听。

师:你们准备怎么听?(边提问边板书"听")

生:用心听。(播放《二泉映月》乐曲)

师:你听了有什么感受?听到了什么?(在音乐声中,生回答,师板书—苦难、凄凉、怀念)

孙双金老师从大处着手,在凄美的《二泉映月》乐曲声中,让学生聆听、品味、感受,未见其文,先闻其声,未学课文,先蓄气势,激起学生情感的波澜,从而为文本的学习营造厚重的感情氛围。

教学片段二:

师:《二泉映月》是一首不朽的乐曲,几十年来,深受我国人民的喜爱,在国际乐场上也享有盛誉。

师:《二泉映月》使多少中外人士为之倾倒!世界著名指挥家小泽征尔曾经这样评价它——

（点击课件，出示课外拓展资料：1979 年 3 月，小泽征尔第一次访问中央音乐学院时听到二胡演奏曲《二泉映月》，感动得热泪盈眶。呢喃地说："我没有资格指挥这个曲目，因为我并没有理解它。这种音乐只应跪下来听。"说着说着他真的要跪下了）

师：小泽征尔为什么要跪下来听？他跪的是什么？

（生回答，师板书：对命运的抗争，对光明的向往）

师：今天我们应该怎样去听《二泉映月》？

（再听《二泉映月》，在乐曲声中，师总结，结束教学）

师：苦难对于一般的人是一场灾难，而对于强者却是一笔财富，让我们勇敢地面对苦难吧！

给学生情感的熏陶、思想的影响、人格的塑造应该是语文教学所追求的目标。在积蓄了情感，学生情感"愤悱"之时，孙老师让学生再一次聆听音乐，并及时巧妙地呈现拓展资料，通过创设这样的情境，学生的情感得以升华，获得了美好的价值引领。

总之，智慧课堂的教学过程，就是这样一个开启智慧、创造智慧、共享智慧的过程。在此过程中，师生共同的活动诞生出一个个充满活力的动态生成的智慧课堂。只有在这样的课堂上，才能感受到生命的涌动和智慧的滋长，教师的教学也会呈现出创造的光辉和人性的魅力。

（本章执笔者陈卫东，审定者陈明华）

第六章
保障措施

课堂是学校教育中最为重要的场所，其教学成效关系到整个学校教育实施能否顺利进行。"我的课堂"要能有效地确立学生的主体地位，促成师生双方交流合作，以形成和谐统一的教育生态，就必须依靠教师创设一定的教学环境和教学氛围来保障。主要包括：宽松自由的有支持性的外部成长环境，学生自身自信的有表现欲的内在心理环境，课堂平等和谐的有安全感的教学氛围。同时，"我的课堂"还需要为学生提供自主学习的有体验性的实践机会，为学生留出能充分参与展示的有探究性的时间空间。

这些保障措施通过充分拓宽师生认知活动的广度，挖掘师生思考探究的深度，提高师生加工信息的水平以及情感体验的积极性，进而提高其教与学的效率。

第一节　创设宽松自由的有支持性的成长环境

课堂可以说是一个客观存在的社会生态系统。"生态"这一概念，首先从自然层面延伸到社会领域，然后再引用到教育领域，把一定的时间、空间内相互影响的所有个体、集体与社会环境统一起来，形成一个整体。由此可见，其由基本的两大要素组成：活动主体——学生、教师和相应的环境要素，其中环境对活动主体的行为起制约作用，直接影响课堂的教学效果。

我们这里所要探讨的适合"我的课堂"的成长环境应要立足于学生的发展和进步，学校、教师要能为师生创设宽松自由的有支持性的成长环境，其建设与学校制度环境、班级德育环境、课堂教学环境密切相关。

一、学校制度环境的优化

学校制度环境是指影响“我的课堂”的外部精神环境。学校制度环境的优化，需要学校建设者和管理者用发展的眼光，从生态学视角，从人文关怀和生命眷注出发，综合考虑办学理念、师资队伍、德育环境和评价体系等各方面的建设，从而为“我的课堂”师生的共同成长创设良好的发展环境。

（一）办学理念“育人为先”

理念是人们经过长期的理性思考及实践所形成的思想观念、精神向往和理想追求的抽象概括。办学理念是指人们对办学的基本信念，指人们对自己学校的定性、定位及职能的认识，即要把这所学校办成什么样的学校，怎样办成这样的学校。对学校而言，正确的办学理念具有凝聚力和向心力的作用。南通市天星湖中学的办学理念是“包容共生、人本情怀、文化奠基、学术导航”，以促进师生的发展为本，“育人为先”，重在从精神文化层面规划学校的未来发展。

1. 包容共生

泰山不辞细壤，故能成其大；河海不择细流，故能就其深。

——秦·李斯

正是因为中华文化具有极大的包容性，海纳百川，因而才博大精深，浩瀚深邃。我们学校的教师来自全国各地，各具特色的教学风格、教学模式汇聚一起，就更要建构开放包容的外部环境，这样才能和而不同，百花齐放，万紫千红。

“包容共生”的理念呼唤“我的课堂”能兼容不同的个性认知和个性体验，充分展示师生主体性和能动性，促进师生双方交流合作，同质互激，异质互补，各展其能，共同发展。

2. 人本情怀

在现今的教育体制下，天星湖中学致力于寻求学校现今发展和学生未来能力发展之间的平衡点，最终指向“人的进步和发展”。在这种思想的引领下,"以人文本,关心师生生活"成为学校管理的重要内容。学校为每位教师安排了"公寓式"教师宿舍,设立了设备齐全的健身房,开辟了环境优美的"后花园",每年组织开展多种形式、愉悦身心的文娱活动,为教师创造安全、温暖、适宜的成长环境,帮助教师唤醒热爱教育的动力。在学生方面,学校始终如一地组织"阳光体育"活动,确保学生锻炼的时间,反对学生靠拼体力、拼时间、拼消耗来进行"题海战术",关心学生生活,为家庭困难的学生提供支持和帮助,让学生充分感受到"我的学校就是我的家"。

3. 文化奠基

"我的课堂"重视的是一种合作、对话、探究的课程文化,因而学校注重将文化建设与教学管理有机结合,把物质文化、制度文化和精神文化一起纳入,在教学中、在管理上共同体现对生命价值的尊重,对个性化发展的关怀。在学校文化氛围的熏染下,学生敢于发表自己的看法,善于和同伴合作进行探索,保持好奇心,富于想象力,自我学习、自我负责、自我管理,能积极发挥主观能动性,充分发掘自身天性。

天星湖中学以"诚和"为校训,用儒家的传统文化滋养教师和学生,倡导教育遵循自然之理,追求科学和人文的统一,让情感和理智融合。努力构建"以生为本,教学相长"的教育文化,"和而不同,和衷共济"的组织文化,"盛波无痕,大爱无疆"的细节文化,"尊重他人,尊奉真理"的交往文化,"批判建设,解构建构"的思维文化和"合理奠基,科学开发"的学术文化,形成浓郁的校园文化氛围。

4. 学术导航

在学校工作中,教师是学生的教育者、组织者、领导者,是学生健康成长的引路人,因而,教师是教育教学工作成败的关键。教师队伍的建设应成为学校工作的重点。

天星湖中学把"加强师德建设"和"提高教师素质"作为教师队伍建设的重要内容。借助备课组和教研组的建设,引领教师向身边同事学习,提倡团队合作;提供各种级别的培训机会,拓宽教师视野,提高教师不断学习的能力;依托"名师工作室"的引领,以先进的教育思想和管理方式开展教学研讨、课题研究等,加速优秀教师培养进程;坚持"科研兴校",聚焦课堂教学研究,改善教师教育教学行为,进一步树立教师正确的教育观、质量观和人才观。

（二）规章制度“师生为本”

学校是培养人才的机构，“人”也就成为学校制度的核心。学校制度只有充分考虑学生和教师双方的特点，尊重生命、尊重尊严、促进发展，才能从根本上满足人的需要。

1. 符合学生的身心规律

一位建筑师设计了位于中央绿地四周的办公楼群。竣工后园林管理局的人来问他，人行道应该修在哪里？“在大楼之间的空地上全种上草。”他回答。夏天过后，在大楼之间的草地上踩出了许多小道。这些踩出来的小道优雅自然，走的人多就宽，走的人少就窄。秋天，这位建筑师就让人们沿着这些踩出来的痕迹铺设人行道。这些道路的设计相当优美，同时完全满足了行人的需要。

——[美]罗吉尔·冯·奥赫《创造学思想录》

顺其自然、施法自然，道路的设计既具有美感，又能满足行人的需求，这就是按照事物的本来面貌，顺应其本身的规律来解决问题所达到的绝佳效果。所以，学校规章制度的设定也必须从学生身心发展的角度出发，研究学生的身心特点，研究当前学生的价值取向、思维方式等，这样才能充分展现学生的本性和个性，学校制度才具有其真正的价值。

天星湖中学“以人为本”，“育人为先”，学校制定的《天星湖中学校园管理制度》从高中生身心特点出发，以学生发展为根本，“人性化”和“严格化”相结合，“自主性”和“规范性”相统一，规定了学生每天体育锻炼的时间，规定了“我的课堂”师生之间的地位关系，规定了校园文体活动的各种安排……学生的主体地位、休息时间和课外活动就有了保证，良好品德就得到内化和形成。

2. 尊重教师的心理感受

【案例】《学校文化自我诊断》(节选)

某中学规定，夏季早7点，冬季早7点半班主任必须到校。同时规定青年教师必须当班主任，几位青年教师家离学校较远，又有孩子，早晨时间非常紧张，有时还很狼狈，教师们意见很大。

从案例中教师们的反应来看，这一规章制度显然与青年教师的实际情况相冲突，没有尊重教师的意愿。结果也就可以预料：教师们不仅没有按照规定到校，反而怨声载道、消极怠工，极大地影响了教学质量。如果学校管理者能换位思考，急教师之所急，切实解决这些青年教师的难题，那么就能换来教师们的尊重和感激，换来他们工作的热情和积极性。所以，管理者要广泛听取教师的建议，挖掘教师的智慧，让教师参与制度的讨论、策划和制定，就会获得意想不到的良好效果。

在天星湖中学，教师是制度的践行者和获益者。管理者在做出新的决策之前，往往先在教师群体中广泛征集建议，然后教师代表们平等地进行讨论，合理地表达看法。群策群力的结果是教师们对制度产生了极大的创造热情和维护意识，有利于制度决策的彻底执行。教师岗位聘任制度、升迁制度、奖惩制度、培训制度等都在民主、公平、科学制定的基础上得到了有力拥护和实施。

3. 关注教育的可能发展

学校制度的制定需要关注"人"的因素，立足学校实际，但更需要关注"可能"。现代社会日新月异，它的动态的、变化发展的特点决定了学校教育制度也要随时进行变革更新，从而服务于"人"的需求。而制度一旦朝令夕改、经常变动，就会使师生无所适从，因此，学校制度的制定要有"可持续性"和"延续性"。如何让基本制度在长时间里延续下去是管理者必须思考的问题，在制度制定之初就要斟酌"稳定"和"可能"，那些秉承传统的、体现时代特征和学校特色的精神层面的内核，如办学理念、管理思想等要保持稳定，以此形成健康的可传承的制度文化。同时要用发展的眼光开拓新的空间，以"可能"的思路反思教育操作层面的不足，这样一来，制度就置身于"动态"的实践过程中，不断调整，不断修正。当新问题涌来、新思路生发、新情境出现时，个体自我意识的更新，自我创造能力的提高，将以结果的方式，成为新的教育实践的"原因"。

（三）评价机制科学公正

开展教学评价，是实施科学管理、提高教学质量的重要措施之一。“我的课堂”实施效能如何，应从教师和学生双方共同考虑，不仅需要对教师和学生进行综合评价，也需要引入课堂系统外部的力量对教师和学生进行评估，用整体、综合、发展的观点看待问题，评价视角注重动态生成，由此形成科学公正的评价机制。

1. 评价主体多元

评价主体可以是自评、互评、他评。自评可以参照一定标准，观察自己行为和评价标准之间的差距，对符合标准的行为和内部动机不断强化，从而提高自身的学习或教学水平，提高课堂效率。互评是同伴之间互相评价，学生之间或教师之间，双方处于相同的地位和处境，便于进行平等的交流、沟通和讨论，以此促进双方共同进步。他评可以是学生评价教师、教师评价学生、学校管理者评价师生、家长和社会人士评价教学行为等，其中最有意义的是让学生参与课堂教学评价，能最大程度调动学生学习的积极性，促进自主学习、合作学习、主动探究，促进师生之间、生生之间密切交往。评价主体的多元可以保证评价的客观、公正和全面，从而促进教学活动的良性发展。“我的课堂”呼唤建立自评、互评和他评相互结合、相互补充的评价机制。

2. 评价方式多样

“我的课堂”要求评价方式多样化。评价方式可以是量表评价、质性评价、定性与定量相结合评价。量表评价指评课者根据量化表上所陈述的各项教学要求以及分值对所听的课进行打分的评价方式。质性评价侧重于透过现象分析本质，运用描述性语言，对课堂进行综合分析，从而给出总体感受和评价意见。事实上，课堂教学中有很多时候难以进行量化打分，而质性评价的方法就弥补了这种不足，它能更加准确地陈述课堂教学的真实情况，更加注重课堂的过程和师生的综合表现，更为科学合理。在同一评价过程中，我们可以把量化评价和质性评价结合起来运用。

3. 评价方法综合

课堂评价方法是课堂教学评价的具体操作方法，是课堂教学实施评价的根据。课堂评价方法多样，可以根据不同的课程，选择使用，综合使用。

下面谈谈最重要的三种。

（1）课堂观察法

课堂观察是课堂教学评价中最常用的方法，是收集课堂资料最主要、最直接、最可靠的方法。评课者带着明确的目的，亲临课堂，观察教师和学生的课堂行为表现，直接或间接从课堂情境中捕捉信息，完整了解整堂课的进程，并进行相应研究，做出课堂评价，是一种从感性认知上升到理性判断的方法。

（2）综合评价法

综合评价法是指在评课过程中并不就单课评论，而是将几堂课放在一起进行整体多元的对比和分析，清晰了解每一节课的优缺点和特色，从而对该教师的几节课进行综合评价。这种方法能有针对性地指出教学上的不足，使课堂教学评价能真正促进教师成长。

（3）跟踪评价法

跟踪评课是指教师在上完一节课后，由评课者与授课者共同探讨课堂上师生的表现，明确优缺点，提出修改意见后，授课者再进行教学，再进行评价，再进行修改，如此反复，使教师的教学行为不断改变，教学水平不断提高，教学效果不断增强。这一评价方法在过程中关注个体的成长和发展变化，引导师生对自己的今天和昨天进行比较，重在促成评价对象的转变和进步。

课堂教学评价的方法还有很多，但不管哪一种，都有其优点和局限性。实际操作过程中，应根据具体的情况，综合采用多种方法，才能形成科学准确的评价。

二、班级德育环境的优化

班级德育环境与“我的课堂”环境有着极为密切的联系，可以说，班级德育环境，从文化精神层面影响着“我的课堂”的顺利实施。班级德育环境包括物质文化环境、精神文化环境和交往文化环境，对班级德育环境进行优化，就要从这些小处着手。

（一）构建整洁舒适的物质环境

班级物质文化环境包括教学场所、教学设备和配套的教学设施等外在物质条件。优化班级物质环境就是使教室的环境有利于师生的发展。合理编排座位，教学设备设施充分发挥积极作用等，使教室成为适合学生成长和成才的场所。

1. 健康的教室环境

在"我的课堂"里，教室环境不仅要有利于学生的身体健康，能确保学生的人身安全，同时要满足学生的实际需要。教室应宽敞明亮、干净整洁、空气清新、温度适宜；各种教学仪器齐全，多媒体设备及时更新换代，充分实现教育的现代化；教室布置既要体现文化品位，具有人性化、个性化，又要符合教育学、心理学规律，恰到好处，防止过于夸张。对于教师而言，课堂环境同样有着重要的意义，课堂是教师职业活动最重要的场所，也是实现自身生命价值的所在。教学用具齐全、多媒体使用无碍、教室环境整洁、班级规模适中、课桌空间分布密度适宜……在这样的环境下，教师才能内心愉悦，能体验教学的快乐，教师的职业热情和生命活力也就能够更大程度得到激发。

2. 合理的座位编排

"我的课堂"给予学生充分的活动空间，以利于学生进行合作、交流和探究，所以在教室座位的编排上，也可以根据不同需要，采取不同的座位编排方式（如下图案例），来调动学生学习的积极性，增加师生、生生互动的机会，营造平等、民主的课堂氛围。

【案例】　座位编排方式

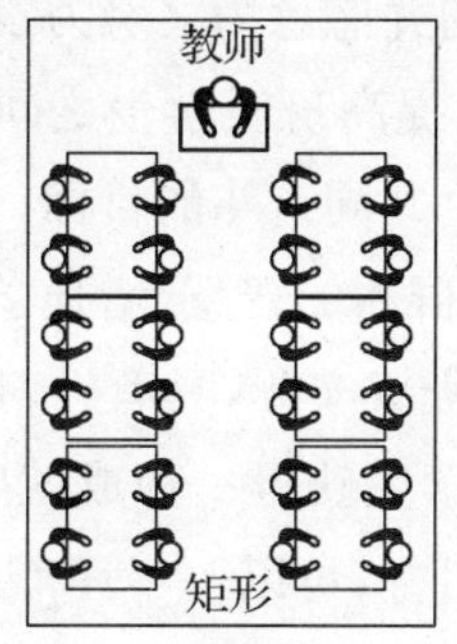

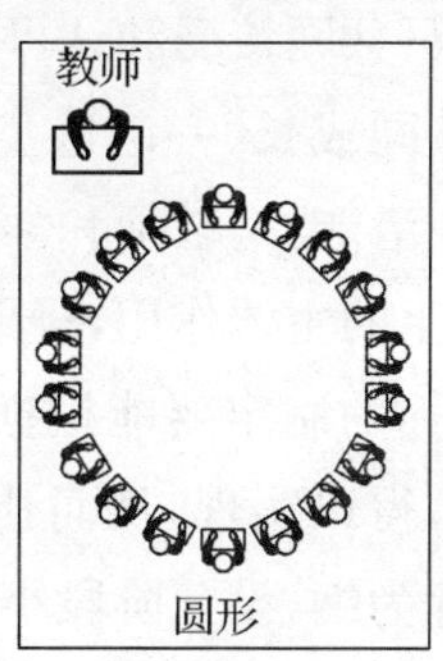

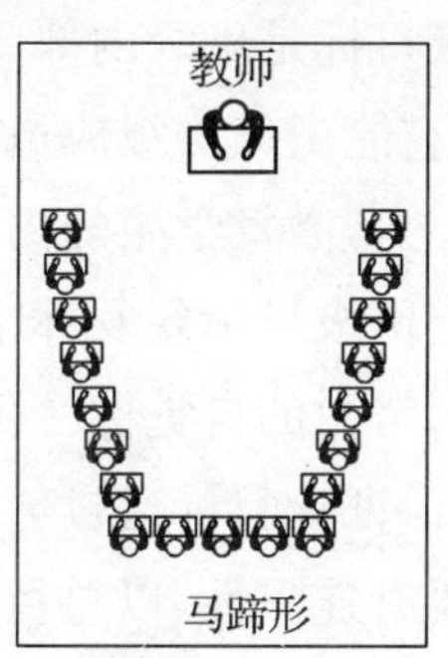

当然，教师在编排座位时要注意与自己所授课程的性质相匹配，如秧田式座位编排方便教师集中授课，适合以教师为中心的听讲课堂；矩形座位编排方便学生间的交流，适合展开小组讨论；圆形座位编排增加了师生间、生生间的交流，适合各种类型的课堂讨论，适用于小班化教学。从教学效果而言，不存在绝对好或绝对差的座位编排，教学中根据实际需要应综合使用，兼顾群体与个体，并且定期变换学生的座位，维护学生的身心健康。

3. 设施的充分利用

"我的课堂"呼唤教学情境的多样化，教学内容的丰富化，教学形式的灵活化，因此，教师要结合不同教学设施的优点，结合学生的需要，合理使用，来调动学生多种感官，以提高课堂教学效率，打造富有生命力的课堂成长环境。

天星湖中学具有较好的硬件设施，教室多媒体设备一应俱全，教师可以充分使用多媒体设施来改进课堂教学方式，如理科教学，使用"电子白板"，呈现复杂例题，随手画图、调用公式等都非常方便，大大节省了使用黑板的时间，增加了课堂教学容量；文科教学，使用投影仪，展示文字说明、配上音乐、设置画面背景等，能使学生快速进入课堂情境，激发和维持学习兴趣。

（二）构建积极向上的精神环境

班级精神文化是班级内部自身形成的特定的精神环境和文化氛围，是班级的核心和灵魂。积极向上的班级精神能凝聚人心，鼓舞斗志，推动合作，促进班级良好发展，有利于"我的课堂"中学生的积极参与和自信表达。

1. 凝聚智慧，共同确立班级目标

班级目标是班级内部成员共同接受和认可的并愿意为之努力奋斗的美好愿景，它能引领班级成员共同成长、一起进步，提高班级学生之间的凝聚力和向心力，激发学生的内在潜能，是教师和学生共同奋斗的目标。

制定班级目标要发挥学生的主体作用，凝聚群体的智慧，增强学生为实现目标而努力的自觉性。目标的制定要能根据班级实际，具有针对性和时效性，能保证让目标通过努力得以实现，从而让学生获得一种成就感；目标的制定要有连贯性，以总目标为纲，设立阶段小目标，可以一年一个目标，也

可以一学期一个目标，甚至每个月都可以有具体的目标，每一个小目标的实现都指向班级总体目标；目标也要有变化性，尤其是阶段小目标，在实践过程中，一旦发现目标不合理，就要及时调整，做出改变。

【案例】　韩桂兰老师谈“班级目标”的制定

笔者：韩老师，您拥有多年班主任工作的经验，对于“班级目标”的制定，您有什么好的经验和我分享吗？

韩老师：经验谈不上，只是自己摸索的做法而已，不成什么体系，姑且说说。我在担任每届班主任期间特别注意建立了三个方面的目标。

首先，把长期、中期、近期目标相结合进行设置。长期就是两年，因为我们高一结束会分班，到了高二重新组建班级后，班级就不会有变动了，这个新学期的开始，就要带着学生一起制定两年的长期目标，中期目标是一学年的目标，近期目标是一学期的目标，当然，有时遇到小高考，那么还可以有更近期的小目标。有长期计划，有短期目标，就可以把长远利益和短期效益结合起来。

其次，我会根据班级长期目标来要求学生制定个人目标，提醒学生根据自己的学习实际和其他方面的表现，形成具有自我特色的长期目标，并在长期目标的基础上制定小目标。我还会把班级长期目标告知每位任课老师，跟老师们协商，制定出适合学科特点的小目标。在平时的活动中，有意识地帮助每个学生顺利完成小目标。要求每个人都要为集体目标的实现而进行不懈的努力。

最后，目标要浸润到日常管理的方方面面，如学习、纪律、生活和活动等，要有意识地组织学生及时比对、检验落实，看看每位学生达成小目标的情况，并且安排修改和新的小目标的制定，在这样的目标建立与实现的过程中，不断提高学生的奋斗意识。

韩老师根据多年的班主任管理经验及有关班级管理的理论，在班级目标的制定上，做到紧密结合班级实际，针对学生个性特点，统一部署、及时鼓励、随时调整,让"目标意识"统领集体,深入人心,效果非常明显。

2. 认真制定,严格执行班级制度

班级制度文化,是指党和政府的有关方针、政策、法规、条例、指令等和社会主义道德观念、行为规范、是非标准等在班级日常工作、学习、生活中的具体体现,是班级全体成员共同认可并自觉遵循的行为准则。班级制度,为学生提供了行为举止规范的标准尺度,促使每个学生自觉地约束自己的言行,使其符合班集体形象,符合班级共同目标。

班级制度应该以学校的规章制度为基础,结合本班实际,全体成员共同商议,民主表决确定,这样才能被大多数成员接受。班级制度要落实在每一天的常规管理中,涉及纪律、学习、卫生、活动等方方面面。班主任同时需要通过细致的教育引导和多样化的主题活动,帮助学生明确班级制度的意义,在此基础上通过榜样的监督引领,来加强制度的执行力度。由此,班级制度就可以使每个学生信服并主动遵守,充分发挥学生的主动性、积极性。

【案例】 关于"自主、自能、自创"课堂教学学习小组的相关制度规定

吴钰华

本班共分为10组,每组设一名组长,组长负责安排好本组的学习及纪律,及时完成老师布置的各项任务。

小组合作说明:

(1) 每一小组要能达成同伴互学的功能,即同伴指导、同伴示范、同伴教育、同伴监督、同伴评价等。

(2) 激发学生大胆、踊跃、清晰地展示。学生的展示内容可以是结论性的,也可以是思路、猜想,甚至是疑问。学生的展示应该是一个学习小组交流后的成果,是代表这一小组而非个人的见解。展示的方式可以是口头讲解、黑板板演、操作演示和作业投影等。展示要求声音洪亮、书写清晰、言行得体、举止大方,具有明显的展示或示范作用。

(3) 以小组为单位进行考核,个人考核和小组考核相结合。涉及上课回答问题的积极程度,自习课的纪律,作业的完成率,默

写的过关率、满分率，考试成绩，宿舍表现，卫生情况等。

(4) 组与组之间座位每周轮换一次。

小组分工安排：

组织者(安排发言顺序，监督任务完成情况，提醒每个同学发言，协调矛盾冲突)

记录员(整理、记录小组发言的要点、答案，以备发言人参考)

控制者(掌握每位成员发言的时间、声音音量，冷场时要打破僵局，及时救助)

资料员(负责收集资料，整理归类，供成员参考)

联络员(代表本小组成员与其他组交流，与老师沟通)

发言人(展示、汇报小组学习状况和讨论的结论等)

小组考核记录：

(1) 组与组之间互相考核，由组长为所考核的小组记录总体情况，以“正”字为记录方式，记录突出表现和不足，作为小组考核结果的参照。

(2) 组内成员表现由组长记录，可根据自己小组情况，记录突出表现之处和不足之处。突出表现与值日班长所记录等同，将为组员个人加分。

(3) 两表格要能基本印证。

(4) 周考核优秀小组前五名，将为每个组员个人加 5、4、3、2、1 分，组长加分双倍。列入个人考核的总分。

(5) 每月评选“最佳小组”，授予颁奖词和奖励。

(6) 每月每个小组进行“最佳贡献者”投票，选出为小组做出贡献的个人，选出的同学将接受表彰。

高二(7)班
2015.01.11

以上是天星湖中学 2013 届高二(7)班对班级内开展“自主、自能、自创”小组合作学习的相关规定。把一个班级分成 10 个小组，这些小组内部成员互相合作，小组之间合作与竞争并存，这样的合作与竞争为每个学生的发展提供平台。

在"自主、自能、自创"小组合作学习模式下,把"小组考核"与"个人考核"相结合,既有组内竞争,又有组间竞争,既以打分这一形式来量化个人表现,又以投票选举"最佳贡献者"的举动来为学生个体进行定性评价。这样,班级制度就转化成为学生的内在观念,并通过每周、每月的表扬和奖励,激励了学生大胆表现、积极参与的热情,体现了全员参与性和公开性,保证了班级制度实施的稳定性和效果,促进了班级精神文化建设的顺利进行。

3. 广设渠道,积极塑造班级精神

班级精神文化要想从精神层面引导学生,就要把抽象的理论化为具体的情境,才能落到实处。在这个过程中,每一次的班级活动就成为弘扬班级精神文化的良好阵地。贴近学生生活实际的活动主题,备受学生欢迎的活动内容,为学生潜能的发展,为班级精神的塑造提供了契机。

(1) 系列主题班会

围绕与班级精神相关的主题,在一学期或者更长的时间段内进行整体规划、系统构思,使班级精神在一个个密切相关的、极富吸引力的、能够延续的活动中不断呈现。主题班会的内容与形式能够贴近学生生活,学生在系统性的主题鲜明的班会课中接受连续的思想教育,在不断感知中强化班级精神力量,班级精神就会深入人心。

(2) 课外文体活动

参与课外文体活动不仅是学习之余的身心放松,其对于增长学生的知识,全面发展学生的能力和个性都有着重要的作用。课外文体活动也有利于班主任进行集体教育以及学生进行自我教育,也是班级精神的彰显。

天星湖中学每年有年度大型文艺晚会。晚会既有个人才艺表演,也有小组集体演出,更有班级大合唱这样全员参与的节目。班级大合唱从排练到演出就是对班级精神文化的一次锤炼,全班同学在班级精神文化的浸润中,团队精神、合作意识、集体荣誉都会牢牢熔铸在每个人的血液里。

(3) 多形式学习竞赛

组织多形式学习竞赛活动,如具有天中特色的"爱国诗歌朗诵大赛""汉字听写大赛""古诗文背诵大赛""成语积累展示大赛"和"课本剧撰写比赛"等,为学生提供了展示才华的舞台。不同的学生有着不同的学习特长,让不同的学生获得自信和成就感是举办学习竞赛的初衷。同样,学习竞赛又能

促使学生在学习上学得踏实，学得积极，充满斗志和上进心，从而形成浓郁的学习氛围，凸显班级精神。

(4) 社会实践活动

每学期我校都会组织学生参加各种实践活动，如组织学生到风景名胜地观光，领略生活的丰富多彩，并从中受到感染和启迪；定期组织学生进行“爱心义卖”，让学生明白爱心的温暖、奉献的真谛；要求学生暑期参加社区活动，学生得以开阔视野，体验不同的身份角色；“研究性学习”从课题的选择、调查、分析，到撰写论文报告，提高了学生发现问题、探究问题、解决问题的能力。

（三）构建健康融洽的交往环境

班级良好的交往环境，是优良班级风气的重要表现，是集体发展的重要基础，是班集体团结活泼氛围形成的重要因素，也是调动“我的课堂”主动性和积极性的重要手段。构建健康融洽的班级交往环境要营造健康的舆论氛围和良好的人际关系。

1. 健康的舆论氛围

班级舆论就是在集体中占有优势的被大多数人赞同和持有的言论，它是班级成员态度观念的集中体现。班级舆论对班级中每个成员的言行能及时进行肯定或否定、倡导或批判，对班级成员进行直接的监督。

首先，利用多种舆论宣传工具，加大对健康舆论的引导，如广播、校报、网站等，用一段新闻、一则时评、一篇美文、一支名曲、一段佳话，让人精神振奋，心灵觉醒。

其次，教师要充分发挥课堂教学的主渠道作用，在真诚的交流对话中，发挥学生的主动性，努力促使其“情感、态度、价值观”目标的达成，引发学生情感的共鸣，并养成良好的行为习惯。

再次，开展各种富有意义的课内外实践活动，学生通过自己的亲身经历去领悟生命的意义和真谛，在活动、实践中强化情感体验，有助于培育和引导积极健康的集体舆论。

最后，教师的以身作则、示范引领，能营造一个积极向上的班级氛围。教师同时要善于观察，把握学生的思想动态，关注班级舆论趋势，能快速给予舆论引导，树立正确舆论导向，确保学生健康成长。

2. 良好的人际关系

良好的人际关系，不仅能给学生生活带来快乐，也能为学生提供丰富的资源，还能满足学生的安全感、归属感等心理需求，是"我的课堂"成长环境优化的重要指标。班级人际关系融洽和谐，学生就会关爱集体、关心他人，愿意交流、讨论，不会只顾自己，不会常闹别扭，学生能珍惜相互之间的友谊，尊重对方的个性差异。

人际关系的优化，一方面要有融洽的师生关系这一基础条件，同时也需要学生之间友好交往、互助合作。对教师自身来说，需要亲自践行师生之间的平等对话，在教育教学中尽量淡化"说教"的痕迹，关爱学生、尊重学生，用自身正确的人际交往、宽厚温和的处事风格、严格民主的管理方式，缩短与学生心灵的距离，也为学生的人际交往提供范本。在学生群体中，教师需要做好有关集体团结、友爱互助等方面的正面教育引导，让学生明白友情的价值，同时关注班级中的非正式群体，特别是那些孤僻无友的学生，要设法帮助他们融入班级大家庭。人际关系的优化，教师的表率、引导作用十分重要。

三、课堂教学环境的优化

我们这里所要探讨的适合"我的课堂"的课堂教学环境需立足课堂，要能促进学生的发展和进步，教师要能为学生创设宽松、自由、民主的课堂人文成长环境。

（一）宽松的环境

我们的传统课堂教学过分强调教师话语权，"师道尊严"的至高无上和"填鸭式""满堂灌"的被动接受方式，给学生带来的是压抑、窒息，从某种程度上禁锢了学生的思维，扼杀了学生智慧的萌芽，影响了学生创造能力、实践能力的发展。而要培养有思维、有智慧、有创新能力的学生，首先就需要一个对于成长主体而言相对宽松的课堂环境。

1. 笑容、精神、激情注入课堂

【案例】 宽松课堂环境，提高教学效果

我担任两个班的数学教学和其中一个班的班主任工作。开学初，两个班数学成绩相差无几，但在期中考试中，自己担任班主任班级的数学成绩却明显落后于另一个班级。我不得不认真反思自己的教学过程，发现问题就在自己的课堂教学上。在本班教学时，总是以班主任的身份面对自己的学生，必须按照各种规矩学习，用严厉的目光审视学生的表现，凭借学生日常的表现来判断他们听课的状态，课堂充斥着批评和不满，学生对我恐惧害怕。而到另一个班，由于不是班主任，很少批评他们，课堂经常面带微笑，授课亲切和蔼，对个别“活跃”学生的出色表现也及时给予表扬，因此，学生听课感觉非常轻松，也乐意学习数学，并取得较好的效果。

——摘自H老师的教学反思

由以上案例可知，教师的才干仅仅表现为渊博的学科知识是远远不够的，在自己的课堂上，能善于为学生营造宽松愉悦的成长环境，才是真正促进课堂高效、提升学生思维水平的手段。

每个人在自己的生活中总有喜、怒、哀、乐等各种情绪，总会遇到烦恼困扰，教师也不例外，尤其是一线班主任，经常面临纷杂琐事、各种评比、多样活动，压力可谓纷至沓来。但无论遇到什么不顺心的事，作为教师，就必须及时控制自己的感情，把所有的不快和杂念统统留在教室门外。一进入课堂，就应面带微笑来迎接学生，有人说：“微笑是教师最美的一道妆。”确实如此，微笑作为一种高级的课堂调节剂，是教师爱护学生、宽容友好的表示，是宽松课堂的心理暗示，它能开启学生心扉，缩短师生之间的感情距离。教师带着微笑，语言亲切自然，以饱满的教学激情和良好的精神状态来感染学生，课堂就让人轻松，让人快乐，也就能唤醒学生学习的热情和积极性，提高学习效率。

2. 理解、宽容、善待所有学生

我们经常可以发现，学生如果喜欢某位老师，往往是从喜欢他的风度气质到喜欢他的知识渊博，从喜欢他对学生的态度到喜欢老师本身，从喜欢上他的课到喜欢他所任教的学科。这就是教师对学生的宽容、尊重换来学生对教师的喜欢、尊重。试想，一个态度严厉、把学生管束得畏首畏尾、遇事不分青红皂白动辄斥骂的教师怎么能赢得学生的爱戴？

“我的课堂”要求教师放下架子，善待所有学生，不使用过激的语言，表扬应多于批评，批评力求委婉含蓄。课堂上有回答不了简单问题的学生，教师应用类似“没关系”“请再认真思考一下”等语言来安慰他。对那些过于“活跃”的、喜欢提出古怪的与教学内容毫不相关问题的学生，对他们应报以宽容，并灵活地把问题引回到相关的课堂教学内容上来。另外，对于所谓的屡犯错误的“问题学生”也应及时关注，比如向他们提出问题，或走到他们身边观察、指导作业，尽可能找机会接近他们，对他们所犯的错误，课堂上只需要稍作提醒，课后可单独进行交谈，有针对性地了解情况、解决问题。不能直接当众给予粗暴的批评和严厉的惩罚，因为惩罚只会把他们推向课堂教学反面，成为课堂中的“敌对势力”。正如陶行知所说的：“你的鞭下有瓦特，你的冷眼里有牛顿，你的讥笑中有爱迪生。你别忙着把他们赶跑。你可不要等到坐火轮、点电灯、学微积分，才认识他们是你当年的小学生。”每个学生性格特点不一，学习成熟度有差异，所以教师必须要用理解、宽容和尊重来面对每一个学生，为学生营造宽松的课堂成长环境。

3. 时间、空间、条件充分支持

“我的课堂”改变的是以往那种“满堂灌”式的教学，不进行“题海战术”，在时间上留给学生宽松的余地。如语文课堂讨论时，把“听说读写”一起纳入，学生可以根据自己所长，分配活动时间，向兴趣发展；如每周专门设置“阅读课”，给学生充分时间沉浸书香、拓宽知识面。

受中国传统教育影响，几乎所有教师都认为衡量最佳课堂表现的主要标准是：学生两手规规矩矩放在桌子上，坐姿端正如钟，全神贯注地听课。但是，如今欧美等一些发达国家教室里的空间摆设就像一个茶座，闲适、雅致。当然，由于认识程度及条件限制，在我们国家，推行茶馆式的教室不太可行，但课堂上宽松和惬意的教学环境应该可以营造。“我的课堂”允许有适当的讨论、争辩，甚至可以达到有点“吵闹”的状态，在这样宽松的课堂环境下，学生无拘无束，对于学习上的问题可以讨论，以同桌之间、前后小组合作、跨座位分阵营甚至师生一起争辩等各种形式进行讨论，以此来形成师生、生生共同学习、讨论、探究问题的课堂环境。课堂纪律也是要遵守的，但学生只要在学习、在探究、不随心所欲走动、不随意进出教室、不做与学习无关的事即可。这就要求教师课前精心备课，对课堂的活跃程度有个充分的

准备和把握，不至于使学生受到外界过多的干扰和牵制，这样才能保证教学任务的顺利完成，既留给学生足够的独立思考、讨论探究的时间，又给学生提供了宽松的课堂空间。

当然，我们学校在“我的课堂”外部条件上也给予了充分的支持。学校提供有利的硬件设施条件，如为学生提供更多的实验条件，扩大实验室开放的范围，让学生更多更早地接触科研实践；为学生开设“第二课堂”，安排多种形式的社团活动，让学生在参与活动中体验生活的精彩，感受青春的创造与热情。

（二）自由的情境

在“我的课堂”上，学生是具有独立人格的学习主体，只有让他们享受到充分自由才能实现学科教育教学的目的，才能实现学习个体的充分发展。具体而言，课堂成长环境需要充分给予学生思想自由、言论自由和行为自由。

1. 思想自由

思想自由是指学生对所学内容能够进行独立思考、大胆质疑、勇于立新的思维倾向。然而多年来，有些教师已经习惯在课堂上充当思想权威，不自觉地对学生进行思想专制，从自己的主观意图出发，依次抛出自己精心设计的一个个问题，来对学生设置思想“圈套”，让学生成为自己思想的“俘虏”。以语文课堂为例，很多教师不允许学生对文本进行富有个性化的理解，如学习《祝福》，学生只能理解这是鲁迅对封建制度的批判；学习《荷塘月色》，学生只能理解这是朱自清对“四·一二”大屠杀的沉默抗议；学习《江南的冬景》，学生只能理解这是郁达夫对黑暗的社会现实的逃避……在如此“至高无上”的语文教育下，学生的心灵、学生的思想早就像《套中人》中的别里科夫一样，裹上了沉重的思想布套，哪有个性可言！哪有自由可言！

“我的课堂”要解放学生的大脑，让他们敢于去“想”，教师要为学生提供思想可以自由驰骋的舞台。课堂上，学生拥有自己的“平等话语权”，教师和学生之间，学生和学生之间，在平等的基础上交流各自的观点，展开思想碰撞。教师的“见解”只能算是一家之言，并非强加给学习主体的绝对真理。

2. 言论自由

我们可以发现一个普遍的现象：小学低年级的课堂上，教师提问，小学生们的手几乎都是举得高高的，随着年龄的增长，举手人数大为减少。而高中的课堂，基本没人举手，就是被老师叫起，学生仍难以开口。即使回答，也是声若蚊蚋，细不可闻。造成这种情况的原因虽然是多方面的，但我们教师难辞其咎的一点，就是我们阻碍了学生语言表达的热情和欲望，剥夺了学生课堂自由表达的权利。我们一般不允许学生随便发言，不允许学生"胡说八道"，不允许学生坐着表达……在这么多的"不允许"下，学生的思想被限制了，个性被磨平了，发言热情熄灭了，言语器官退化了。

因此，让学生自愿开口、自由表达不仅是学生参与课堂教学的权利，是学生个体成长的必要条件，也是"我的课堂"教学环境构成中最有利于学生成长的要素。教师在课堂上要走下"神坛"，放弃自己的绝对权威，允许学生发表不同的观点见解，同时也要让课堂上的学生处于挑战权威、独立思考、畅所欲言的情绪状态之中。在这样的课堂里，师生拥有身心愉悦、激动慷慨的情绪体验，往往会产生意想不到的思想灵感。

3. 行为自由

行为自由是指教师多为学生提供一些空间场所和课堂活动的机会，以使课堂气氛更加活跃，学生积极性更加高涨。行为自由的对象包括教师和学生双方。

对教师而言，在"我的课堂"上，可以适时地改变上课地点，如图书馆、操场、花园等都是好的去处；可以改变教室课桌组合方式，如圆桌形、马蹄形、U形等；可以让出自己的讲台，让学生登台表演、讲授；可以不被所教学的内容约束，能灵活地变换内容、重组章节、联系实际。教师所采用的教学方法和手段应该灵活多样。

对学生而言，在"我的课堂"上，不必整堂课从头至尾循规蹈矩、自始至终全神贯注，只要能随着教师的讲解认真听课，对教师的提问积极思考，坐得随意放松未尝不可。当然也可以效仿诸如著名教育家魏书生所采用的在课堂上让学生做俯卧撑、练习腹式呼吸等方式，不但不影响课堂教学秩序，反而能够调节气氛，把大脑思维和肢体活动结合起来，促使师生情感更加密切、情绪更为饱满。另外，学生在课堂上如有疑问或不同见解，可以随时向教师质疑，教师可随时安排讨论，以便及时解决疑难。

（三）民主的氛围

民主一词源于希腊字“demos”，意为人民，以多数决定、同时尊重个人与少数人的权利为原则。这符合“我的课堂”的“以生为本”的理念，它“意味着教师对学生能力与潜力的无限信任，意味着教师必须尊重学生原有的基础与个性，意味着师生是在探索知识真理道路上志同道合的同志和朋友，意味着还学生自主学习的权利，意味着让学生成为课堂的主人”。在民主的环境氛围下，学生拥有与教师同等的权利，在主动参与中充分发挥自己的智慧，提升自己的能力。

1. 互相尊重

> 同样是小学三年级的学生，在作文中说他将来的志愿是当小丑。中国的教师斥之曰：“胸无大志，孺子不可教也！”而外国的教师则会说：“愿你把欢笑带给全世界！”
>
> ——哲理小故事

从中外教师对学生志愿的不同态度中，我们可以明显看出，中国教师狭隘地界定了“成功”的定义。而这种现象的背后，就是我们的教育缺乏对孩子思想的尊重，缺乏民主的思维。

“我的课堂”应该从学生身心发展和知识习得的规律出发，承认每个人的人格尊严，承认不同学生的个性差异，承认个体自我发展的不同需求和不同能力，尊重学生各方面的权利，如尊重学生的选择，尊重不同的体验，尊重多角度的发现，尊重个性化的创造。因而这样的课堂，能给学生提供适宜的成长环境，能给学生的学习生活甚至人生带来充满期待、充满自信的动力。

与此相应，在这种以“尊重”为核心的课堂中，学生能够在教师的尊重下学会尊重他人，这也是“我的课堂”民主成长环境的重要构成部分，其核心要义是对学生的尊重和培养学生对他人的尊重。在“我的课堂”中，每一个学生都自觉地参与民主决策，了解自己有哪些权利、哪些义务，明白自己的自由是否受到他人限制或自己是否限制了他人的自由，学会尊重教师在专业知识方面的成就，尊重教师的辛勤付出，与此同时也得到教师对他们个性和差异性的尊重。这样，课堂就成为实施民主的场所。具有民主氛围的课堂教学才能真正推行民主的教育，从而实现教育的民主，发挥学生的个体潜能，培养学生宽容、自由和平等等民主素养，促使学生成为个性鲜明的具有独立人格和创造精神的一代新人。

2. 师生平等

> 教育意味着一棵树动摇另一棵树，一朵云推动另一朵云，一个灵魂唤醒另一个灵魂。
>
> ——[德]雅斯贝尔斯

> 人人生而平等。追求平等，维护平等，是每个人的职责。
>
> ——《人权宣言》

在“我的课堂”中，要给学生一个民主的教学成长环境，那么，教师和学生的地位应该是平等的。教师和学生享有同等尊严，双方均以独立的主体身份进行平等沟通和交流，彼此之间敞开心扉，教师把学生当成朋友，当成同伴，双方不仅切磋知识学问，还分享人生经验。在这种平等的沟通和交流中，双方服从的标准是真理，而不是教师的权威，这是课堂教学民主的最高境界。

师生平等也表现为师生之间权利的平等。孔子在《论语·子路》中提出：“其身正，不令而行；其身不正，虽令不从。”作为教师，当自身行为端正、能成为表率时，学生自然就会跟着效仿。因为在学生心中，教师的言行往往就是道德的标准，一个好教师就是智慧的化身、人格的典范。在课堂上，教师向学生提出的各种要求，如课堂不迟到、课堂用语规范等，教师首先要自己做到，与学生共同遵守、一起执行，师生之间相互督促、相互参照。

师生平等不仅仅表现为教师与学生之间的平等，还表现为学生与学生之间的平等。教师应该自觉地提醒自己，平等地对待所有学生，如对学生的提问次数、解答问题的态度、面批的机会等，一视同仁，没有偏倚，让每位学

生都能享有同等的教育资源，获得同样的关爱。同时也要因材施教，这是注重学生与学生之间平等的重要内容。人类学家蒙塔古说："以平等的方式对待不平等是最不公正的待人方式。"教师应了解每个学生的个性特点和不同需求，从他们的现实条件出发，采取适切性的教育方法，为不同学生提供不同的帮助，使每个学生都能在自身的学习基础和条件上获得最好的发展和成长，符合教育公平的精神。当然，这样的因材施教侧重的是教育方式和教学方法层面，并非让个别学生享有更好的教育资源，也不是对一些学生的特殊照顾和特别关心。

3. 共同参与

参与活动是每一个生命体生存和发展的基本需求。在课堂教学中，一旦参与的需要得不到满足或受到压抑，那么学习个体就是被动的接受者。而要让课堂教学顺利实施，就需要充分调动学生的学习兴趣和积极情绪，使其主动地参与课堂活动。

"我的课堂"中的参与，是包括所有人在内的自始至终的参与，既包括学生个体的身心全面参与，也包括教师和学生的共同参与，组成一个个"学习共同体"。我们的教育教学对象是高中生，他们虽然在年龄、知识和阅历等方面处于成长和发展阶段，但也具有一定的成熟度和判断力，不同个体拥有不同的见解观点、人生信念和价值观，对同一问题会产生不同的看法。在课堂教学活动中，无论是提出问题、分析问题还是解决问题，都应该师生全员参与，充分交换意见、共同讨论、制定决策，甚至是过去教学中教师分内的职责，如备课、讲解、评价、检测等都可以让学生参与准备，充分发挥民主的作用，让学生动脑、动手、动口，变被动学习为主动学习，不断提高其独立自主和合作学习的能力。这个过程，师生双方共同学习，相互沟通、启发、补充和完善，彼此之间积极思考、情感交流，最终达成共识，教和学两方面互相影响、互相促进、互相提高，充分发挥学习中群体的作用。

孩子是遗传和环境的综合产物。对于遗传，我们无能为力；但对于环境，我们却可以人为控制。如果说学生可以通过吸收环境中的所有因素来形成自己的个性、精神和人格，那么这个环境一定要具有可以使学生吸收，从而发展、成长的养分。想让学生成为怎样的人，就要为他预备怎样的环境。要想让"我的课堂"促进师生双方的共同提高，就要为课堂创设适宜师生发展的环境。学校制度环境、班级德育环境、课堂教学环境相互作用、相互渗透,共同致力于为"我的课堂"营造宽松自由的有支持性的成长环境。只有多层次、多方面来加强这三方的建设,才能为"我的课堂"生态系统的成长提供肥沃的土壤。

第二节　创设激发自信的有表现欲的心理环境

心理环境是人与外界物质环境、文化环境、教育环境等相互作用后形成的"精神思想空间",是对人的心理和活动产生直接作用的各种环境因素的综合,是一个感情的世界。课堂心理环境是班级环境中无形的、动态的环境,主要指人际关系和心理氛围,包括教师的态度、期望、课堂行为、教学方法等人际环境和情感环境。

良好的课堂心理环境是"我的课堂"教学的有力保障。学生在课堂上拥有自信心、积极性、表现欲等良好的心理状态,才能促进课堂教学活动的顺利开展,这就对教师思想和行为提出了较高的要求。下面侧重从教学观念、教学语言和教学行为三个方面来探讨如何为学生创设自信的有表现欲的心理环境。

一、更新教学观念

不要让跳蚤变成"爬蚤"

科学家做过一个有趣的实验:

他们把跳蚤放在桌上,一拍桌子,跳蚤迅即跳起,跳起高度均在其身高的100倍以上,堪称世界上跳得最高的动物!然后在跳蚤头上罩一个玻璃罩。连续多次后,跳蚤改变了起跳高度以适应环境,每次起跳总保持在罩顶以下高度。接下来逐渐改变玻璃罩的高度,跳蚤都在碰壁后改变自己的高度。最后,玻璃罩接近桌面,这时跳蚤已无法再跳了。这时科学家把玻璃罩打开,再拍桌子,跳蚤仍然不会跳,变成"爬蚤"了。

跳蚤变成"爬蚤",并非它已丧失了跳跃的能力,而是由于一次

次受挫学乖了，习惯了，麻木了。最可悲之处就在于，实际上玻璃罩已经不存在，它却连“再试一次”的勇气都没有了。

对跳蚤而言，在一次次无法超越之后，它只能对外界保持“适应”，于是，玻璃罩就成为其心灵的束缚，成为其潜意识中的桎梏，原本的能力消失殆尽，跳跃的欲望再也无法被唤起！对受教育者来说，当他的学习好奇心和动机被多次削弱之后，心理的承受力就会增强，其结果就是自信心的缺失、想象力的贫弱和创造力的衰退。而学生的好奇心、兴趣和学习动机都应该在课堂上受到教师的呵护，那么，就需要教师及时更新教学观念，保持教学观念的正确先进、与时俱进。教师要使自己的课堂教学面向生命，促进发展；使教学过程务求开放，关注生成；使教学行为关注个性，呼唤“觉醒”，以此激发生命的活力，张扬生命的自信。

（一）教学面向“生命”，促进“发展”

教师要能认识到，我们的受教育者，在“我的课堂”中，是作为完整的生命个体——具体的人，而非抽象的个体，来参与课堂教学的。他们，是课堂教学的中心，课堂谋求的是这群生命的全面发展、可持续发展和个性化发展。教师要充分唤醒学生学习的主人翁意识，让他们充满自信地参与课堂，积极表现，获得满足感和成就感，从而使学生在知识、能力、个性、品质等方面获得全面、整体、和谐的发展。

教师在课堂中，也和学生一样，是教育教学活动的主体，同样都是“学习者”，教学作为教师的生命活动，也关系着其生命价值的实现。在这种观念的引领下，教师就需要在课堂上对学生仔细观察、认真倾听、耐心启发、真诚关怀、及时鼓励，帮助学生营造自信的、愿意参与的、充分表达的课堂对话环境。在学生进步的同时，教师的知识水平、专业能力也能在这种融洽的课堂心理环境中不断提高，个性化教学风格随之逐步形成。

在“我的课堂”的生态系统中，课程并非静止不变的教科书，而是具有生命特征的源流，教师要力求使课程能不断地生长、进化，对其进行新源流的补给和旧淤塞的清理。教师应发挥主观能动性，从学生兴趣出发，积极主动调整课程设置、更新课程设计，促使课程不断生长和发展；同时，随着理念的更新、知识的积累、社会的进步、课程资源的丰富，教师可以融入自己的新知和经验，寻找课程的最佳生长状态，进行创造性的设计，赋予课程全新的生命，为学生的充分发展拓宽途径。

（二）教学务求"开放"，关注"生成"

我们的传统教学，是一种封闭式的教学，教学过程是单向的"授受"。在这样的课堂上，学生不能够充分发挥其主动权、积极性，从而影响了对学习活动的兴趣。长此以往，就像前面案例中的那只跳蚤一样，奋发向上的热情、欲望被"外部局限"和"自我设限"压制扼杀，渐渐地丧失了学习的自信心和主动性，进而影响其主体意识，最终不利于个体的全面发展。

"我的课堂"呼唤的是"开放"的课堂教学，教师要培养学生的主动性，以学生全面发展为出发点，为其构建一个开放的教学平台。教学活动不必完全按照"预设"，也不必全部符合所谓的"逻辑顺序"，可以随机、跳跃地前进。教师在课堂进程中，应用敏锐的眼光捕捉课堂的"生成点"，允许学生产生课堂干扰、错误和变化等现象，并能对这些现象进行及时反思，作为课堂发现、讨论、探究和创造的新契机。教师甚至可以鼓励学生挑战权威——教材、教师、标准答案，在这种多向的互动中不断积累教育资源，创造新的教学生活。使学习活动成为学生创造的源头，从而促使学生愿意发现、愿意探究、愿意表现，从而学而有乐、学而自信、学有成效。

（三）教学关注"个性"，催生"自信"

> 五指伸出有长短，荷花出水有高低。
>
> ——中国谚语
>
> 教育的目的是培养人的个性。
>
> ——[英]赫·斯宾塞

世界之所以缤纷多彩、生机勃勃，就源于生命形态的独特性、多样性和丰富性。同样的，没有个性，就没有伟大的人类。追求个性发展是生命进程中的必然选择。"我的课堂"要求教师意识到学生个体的个性特点，认识到

人才标准的多维度，兼容不同的言论，欣赏独特的思维，尊重学生的感悟，鼓励学生采用不同的学习策略，为学生的不同发展方式提供广阔的平台，以此张扬其个性、发挥其长处、激发其潜能、催生其自信，从而促使每一位学生都能发展成有用之才。

【案例】　从“沉默寡言”到“朗诵高手”

我们班上有一个男孩，进校时，成绩不太理想，处于班级的尾巴段，并且其貌不扬、沉默寡言。在我们这个“藏龙卧虎”的班级，简直可以忽略不计。

日子就这么一天天过着。国庆快到了，学校组织“中华情——爱国诗歌”朗诵大赛，就是这个男孩，居然给我们班捧回了一等奖第一名，据说是以“临时”参赛选手身份比赛的（学校为了比赛的可看性，会在现场观众中临时选一些选手）。得知消息的时候，我真是“大跌眼镜”！作为语文老师兼班主任，我之前到底在干什么？我的语文课，我一向喜欢自己朗诵过把“小瘾”，也请班级几个朗诵水平较好的同学（那些得过很多次朗诵大奖的）来为大家朗读。但居然没有发现他的能力，难道他是临场发挥好，或者是运气？

第二天上语文课，学习的是《赤壁赋》，我把他喊了起来，让他朗读文章第一段。这一段读完，教室里一片寂静，3 秒后，爆发出雷鸣般的掌声。原来高手在民间啊！这个男孩，有着一副好嗓子，声音浑厚、圆润，发音标准得可以媲美播音员，朗读很到位，感情把握很准，就这水平，可以进央视。

后来，他的课文朗读就成了范本，尤其是那些感情丰富的、激情澎湃的作品，一张口就成经典。我鼓励他把所有高中课文的朗诵制成一个个音频，成为我们教师的教学素材；鼓励他加入“YY语音”朗诵社区，成为签约朗诵选手，让声音作品为更多人所知；鼓励他考播音主持专业，让爱好、特长和自己的职业保持一致，成为生活的一部分……

他越来越自信，越来越活跃，他不仅用他优秀的朗诵给同学以美的享受，而且还带动了班上一批同学，组成了“朗诵社”，钻研技巧,琢磨提升。学校大大小小的演出,总有他们社团的精彩节目,还上过南通电视台。而这个班级对朗诵的兴趣、对语文学习的兴趣也是我任教这么多年来遇到的最浓厚的,语文成绩在年级中遥遥领先。

——X老师

如果没有教师的鼓励和有意识的培养,如果没有教师充分发挥这位学生的个性特长,这位原本"沉默"的学生,估计也仅仅是在一次比赛中"昙花一现",然后继续默默无闻下去。教师要明白,学生的现实水平是一切教学活动、教学效果的基础,不能以同一个评价标准来衡量所有。教师所应做的,就是在课堂上尽可能地发挥学生的个性特长,挖掘学生潜藏的自信心,使个体生命的潜能得到充分的发掘,从而使教学活动充满生命的活力。

二、精炼教学语言

在教学过程中,教学语言包括教师的有声语言和无声语言,在学科素养、行为规范以及情感态度等方面对学生产生影响。教师需要精炼自己的教学语言,使其有利于良好课堂心理环境的形成,能鼓励学生的自信,激发学生的表现欲望,提高学习的效能。

(一)充满温情

在教学过程中,教师不仅仅要传递知识,还要在心灵上与学生进行沟通,在情感上与学生产生共鸣。良好的课堂心理环境应该是真情洋溢、舒心温暖的。因此,教师的课堂语言就应该体现出对学生深厚的爱。在具体的课堂教学情境中,对学生的正确回答,教师要给予由衷的肯定和赞美,强化学生回答问题的自信心;对学生错误的回答,教师要提醒学生,给出引导,让学生获得鼓励;对学生进行批评时,语气诚恳,话语委婉,让学生能够接受,能体会到教师的关心和爱护。在这样的课堂环境下,学生的学习主动性才会得到激发,从而产生参与课堂、积极表达的欲望。

【案例】“羁旅行役诗”课堂教学片段

执教者：周怀凤

师：现在，哪位同学来回忆一下古典诗歌在内容上有哪些分类？

（学生沉默，一时想不起来）

师：（温和地）诗歌会写些什么内容呢？（教师侧头，做出思考的动作）根据这些内容，诗歌可以分成哪些类别呢？让我们仔细想想，相信肯定会有同学能够回忆出来。

（一学生举手）

师：（面带微笑，注视着学生，伸出右手，手心斜向上，做出“请”的动作，示意学生回答）好，你来说说。

生：咏物诗、羁旅诗、写景诗、送别诗。

（师板书）

师：（微笑着点头）这位同学说得很准确，说明他对这个知识点把握得比较到位，但是（摇摇头）好像不够全面，谁可以帮他补充一下？

（另一学生举手）

师：（微笑着走近学生，示意学生回答）好的，你来说说吧。

生：还有战争诗和怀古诗。

（师板书补充）

师：（点头微笑，注视全班，右手示意大家看板书）这就是古典诗歌的六种分类，不同分类的诗歌具有不同的特点。

……

这是“羁旅行役诗”复习课堂开始时的一段师生问答。当学生遇到困难时，周老师也做出思考状，用恰当的表情引导学生思考，用温柔的语调向学生提问，用鼓励的目光和手势安抚学生发言的紧张；当学生回答不够全面时，周老师先是微笑点头表示赞同，再摇头指出不足，启发学生的进一步思考；当学生完整回答之后，教师再次微笑给予肯定。整个过程，教师始终面带微笑，语言温和,一举一动都具有鼓励性,呵护学生的自信心,激发学生回答的热情。

(二)幽默风趣

具有幽默感的教师往往更容易受到学生的欢迎和尊敬,师生关系也会更加和谐。教师在合适时机幽默一下,会为自己的课堂教学锦上添花。

【案例】 发挥幽默在教学中的作用(节选)

刘 郇

在导入"基因重组"时,我讲了一个小故事:有一位女明星,她拒绝了众多富豪子弟的追求,却喜欢上一位长相难看的科学家,她写信给他:你聪明,我漂亮,如果我们结合,生的孩子一定既漂亮又聪明。科学家回信:生下的孩子,要是有你的智慧,又有我的容颜,岂不是糟糕!一个幽默的故事立刻激发了学生的学习兴趣。

刘老师幽默的导入,迅速抓牢学生的心弦,激发了学生学习的热情。由此学生情绪高涨,精神饱满,步入积极求知的兴奋状态。在这样轻松的心理环境中,学生的听课效率得到提高,愿意表现的欲望得到增强。在"我的课堂"上,教师如果用幽默的语言来调节气氛、加深理解,以达到更好的教学效果,就需要选择一些幽默技巧,如巧化典故、成语、诗句,形象比喻,利用谐音,使用修辞等。但要注意的是,课堂语言的幽默风趣不等于低俗搞笑,也不能利用幽默挖苦讽刺学生的人格。

(三)辅助表达

教学中除了运用有声语言进行表达外,还可经常借助手势、体态、眼神等非有声语言因素的态势语来辅助表达。态势语言可以分为面目表情、体态表情和声音表情三种。态势语言对于课堂教学效果的作用不可小视,它传达着教师对学生的情感,对教学对象给出鲜明的提示,同时也能影响学生心理。

【案例】《最后一课》片段

忽然，教堂的钟敲了十二下，祈祷的钟声也响了，窗外又传来普鲁士士兵的号声——他们已经收操了。韩麦尔先生站起来，脸色惨白，我觉得他从来没有这么高大。

“我的朋友们啊，”他说，“我——我——”

但是他哽住了，他说不下去了。

他转身朝着黑板，拿起一支粉笔，使出全身的力量，写了两个大字：

“法兰西万岁！”

然后，他呆在那儿，头靠着墙壁，话也不说，只向我们做了个手势：“散学了，——你们走吧。”

这是著名的《最后一课》中的结尾，也是小说的高潮。推动这高潮的，除了有限的声音语言“我的朋友们啊”“我——我——”之外，更主要的是韩麦尔先生的态势语言——面部表情、动作和手势。韩麦尔先生高大的身影，欲言又止的神态，挥手示意散学的动作，深深地感染着学生。作为一名法语老师，在被迫放弃母语教学时的那种屈辱和痛苦，对国家、对母语深沉而炽烈的情感，对学生的愧疚与期盼，对侵略者的仇恨与愤慨……在这种无声的场景中，教师借助“态势语言”把感情表达得淋漓尽致，无声胜有声。

态势语言使用技巧

面目表情，主要指眉语和目语，古人有“相看不得语，密意眼中来”（南朝·徐陵），用眉毛和眼睛的变化来传达某种微妙的意境。眼光以前视为主，统摄全班学生。师生之间通过眼光互相沟通。要目中有人，对学生的眼光投向，既不能不屑一顾，也不要盯着不放。要会运用眉毛的舒展与紧皱，该眉飞色舞时就不要紧锁眉头，该热情奔放时就不要愁云密布。另外还通过口角变化、面部肌肉变化，综合表达人的喜、怒、哀、惧、爱、恶等情绪。

体态表情中最富生命力的是手势，手的表达能力仅次于脸。

手势的多种变化表达多种感情，如单竖拇指表示赞扬，掌心向下表示制止，等等。另外，教师的身体姿势、站立位置等，也能表示某种意义。如教师身体前倾，则表示充满激情；教师走到学生当中，学生就会产生一种亲近的感觉，有利于师生之间的信息交流。

声音表情，通过声音的高低强弱、语调的轻重缓急，沟通心灵，表示情感的不同内容。如同样说“你是一个好学生”，教师在欢乐、惊奇、愤怒、轻蔑、讽刺时，其音调是不相同的，表达的意思也不一样。所以，学生可以通过音调、语调的不同去领会言外之意。

教师的态势语言是教师思想理念、才华技艺、教学心态的整体体现，为良好的课堂心理环境的构建带来巨大的作用。如果教师的无声语言单调，语气语调、面部表情呆板，身体运动单一，辅助手势缺乏，课堂自然死气沉沉。因此，“我的课堂”需要教师加强无声语言的使用，有意识地训练自己的面部表情、眼神、体态、手势，甚至衣着搭配，来提高口语表达的效果，拉近师生之间的距离。

三、优化教学行为

教学行为是指师生在课堂教学活动中的各种表现，它贯穿于整个教学活动的始终。按照流程，可以分为课前准备行为、课堂实施行为和课后评价行为三个阶段。教学行为包括教师“教”的行为和学生“学”的行为，而教师“教”的行为对整个课堂教学的进程起决定性作用，因而对课堂教学行为的优化，主要从教师层面进行探讨。优化教师教学行为，可以为学生创设激发自信的有表现欲的课堂心理环境。

（一）课前充分准备

1. 合理预设，创造生动的课堂情境

课前准备是否精心，是否充分，决定着课堂教学是否正常完成或课堂是否有精彩“生成”。课前教学准备需要全方面考虑课堂教学所能遇到的问题，做到心中有方法，执行有措施。

备课需要在对教学目标准确把握的基础上，精心选择教学内容，精心安

排教学流程；预设课堂所能产生的不同情况，提出富有挑战性、启发性、趣味性的问题，引起学生主动参与的兴趣；安排学生合作、探究的环节，设计值得探究的内容，使学生感到值得讨论，学生的学习积极性就会被调动起来，学生愿意讨论、乐于回答、敢于展示，这样小组互动才会富有成效；教学内容的设计要体现层次性，由浅入深、由易到难，并考虑学生水平的现实状况和学习能力的差异，设计不同梯度的问题，保证课堂的参与面，从而调动不同学生的学习积极性和表现欲；教师还需考虑课堂中学生的情绪兴奋时间段以及让学生兴奋的手段。

【案例】《渔父》教案(节选)

袁春霞

(五)探究与争鸣

渔父飘然而去了，带着他的微笑与洒脱，留下屈原在江边孤独思索。屈原的这一结局让很多同学都觉得非常遗憾，他难道没有更好的选择了么？

在国破之日即是屈原直面人生之时，他可以选择：

A. 以死殉国，捍卫尊严　　B. 隐忍苟活，修学著述

C. 隐遁江湖，豁达潇洒　　D. 另择高枝，灵活变通

屈原是否可以选择——像司马迁那样隐忍苟活，在自己的后半生实现他的理想；或者像渔父那样超然物外，放浪形骸，享受山水田园之乐；或者选择离开这个令他伤心的楚国，另谋高就，另栖高枝，去施展自己的政治抱负。

请同学们小组讨论，结合本文和司马迁的《报任安书》进行分析、探究。

袁老师在教《渔父》时，提出的这个合作讨论题目，是课前经过精心预设的。在提出“他难道没有更好的选择了么”后，把各种选择用选项的方式呈现，这样，原本只会考虑选择“生”或“死”的答案就得到了丰富，成为一个导向多元的话题。学生的话语权一下子辐射开来，思维空间拓展了，独立思考的意识受到了鼓舞，学生讨论的参与率就会明显提高。这样的课前预设因

为真正考虑到了学生的学习心理，课堂才获得了良好的教学效果。

2. 自主预习，增强课堂表现的信心

充分的课前预习既能保证课堂教学的顺利进行，又能推动课堂的深入和拓展。学生课前的自主预习，是"我的课堂"环节中的基础，也是提高课堂教学质量的重要前提。教师在学生预习环节，需要提供帮助和指导，培养学生预习的兴趣，养成良好的预习习惯，提高学生的自学能力。

【案例】 预习，让语文教学"事半功倍"(节选)

顾红梅

由于《唐诗宋词选读》是以"专题"编排的形式，把同时期或单个诗人的代表作归于一起的，所以在进行古诗词教学时，我便尝试让每个小组"承包"一首诗，小组之间再进行分工，如介绍作者、分析内容、感悟名句、赏读语言、分析手法、探究主旨、课外拓展等。于是学生就会利用自己手头的各种资料去认真完成任务。在预习过程中，对出现的问题，每个组员都能大胆发表自己的见解，互相补充，暂时得出统一的结论。第二天的课堂上，学生就处于有准备的状态，熟悉了诗词内容，自然就有信心在课堂上"大展身手"，课堂气氛就会非常活跃。

这个例子中的学生已经把"自主预习"当成学习的一种需要，分工明确、讨论热情、展示积极、充满自信，充分证明了"课前准备"的价值。

(二) 课中行为调控

教师的课堂行为是对课前预设的顺利实施，又是在动态情境下的临场发挥。"我的课堂"注重生成性和过程性，所以要关注每一个教学环节，随时调控课堂行为，既要推动课堂按照备课的流程顺利行进，又要及时把握课堂的生成性教学资源。

1. 管理"不合作行为"

"我的课堂"为学生的自我表现、积极展示提供了均等的机会。但是，由于学生个性特点和兴趣的不同，讨论中观望、等待的情况，发言时互相推脱、

要赖的情形也偶有发生。个性开朗、发言较多的学生更愿意积极参与；性格内向、发言较少的学生更倾向于保持沉默，甘当"配角"。教师在课堂上就要做"有心人"，全面观察、了解学生们的表现，一旦发现以上出现的情形，就要适当介入，及时协调，临时改变问题的方向和难度，平衡课堂话语权的分配，加强师生之间、生生之间的平等交流，让每一位学生都能得到"被尊重"的权利，以此鼓励"消极怠工"和"能力不够"的同学，帮助他们树立自信，提高表现热情，确保每一位学生都能得到锻炼的机会，凸显每一位学生的主体地位，让课堂成为每一位学生展示自我的舞台。

2. 干涉"过于兴奋行为"

在"我的课堂"的实际教学中，当教学氛围愈见浓厚，尤其到"合作探究"阶段，很有可能会出现学生"过于兴奋"的状态，这反而不利于课堂的顺利进行。所以教师就要进行一定的调控，避免学生过于兴奋，引导其很快进入学习的状态。

真正的课堂教学应该从学生的内心出发，而外显的教学活动只是辅助的手段。教师需要创设让学生获得兴奋的情境，但兴奋的目的是促进学生对教学内容的积极思维、深刻思维。在课堂进程中，教师要促进课堂的兴奋，也要及时调控学生兴奋的时间，收放自如，才能确保学生有效课堂活动的正常进行。

3. 利用"错误行为"

课堂教学过程存在不可预知的可能，教师和学生都不可避免会产生错误。而这些出现的错误往往蕴藏极高的教学价值，因而，教师要善于利用和发挥这些错误的积极意义，抓住契机，在学生不知不觉中化错误为神奇。

【案例】"是我没领好"

在《梦游天姥吟留别》的语文公开课上，教师点名叫一个不会读诗的害羞男同学来读这首诗，可是他一读，在场的教师和学生都乐了，由于这位教师对学生诵读水平的不了解，学生的出错给他带来了不好调控的意外。简单的办法就是让其他同学重新进行诵读尝试。可这位教师并没有选择这样的处理方式，教师决定领读前几句，当读到"送我至剡溪"时，男同学的模仿又引来了一阵笑声。

教师对他说:"是我没领好。"男同学则显示出自己的男子汉气概,说:"不,老师!"随即做了一个中止别人讲话的动作,捧着书本读完了这首诗,随后引来一片掌声。

在具体教学情境中,当学生出现错误行为时,教师可以针对这一错误进行自我反思,让学生感受到教师的宽容,从而提高自信;也可以组织学生进行讨论,引导学生发现错误的原因,思考纠正错误的办法,以促成自我更正、集体反思。教师应该对产生的错误进行合理的评价,不能断然否定,以免挫伤学生的自信心和积极性,这样,整个教学过程才会成为关注学生生命成长的过程。

4. 引导"意外行为"

"意外"行为是学生在课堂上出现的脱离教师预先设计意图的回答或行为动作等,具有一定的偶发性,是重要的生成资源。教师需要具有灵活应变的能力,能及时辨别、分析、引导、评价,从而确保学生参与课堂的积极性。

【案例】"意外"的收获(节选)

张小菊

在经过了对文本的整体感知、局部研讨后,顺利进入拓展环节,最后一个问题,我设置的是:在《可以预约的雪》这篇文章中作者要和我们谈论如何面对人生中的常与变,但我们当初看到这个标题时,并没有想到文章要写的是这样一个严肃沉重的话题,如果让你给文章换个标题的话,你会换成什么呢?

一石激起千层浪,顿时,学生展开了热烈的讨论,几个学生主动站起来说了自己的答案:生命中的常与变、两年之后、常与变、乐观面对生活中的变、菅芒花又开、保持预约的希望、宽容生命中的变……

我把学生的答案一一在黑板上展示出来,接着又抛出问题:请把这些标题和原标题进行比较,说说你喜欢哪个标题,为什么?

这样的问题提出来,基本是没有悬念的,对于高中学生,他们明白这种题目的惯常思维,也明白教师要让他们说的是什么。

思考片刻后，有学生陆续地起来发言了，果然第一个男生说："我喜欢原标题，'生命中的常与变'之类的标题太直接了，没有含蓄美。"在我的肯定中，那个男生乐滋滋地坐下了。

接着，有一个女生发言了："我喜欢'两年之后'这个标题，这个标题好像悬念更大，更能激发读者的兴趣。"居然有学生求新求变，真出乎我的意料。我随即就追问："两年之后，让人感觉一般是用在什么文体中比较合适？"下面学生齐声说："小说一般用这样的标题。"我很欣慰："是啊，这个标题更让我们感觉是一篇小说，好像和我们这篇文章的文体不那么吻合。"

这时，后排的一个学生迫不及待地站了起来："我喜欢'菅芒花又开'这个标题，这个标题多有诗意啊！""是啊，有诗意。"下面有学生小声地应和着。

"我也喜欢'菅芒花又开'这个标题，比'可以预约的雪'更能让我们产生美丽的遐想。"

"我非常喜欢'菅芒花又开'这个标题，这个标题很淡雅、美丽，让我有想读下去的欲望。"

"我觉得'菅芒花又开'这个标题，与文章内容联系更紧密，比原标题好。"

一下子四个学生冒出来了，都对"菅芒花又开"这个标题推崇不已。

教室安静极了，所有的人，学生、听课教师，都在等待我的答案。

这是一群多么善于思考、有主见的、敢于大胆表述自己见解的学生啊，你能说他们的答案不正确、不精彩吗？他们撕破了我事先撒下的网，完全推翻了预设，使得课堂一下子脱离了我的控制。我平复了紧张的心情，微笑着说："这是一个见仁见智的问题，刚才大家谈得很有道理，大家能坚持自己的主张，不受文章本身的限制，有胆识、有勇气、有自信。看来能想到'菅芒花又开'这样一个美丽而又富有诗意的标题的女生有很大的写作潜力，你更胜林清玄一筹，得到了我们大部分同学的认可，加油啊，才女！"这时，教室很多学生的目光都投到那个穿粉红运动衣的女孩身上，女生羞涩地低下了头，脸上却挂着甜甜的笑，而大部分学生也因为自己的答案得到了我的肯定，显得很兴奋。

我看见，后面靠门口坐着的一个听课老师，悄悄地竖起了大拇指。

可以说这堂课，在这个瞬间，师生心灵相通、互相欣赏，达到了课堂教学的理想境界。而这一境界的获得，正是由于教师能把握课堂"意外"，以此为契机，并"生成"新的教学资源，保护了学生的思维，树立了学生的信心。试想，如果教师还按预设的答案进行总结的话，那会打击多少学生的自信心，磨灭多少的学习热情啊！

（三）课外行为强化

"台上三分钟，台下十年功"，说的是积累的意义。在我们的课堂上，良好的课堂表现有赖于长期的课外培养。在课外，师生有许多交往的时空，可以形成良好的师生关系，增进彼此信任，拉近心灵距离；可以培养学生之间的默契，融洽彼此情感，为课堂互助合作提供良好的氛围保证；教师群体友好的伙伴关系，教师崇高的处事作风、踏实的工作表现，都会对学生的学习品质、同伴关系、自信心理等产生潜移默化的影响。所以，教师的课外行为同样具有教学价值。

课外行为中最关键的是教师要有意识地对学生进行个性心理的培养。学生个性不一，乐观开朗、大方自信的学生，喜欢展示自己，回答问题声音响亮，语言流畅；自卑懦弱、胆怯怕事的学生，更愿意封闭自己，即使被提问，也是行为畏缩拘谨，声音微弱含糊。学生参与课堂活动的积极程度，与性格有着密切的关系，而性格是可以塑造的。我们教师要挖掘这些内向学生身上的优点，因势利导，帮助学生克服畏惧、自卑心理。这就需要教师重视课外的强化行为，利用课外的大量时间，细水长流地鼓励，潜移默化地影响，有进步有突破就表扬强化，并且及时在集体中给予肯定，使他们获得成功的体验。这样一来，这些学生就可以走出胆小的内心，向乐观、自信、开朗等积极的方向发展。

【案例】"乡巴佬"的转变(节选)

薛永娟

2010年接手一个高一班级,其中有一名农村初中考进来的男孩小江,个性内向,非常朴实。他的普通话带着很浓重的乡音,开口讲话就让人发笑,读课文都是结结巴巴,他感觉非常难过,在周记中倾诉自己的苦恼。我于是找他谈心,给他打气,帮他安排一个普通话说得较好的同桌,让同桌课间有空闲就帮他纠正普通话,渐渐地,小江的普通话越说越好,但还是不敢在人前大声说话。于是,我在一边"逼迫"他课堂必须发言时,一边给他讲述关于一些演讲名人成功的故事,其中就讲过关于演讲家德摩斯梯尼的故事。

古希腊有一位卓越的演讲家德摩斯梯尼,年轻时有发音不清、说话气短、爱耸双肩的毛病。最初他的演讲很不成功,以致被观众哄下了讲台。但德摩斯梯尼没有因失败、嘲笑、打击而气馁。他一方面博览群书、积累知识,一方面又刻苦练习。为了练嗓音,他把小石子含在嘴里朗诵,迎着呼啸的大风讲话;为了克服气短的毛病,他故意一面攀登,一面不停地吟诗;为了克服耸肩,每次练习演讲时他都在自己的双肩上方挂两柄剑,剑尖正对双肩,迫使自己随时注意改掉耸肩的不良习惯。他还在家中安装了一面大镜子,经常对着镜子练演讲,以克服自己在演讲中的一些毛病。经过苦练,德摩斯梯尼终于成了世界闻名的大演讲家。

听了名家苦练发音的故事后,小江更加认真地练习普通话,并且愿意在课堂上寻找机会展示自己,在失败中总结经验,在进步中享受喜悦。他在周记中这样写道:"我的缺点、不足是显而易见的,没有必要藏着掖着,既然不如别人,就得去学习,去改变,成长也就是这样,从不会到会,所以,没什么大不了!"正是勇于突破自己的局限,冲破自卑的藩篱,小江迎来一次又一次口头表达能力的提升,成功进行了一次又一次的课堂展示,后来在校园"经典诵读"比赛中还获得了二等奖的好成绩。

学生向上、向善、向美的心愿是深藏于他们内心的，即使是原本表现一般甚至非常落后的学生，只要教师愿意引导，指明方向，他们就会照着我们的期望出发。教师要真切明白课外行为对课堂行为的深远影响，展示在课堂，提高在课外，给这些贫瘠的学生以涓涓细流般的滋养，从而锻炼他们的心理素质，塑造他们优秀的性格。

总之，创设良好课堂心理环境的措施各种各样，各有其效，但都必须建立在"我的课堂"以人为本理念的基础之上，把促进师生的发展放在首位，把激发自信、催生表现欲作为研究重点，这样才能全面建设好课堂心理环境。

第三节　创设平等和谐的有安全感的教学氛围

在课堂教学环境中形成并处于主导地位的教学气氛和情调，往往通过两个层面表现，一可以从心理上表现，如快乐、兴奋、无奈、悲愤、伤感、厌恶等；二可以从行为上表现，如微笑、凝视、发呆、低头默然、起哄等。教学氛围在课堂教学中至关重要，与教学效果成正比，直接影响着教学效果，是衡量课堂教学优劣的标准。"我的课堂"的教学需要构建平等的、和谐的、有安全感的教学氛围，教师就应从重构师生角色、实施差异教学和重视课堂倾听这三个方面努力，为良好的课堂教学效果保驾护航。

一、重构师生角色

（一）革新陈旧理念

传统教学强调教师对学生的绝对权威和强势控制，课堂教学因而"满堂灌""一言堂"，知识传授成为主要教学方式。教师和学生都在这样的"角色"限定中失去了活力和自由，课堂氛围沉闷乏味，教师喋喋不休，学生期盼下课。新课程改革将师生角色进行重新定位，两者被置于同等位置。"我的课堂"更是要求教师进一步成为教学的反思者和实践者，把学生看成是课堂的参与者和课程的创造者，双方进行对话、交流。在这样的理念下，教师大力促成学生的积极参与，课堂万象更新、生机勃勃；学生在教师的激励和呼唤下，自主地学习、讨论、合作、探究、生成和创造。在师生对话的平等和谐的

教学氛围中，教师就要改变传统教学陈旧落后的教学模式和教学行为，促使自身研究课程、研究学生。只有教师真正改变陈旧的观念，才能建立全新的师生角色。

（二）提升理论素养

在全新的师生角色认知过程中，教师需要提升自身的理论素养，积极参与培训、进修，主动地进行思考、探索，才能使新的理念深入内心，成为自己的行动支点。因此，教师需要主动学习最新的教育理论知识，关注热点课程模式和前沿理论，如“微课”“慕课”“翻转课堂”等，并把理论落实到行动中。与此同时，教师要立足现实，从自身和学生的实际出发，将教育理论能动地应用到课堂教学中，积极尝试，培养自身的科研意识，在实践中进行科学研究，以促进自身的专业化发展。

（三）倡导及时反思

一成不变的传统教学模式使得教师也养成了“熟练工”的教学模式，一个教案用几个班，一个教案用几年，很少意识到教学外界条件已经变化，也很少意识到自己教学的不足，缺少自我反思的习惯。而教师的反思在教学活动中具有重大意义。叶澜教授说过：“一个教师写一辈子教案不一定成为名师，而一个教师写三年的反思，有可能成为名师。”可见，教学反思可以让教师对每天的教学内容、方式和行为进行思考，并对教学安排、教学结果进行分析，明确不足，提出改进方案。及时而又长期的教学反思能提高教师的理论水平、研究能力和教学能力。“我的课堂”需要教师成为一个仔细的观察者和深刻的反思者，教师通过对教学活动中的师生表现进行观察，对课堂师生角色定位及时进行反思，比较理论要求与实际行为之间的差异，从而不断改进课堂行为，提高角色的适应性。

二、实施差异教学

人类一直在努力地追求教育平等，所以用统一标准、同一态度对待学生，力求在学生心中形成平等的认知。而实际上，“以同样的态度对待不同的人是不平等的，每个人都有自身独特的价值以及实现这种价值的权利，进而追求教育过程中对于每个个体而言真正的、实质的平等——差异性平等"。可见,要想追求一种真正的、实质的平等,就要在课堂教学中实施差异性教学,追求差异性平等,确保课堂中每个人都能找到合适的位置,获得心中的安全感,以此实现每个人独特的价值。

(一) 了解学生差异

正确看待学生的差异,主动了解学生差异,才能确保有效实施差异教学。这就对教师提出了更高的要求。教师要做一个有心人,通过教育调查研究,通过课堂内外学生的日常表现,通过集体活动等途径,从个人经历、家庭背景、学习程度、心理特点、个性本质、特长兴趣等不同的方面了解不同的每个学生,然后再根据每个学生的知识能力、爱好特长、个性特征等差异,因材施教,积极弘扬学生个体的"差异",引导他们为梦想而努力,并及时给予鼓励,让所有的学生都能获得属于自己的成功。

在"我的课堂"上,教师能真切地感受每个学生独特的个性,了解学生兴趣、特长及未来的梦想,尊重差异。在此基础上帮助学生确定课堂的目标,并且充分考虑他们的学习心理需要,寻求解决课堂矛盾和干扰的途径,密切关注课堂表现和当堂反馈。积极创设不同的学习情境,为不同学生提供表现的机会,为不同的学生树立信心,最大程度发挥学生的主体作用。

(二) 合理安排教学内容

在课堂教学中,教师需要根据学生的学习情况,安排教学内容的先后次序、难易程度。一方面要对学科知识进行分析、筛选和整合,对知识点进行分层、迁移,来制定适合学生实际的教学目标,帮助尽可能多的学生掌握基本知识和基本技能,提高能力,拓展视野。另一方面,教师要根据学生的爱好和需求,适当对学生进行分组,并结合学生的实际表现,对教学内容合理安排、不断调整,来全面提高学生的学科素养。另外,教师还需要对课堂练习、课外作业等进行优化筛选,划分学生的能力层级,有针对性地安排分层作业,以减轻学生的学习负担,充分发展不同学生的能力。

在具体的备课过程中,不同的班级,同样一节课所完成的教学内容会有差异,这就需要教师根据课堂进程、教学进度来调整教学内容。而教材只是

一个范本，只是一种教学资源，并非适合所有学校、所有学生。教师在课程标准允许的范围内，可以根据学生的实际情况，或取舍或删改，也可对不同版本的教材进行比较和研究，选择最适合学生的教学内容。当然，在选择教学内容、整合教材的过程中，可以征求学生的建议，允许学生自由发表自己的想法，提高学生的主体意识和学习主动性。

【案例】《唐诗宋词选读》的教学整合思路（节选）

刘 丹

特级教师窦桂梅曾提出"主题教学法"。她认为：在新课程观的背景下，教师应该成为课程的开发者，带领学生围绕一定的文化主题重新选编与整合课程内容，或对教材内容进行重组，使学生在更大、更立体的文化时空内，多角度获取更为丰富的信息，感悟更为深刻的文化内涵。我们可以将题材、体裁、作者、风格等方面的内容作为主题进行课程整合，或者与其他必修或选修教材整合，或者与课外教学资源整合。

同题材作品的统摄。如登高诗，可以将教材中孟浩然的《与诸子登岘山》、杜牧的《九日齐山登高》、柳宗元的《登柳州城楼寄漳汀封连四州刺史》、李商隐的《安定城楼》、赵嘏的《长安晚秋》整合在一起阅读，一方面体会古人登高望远的心境，感受胸怀大志之人登临意的豪情；另一方面懂得知人论世，揣摩不同境遇下的登临之意，探究深层的文化内容。还可以指导学生创设主题，统摄成怀人诗、怀古诗等，以便他们构建自己的知识框架。

同风格作品的统摄。可以将"格高韵远的北宋词（二）"与"展苞初放的唐五代词"统摄，因为其在风格与内容方面沿袭了唐五代词的精神，以婉约风格为主，以闲情和离愁别恨为主旨。这样同风格的专题统摄在一起，看似压缩了教学内容，实际上帮助学生走进婉约词的殿堂，让学生了解婉约词的由来以及深刻丰富的文化意蕴。

刘丹老师在对教材的整合上进行了一番尝试，也给了我们启示。"我的课堂"要求我们教师成为课程的开发者,以适应学生的需要,从而获得更优的教学效果。我们的教材内容繁多,如果全部进行重点教学,势必不太可能,这就需要教师以一种研究的态度,对教材进行打破、重组。从学生的学习兴趣、学生的能力等方面出发,联系自己已有的知识经验和感受体悟,找到学科内容中的内在连续点、共同点、相似点甚至对立点,进行创造性的重构。

(三)活用多种教学方式

正如学生的个性并不相同一样,课堂活动的呈现也应该是丰富多彩的。如果以固定不变的方式进行教学,就无法满足学生的个性需要,无法体现"以人为本"的理念。因此,教师根据学生差异,要灵活运用教学方式,融合多种教学方式。在不同的班级、对不同的学生采用不同的教学方式,才能真正地践行课堂平等。

课堂讨论是促进学生思维、激发学生学习的主动性和积极性的重要教学方式。在具体课堂教学中,教师可以根据教学目标、教学内容,抓住不同层次学生的疑问点,精心设计不同层级的讨论问题。问题要有一定的开放性,难度适宜,然后需要引导学生根据讨论方向广泛搜集资料,充分准备。在讨论时,不同层次的学生可以相互交流自己的观点看法和心得感受,同质互激、异质互补,让讨论学习真正富有成效。这样才能真正拓展学生的思维空间,使学生获得课堂学习的成就感。

探究性学习是培养学生探究能力的有效途径。"我的课堂"的主要环节中就有"探究"任务,因此在课堂上,要尽量让学生经历探究的过程。教师可以根据实际教学内容和学生的差异性,制定合理的探究目标、探究任务,选择合适的探究手段,组织学生积极进行探究活动,并对探究的结果做出分析,促使学生在体验中感悟和学习。

小组合作指学习过程中的生生、师生合作。教学是师生的双边活动,教师与学生、学生与学生之间的交流与互动已经成为现代教学活动中的重要内容。"我的课堂"要增加合作学习的机会,发挥每个学生的个性特点,使不同学生的个性差异和独特能力在合作学习中得到最大限度的发挥,从而增进师生的理解和交流,同时也能更有效地推动差异教学的实施。

研究性学习是指学生在教师指导下，自主地选择研究专题，主动地应用已有知识经验，发现问题、调查研究、解决问题、获得新知的学习过程，是学生为了满足自身的学习需要而主动进行的学习活动。在研究性学习中，研究兴趣相同的学生自愿组成一组，组内学生在思想、观点以及方法的交流中，在不同思维的碰撞中，提高了团结协作的能力；组与组之间差异性很大，各组选题不同，思考方向不同，获取资料的途径不同，分析问题、解决问题所采取的方法、手段也各不一样，最后得出的研究结果必然也不相同。这就能满足学生的不同个性需求，锻炼学生各方面的能力。

三、重视课堂倾听

在课堂教学中，最重要的不是述说，而是倾听——无条件地、全身心地、共情地倾听。这样的倾听是课堂平等、和谐、安全氛围的最重要特征，是提高课堂教学效果的关键。在“我的课堂”中，教师要重视课堂的倾听，明确倾听的本质，正确认识倾听的价值，掌握自身倾听的艺术，培养学生倾听的习惯，从而提高课堂倾听水平。

（一）明确倾听的本质

“倾听”的含义是：凭助听觉器官接受言语信息，进而通过思维活动达到认知、理解的全过程。因此，“倾听”在我们人类文明的进程中具有重要意义，包含了积极主动的“听”、仔细认真的“看”和深入理解的“思”。

1. 倾听的主体——教师、学生

倾听并非单向意义上的教师对学生的倾听，或者是学生对教师的倾听。良好有效的课堂倾听是师生双方的互相敞开和彼此接纳，是属于双方共同的倾听。课堂教学是师生双方相互对话交流、精神交往、思想交融的过程，缺乏任何一方都不能构成真正的课堂教学。因而，课堂倾听的主体是教师和学生，课堂倾听中有教师对学生的倾听，有学生对教师的倾听，有学生对学生的倾听。教师和学生的互相倾听、互相述说才能体现师生之间的平等，才能成就课堂的生命活力。

教师对学生的倾听是对学生的肯定和赏识，是对学生的接纳和认同，也是对学生的促进和提高，教师对学生的倾听也不单指思想观念上的倾听，更是具体课堂实践活动的倾听；学生对教师的倾听并不是全盘接受，而是能判断、能质疑、能择取、能思考的倾听；学生对学生的倾听是能专注、能欣赏、能理解、能包容的倾听。师生在相互倾听的过程中，能够获得丰富的知识，融入对方的情感，拉近心灵的距离。

2. 倾听的基础——关爱、人本

在“我的课堂”教学中，教师要能与学生进行心与心的交流，情与情的共融，从真诚的情感出发，向学生“述说”，认真“倾听”学生的心声。而这一切，要建立在对学生的“爱”的基础之上。而在这种“爱”的引领下，学生也会满怀对教师的“爱”。事实上，每一位学生的内心深处都希望得到教师的“爱”。有了“师爱”这个前提，学生会对教师充分信任。他们会通过认真倾听，交流思想、表达情感，传递对教师的尊敬和崇拜。

同时，在“我的课堂”的倾听中，教师要遵从“人本”的理念，以学生为本。教师在倾听时，能尊重学生的思想，允许学生自由发挥，充分表达自我的想法。在这样的情形下，学生如果能以教师对自己的关心、理解，来向他人传达、辐射，师生之间就能各自敞开心扉，相互倾听内心的真实声音，走进彼此的心灵世界，思维碰撞、情感共鸣，演绎生命的精彩。

3. 倾听的过程——平等、尊重

“我的课堂”教学活动是以学生的需要为前提，以学生的个性差异为基础，以学生主体性的发挥为动力，以学生的发展为宗旨，师生认真倾听、对话沟通，完成教学的过程。而这样的过程必然要体现“平等”和“尊重”。

在课堂教学中，教师对学生的良好倾听在本质上体现的是师生关系的平等和教师对学生的尊重。正是因为教师与学生是平等的个体，教学是双方的互相合作、共同发展，所以课堂中师生应该相互尊重，消除师生之间的距离。这样才能促使师生双方在倾听中营造一种平等、和谐的氛围，让学生感觉到内心的无拘无束，自由自在。学生就可以拥有课堂的安全感，能充分表达自己的心声，大胆说出自己的想法。教师在倾听中设身处地，尊重学生，接受学生的不足，理解学生的困惑，进而帮助学生分析问题、解决问题，真正建立师生之间的和谐关系。

4. 倾听的情感——亦师、亦友

课堂倾听需要建立在师生和谐关系的基础之上，因而课堂倾听氛围中

的师生情感也必然是和谐亲密的。

师生情感在课堂教学中发挥着重要的作用，亲密和谐的师生情感能促进师生课堂对话的高效，提高师生内心的默契，促进师生的共同发展。“我的课堂”中的教师和学生应该是密切相关、不可分割的两个群体。在良好的倾听环境中，教师关爱学生、尊重学生，认真倾听学生心灵，全面掌握学生的心理状态、学习情况，使自我在学生面前更可亲、可信；学生喜欢教师、尊敬教师，保持着倾听的心，能细心听取教诲，真挚接受教导，促使教学活动的顺利开展和教学目标的圆满完成，最终形成师生“亦师亦友”的情感关系，为平等、和谐、安全的课堂氛围的建设提供保障。

（二）认识倾听的价值

> 当我倾听他人时我也在听自己，我将我自己置于他人之中，亦即站在他人的位置。反过来也是如此。我倾听自己的时候也能倾听他人，或者说他人站在我的位置上。在我与他人之间有一种反馈和共鸣机制，当它们变得足够大时，那些带有足够能量的对他人的反响就会打破各种局限，打破由我们的自我逻辑主体性所铸成的盔甲。这些反响将混合、掺杂，甚至颠倒我们的角色身份。
>
> ——大卫·M·列文

倾听是课堂教学中的重要方法和手段，也是师生课堂生存的状态和方式。但是在旧教育理念下，教师无趣的讲授充斥着整个课堂，教师不愿意听取学生富有个性思想的言论；学生被动地听课，并没有真正进行心灵的倾听，学生群体之间的倾听氛围难以形成。这种倾听价值受到忽视的现象带来的结果是课堂活动的低效甚至无效，师生关系、生生关系紧张、冷漠。因此，“我的课堂”需要师生正确认识倾听的价值，让“倾听”真正走向课堂，得到师生双方共同的关注。

1. 主体的显现

教师和学生均是课堂活动的主体，任何一方都不能缺席，师生双方都是作为平等的、自由的、独特的主体而交往的，是真正以主体的人而存在的。课堂应该成为师生“你我”互相诉说、互相倾听的环境，这个环境中的个体可以我说、你说、他说，无拘无束地表达自己的思想感悟，独立自主地阐发自己对生活的体验。

2. 道德的升华

课堂教学活动中，师生心灵敞开，通过彼此的对话与倾听，促进双方的沟通交流，体现出师生情感的交融。教师用自身的道德和人文知识的引领，有意识地教育引导学生对自身进行自我反思与重新建构，促成学生人格的创造与完善。从这个意义上说，教师在课堂上的倾听、回应，并不仅仅是意愿和能力的问题，更是品质和人格的问题。

教师是以学生伙伴、朋友的身份而存在的，教师真诚地言说、倾听、理解、回应学生的疑惑、争辩、控诉、委屈，这本身就是一种崇高，一种善举。它满溢着教师对学生的关怀和仁爱，体现着教师的道德和责任。教师在倾听学生心声的时候，引导学生个体意识、平等意识、尊重意识的觉醒，使学生不断提升内在道德品质，积累对他人的人文关怀。师生之间在相互倾听、相互接纳中，进一步领悟人的生存意义和价值，共同营造和谐美好的道德境界，使课堂展现出生命昂扬的、鲜活的、向善的特征。

3. 心灵的沟通

师生之间的对话、倾听，是"我的课堂"交往的基本形式。双方在"述说"与"倾听"中，心灵相互回应，精神平等共享，思想达成共识，同创生命价值。师生通过"述说"走进书本、走进课程、走进各自的生活，用"心灵"来领悟科学、领悟人生、领悟多彩的世界。师生在倾听之中共历过去、畅想未来、研究历史、审视现实、融入自然、反思社会。教师在真诚的述说中带领学生进入充满神奇、奥秘的自然世界和人类社会，引导学生深入思考、积极探索、鼓励创造；学生通过倾听、应答，了解浩瀚的历史，品味深远的文化，赞叹智慧的力量。

（三）提高教师的倾听艺术

1. 走近学生

在课堂教学中，教师只有缩短与学生的空间距离，才能拉近与学生的心理距离，才能有效地倾听学生的内心。在"我的课堂"里，首先，教师要缩小与学生的空间距离，根据教学实际的需要，不妨走下讲台，走到学生中，近距

离地倾听学生。当学生进行讨论时，教师可以弯腰倾听学生讨论的内容，方便及时给予指导。当然，倾听距离要适中，不能过近，过近会使学生产生压力，没有安全感，影响表达流畅度；也不能太远，太远会使学生觉得不被尊重，影响表达积极性。倾听时，教师应该上身前倾、侧耳谛听，与学生进行目光交流，以表示对学生发言的专注和鼓励。其次，教师要缩短与学生之间的心理距离，尊重学生、理解学生、宽容学生，尽量不留痕迹地走进学生的内心，消除师生的心理隔阂。只有这样，才能有助于学生对教师的心理亲近，有助于课堂的师生倾听。

2. 全面专注

教师需要调动多种感官，耳听、眼观、心到、口述，一起配合，共同完成“倾听”行为，与学生进行全方位的交流，这样才能接收、理解全部的信息。教师要保持感官的高度专注和警觉，既要听出学生对知识理解层面的信息，全面把握言语信息的表层义、深层义，又要捕捉非言语信息——学生的面部表情、身体姿态、语气语调等判断学生的情感倾向。教师要有敏锐的警觉性，善于察言观色，能从学生发言中的每一项表现来洞察他们的情绪情感，理解他们内心未能表述出来的思想、需求和意愿，及时将这种“潜藏的话语”转化为有意义的信息，做出正确的判断和恰当的处理，从而提高课堂教学的效果。

3. 融入思考

课堂倾听往往需要伴随及时而又正确的理解。没有理解就只是“有耳无心”，这就不能称之为“倾听”。因此，倾听时需要调动思维系统，唤起倾听主体的记忆力、想象力、理解力和判断力等，正确理解接收到的信息的真实含义。倾听过程中，教师可以时时在心中思考：“他说的是什么”“他说得正确吗”“为什么要这样说”“怎样说得更好”等等这样的审问，让课堂的反馈具有针对性，为课堂后续进程提供参考：是点拨观点，展开讨论，学生评价，还是进行价值评判，这样就促成课堂对话的进一步生成。倾听时融入思考能让发言者获得受尊重的满足感，也指导了其他学生如何更好地倾听。

4. 耐心等待

耐心等待是教师倾听艺术中非常重要的一种技巧，体现了教师的素养和智慧。由于知识基础、个性特点和能力水平等方面的影响，学生课堂回答的表现并不在一条水平线上。有时候学生思维并不清晰，表达也并不流畅，教师倾听的时候，就一定要有耐心，理解学生的表现状态：或者是时间不够，需要慢慢思考；或者是组织表述语言，想说得更好；或者是有新的想法，要细细斟酌……因此，当学生说得结结巴巴的时候，当学生沉默不语的时候，当学生"欲言又止"的时候，教师不能随意打断，不能越俎代庖，也不能让其他学生替代，而是需要冷静且富有耐心的等待，来展示倾听的智慧。课堂的等待并不是时间的浪费，而是教师对学生的期待和信任。在这样的期待和信任中，学生就会得到无形的鼓舞和无穷的激励，从而感受到内心的安全和课堂的美好，满怀对教师的敬重，树立对学习的自信。

5. 及时反馈

课堂倾听是双向的活动，有信息的输出，就应该有信息的接收，否则，对话、倾听就无法正常进行。如果倾听过程中，倾听者没有对述说者给予任何反应，述说者也许就会得出错误的判断，这场交流就在不平等的关系下导致失败。"我的课堂"中，教师作为倾听者的时候，需要积极地对述说者的发言进行反馈，捕捉言语和非言语的信息，对此进行合理评价；同样，当教师成为述说者时，倾听的学生也需要进行神态、动作、语言等反应，以促进教师的积极表达。只有师生相互反馈，才能使双方获得思想的交流和感情的共鸣，使课堂得以往更深层面推进。教学倾听时的反馈包括言语信息反馈，如教师的"对""嗯""很好，继续""真的""原来这样"等；也包括非言语信息反馈，如教师的微笑、点头示意、鼓励的眼神等；更重要的反馈是教师及时中肯的课堂评价，这对学生学习的积极性、主动性和学习效率具有重要影响。

（四）培养学生的倾听习惯

我们来看这样一些镜头。

镜头一：一位学生的发言还没完，旁边的同学大声嚷道："错了，错了！"同学们一起哈哈大笑，发言的同学面红耳赤。

镜头二：课堂上，教师的问题一提出，"唰"地站起一片同学，老师点出其中一位学生，其他学生叹一口气，遗憾地坐下来，根本顾不上聆听这位同学的发言。

镜头三：实验课上，教师讲授实验要求和注意事项，学生面对桌上的实验器材，东摸西摸，跃跃欲试，对教师的要求置之不理。

这些现象在平时的教育过程中是普遍存在的。不少学生耐心不够，且对别人要求较高，不是容不得别人发言，就是对别人的言谈毫不关心。可见，很多学生“倾听”意识淡薄。但是，如果学生不会倾听，不愿意倾听，又怎么进行思考，怎么与他人进行互动呢？又怎么进行课堂的合作探究呢？因而，“我的课堂”需要教师培养学生良好的倾听习惯。

1. 树立倾听的榜样

在课堂教学中，教师是学生的倾听者。要让学生能养成倾听的习惯，教师自身就要有良好的倾听行为作为示范。在具体的课堂教学中，面对不同层次的学生，教师都要认真倾听，尊重学生的见解，及时反馈和指导评价，引导学生认真听取别人的发言。教师需要注意不能随便对提出的问题、要求或答案进行重复，这样会不利于学生倾听习惯的培养。同时，榜样还可以是具有良好倾听行为的学生，教师要及时给予肯定和赞扬，如“×××同学的听课效率很高，难怪他课后的作业质量高啊！”“你能认真地听出他话中的深层含义，真了不起！”“这位同学仔细地听了你的发言，点评有理有据，并指出了改进建议，真是帮了你的大忙啊，这就是倾听的魅力！”等激励话语，来树立认真倾听的典型，从而提高全体学生认真倾听的积极性，营造和谐、平等的课堂倾听氛围。

2. 强化倾听的意识

认真倾听，是积极参与的前提。在课堂上，学生必须先要认真倾听，才能有效地参与课堂活动，从而获取知识、发展能力。所以教师应该经常强化学生倾听的意识，告诉他们学会倾听是一个人最基本的素养，因为它代表了对别人的尊重，也更能受到别人的尊重；要让学生明白，认真倾听能使自己获得更多的信息，发现隐藏的问题，善于倾听的人，是一个专注又投入的人，这样的人更容易获得成功；要提醒学生用虚心的态度去倾听，用思考的方式去倾听，用赏识的心情去倾听，不仅要认真倾听教师的讲课，也需认真倾听同学的发言，这样才能使自己获得更大的进步，赢得更好的同伴关系。这些倾听的意识要不露痕迹地渗透到具体的教学情境中，教师反复强化，持之以恒,促使学生养成良好的倾听习惯。

3. 渗透倾听的方法

培养学生良好倾听习惯需要教给学生一定的方法,有可操作性,这样学生才可以不断训练,提高自己的倾听能力。如:在听同学发言前,可以预测同学会说些什么;倾听时注意抓住关键词、主要观点、核心内容,把握同学发言的主旨;边听边比较与自己观点的异同,虚心接受与自己不同的主张,尊重别人的思想;倾听过程要认真思考,正确判断,肯定自己的独特看法,不随便附和;听完发言后要及时归纳要点,为参与交流做准备;倾听时可以用笔记下对自己有用的信息和灵感,课后及时整理;耐心听完同学的发言,然后再发表自己的意见等。在"我的课堂"中,教师帮助学生掌握一定的倾听方法,并有意识地训练,慢慢地学生就会养成良好的倾听习惯。

4. 检验倾听的效果

"倾听"习惯的培养并非一朝一夕,尤其需要教师的耐心。在日常的课堂教学中,教师要能有意识地检查学生的倾听情况,加强学生对倾听习惯的保持力度。如观察学生倾听时的神态动作,及时提醒不在倾听状态的同学;随机点名学生复述刚才老师或同学的发言;"开火车"回答问题时忽然打乱"火车"顺序;听读美文后,结合内容归纳要点主旨等。在检验倾听效果中不断进行倾听能力的训练。对于那些认真倾听的、在倾听表现上有进步的学生,教师应该及时进行表扬。

第四节　创设自主学习的有体验性的实践机会

传统的课堂教学是一种以认知为主的教学,认知活动几乎构成课堂教学的全部。在新课程理念下,课堂教学就要改革教学过程过于注重知识传授的倾向,强调积极主动的学习态度。这就要求教师正确处理传授知识和培养能力的关系,培养学生的独立性和自主性,引导学生积极参与,强化学生的体验,实施课堂实践教学。

一、教学情境的创设

课堂教学情境是经过教师加工的特殊的微观环境,它能提供丰富的学

习材料，为学生获取文本知识提供台阶；有利于学生获得感悟，体验知识的发生与发展过程；有利于学生根据情境中的信息独立思考、自主探究、合作交流；能让学生依托情境获得多方面教育，既获取知识，又转化思想、升华情感、完善个性。

课堂教学注重体验性、实践性情境的创设，有利于调动学生的积极情感，唤起学生的有意注意，激发学生的学习兴趣，促进学生学习的自主性，从而达到预期的学习效果。

（一）创设直观情境

把教学内容展现在学生面前，让学生迅速获得感知，由此触动内心的情感体验，以激发学习的自主性、主动性，帮助学生更好地理解和记忆，这就是创设"直观教学情境"的目的。教师通过创造性思维，设置直观情境，把教学内容变得具体可感，来调动学生的感官，让学生身临其境、亲自体验，就可以提高教学效率。

1. 实物直观——情境唤醒

实物直观包括观察实物、实验学习、组织参观等。

【案例】《新课标下注重学生自主性学习》（节选）

苏　勇

例如学习《化学必修1》中的氯气溶于水时，为了搞清氯水中存在的微粒，我设计了一个探究的实验：将新制的氯水分别加到紫色石蕊、$FeCl_2$、Na_2CO_3和$AgNO_3$等溶液中观察有何变化，写出有关的离子方程式。首先让学生自己进行实验，然后再组织学生讨论、交流，让学生各抒己见，相互启发，教师再巡回点拨，最后在广纳众议的基础上得出结论。

这堂课上，教师先引导学生自己进行实验，在这直观的课堂情境中，学生可以自主动手、亲自观察，在实践中领略发现"真理"的乐趣，比教师直接告诉学生结果更符合学生的认知规律，也培养了学生的实践能力。

2. 物象直观——情境引发

物象直观是运用实际事物的各种模拟形象来营造情境，它包括各种图片、图表、模型、视频等，可以产生较好的感知效果，容易唤醒学生的感知体验。

【案例】《图片史料在高中历史课堂中的作用》(节选)

吴丹军

在探究欧洲走向联合的原因时，我展示了一组经历过两次世界大战后欧洲大陆满目疮痍的图片。从残垣断壁到横尸遍野，一张张触目惊心的老照片，让学生看到了战争的残酷，不由自主地发出和平、统一的呼唤。就这样，战后欧洲人民对统一的愿望从欧洲走向联合的重要因素这一结论在学生读图中自然获得。同样，为了让学生认识欧洲联合的必要性，我利用了大家非常熟悉的一幅漫画(古巴导弹危机)，并且给这幅漫画取了个标题《欧洲人的"尴尬"与不安》。这幅漫画把大家一下子就带入了二战后世界格局演变给欧洲各国安全带来严重冲击的背景之下。两极格局的确立，美国对欧洲的涉足，使得欧洲各国认识到加强联合的重要性，发出"欧洲是欧洲人的欧洲"的追求和感叹。

吴老师这两组图片史料的展示，都是用"物象直观"创设的教学情境。他用带有情绪色彩的图片，引发学生的态度体验，使学生身临其境，感同身受，从而更好地掌握教学内容。

3. 言语直观——情境触动

言语直观是教师运用语音语调、语气节奏、情感投入等多种元素，激发学生兴趣，唤醒学生想象，触发学生的内心体验。

【案例】《登高》教学设计(节选)

薛永娟

教师导入：

这是一位伟大的仁者，一位用他的诗歌影响了无数心灵的诗中圣哲。他是辉煌诗歌阵营中的佼佼者，他是儒家传统精神的践行者，他是目光敏锐照亮黑暗的歌者，他是壮志难酬穷困潦倒的苦吟者。他的一生，被生活放逐，又被苦难追赶。他甚至还没来得及抓住盛唐的最后一缕霞光，就被离乱的秋风，吹往落木萧萧的江畔。今天，就让我们走近杜甫，与他一同《登高》，聆听他的心声，感受他的情怀。

这则导入，教师用言语直观的方法创设了教学情境，把杜甫的伟大用诗意的语言清晰勾勒，有效地调动学生的直觉思维和情感体验，让学生与教师一同进入课堂教学情境之中，为课堂学习开了好头。

（二）创设生活情境

1. 感知生活——情境诱导

感知生活就是教师从学生的生活出发，能智慧地寻找学生熟悉的并与教学内容相关的生活场景，作为教学切入点引入课堂教学，创设具有生活体验的课堂情境，使学生自然而然地进入相应的情境状态，激发学习的兴趣。这就需要教师能走近并深入学生的生活，了解学生的兴趣点和关注点，才能找到适合的符合教学需要的素材，创设贴近学生生活的情境。同时，教师要有关注时事的敏锐视角，善于联系社会生活中的热点、焦点，辅助课堂教学，创设能体现社会生活的教学情境，与时俱进，引发学生兴趣，保持课堂教学鲜活的生命力。

【案例】《例谈数学课堂导入的有效性》（节选）

陈建清

例如在教学“任意角的三角函数”时，设计这样的导入：通过多媒体信息技术展示摩天轮旋转及生成的图象，让学生感受到数学来源于生活，数学应用于生活，激发学生学习的乐趣。当摩天轮转动时，角的范围也由锐角推广到任意角，接着通过问题引导学生自主探究任意角的三角函数的生成过程，从而很好地理解了任意角的三角函数的定义，接着又以问题形式巩固深化任意角的三角函数值的计算，使学生经历了由浅入深，由易到难，清楚展现了任意角的三角函数的生成过程，加深了对任意角三角函数的认识，让学生在情境中活动，在体验中领悟数学的价值。

陈老师用"摩天轮"这一生活场景导入数学，能唤起学生熟悉的生活体验。具体可感的生活经历帮助学生很快进入学习情境，使学生产生激动、愉快的情绪，产生学习的欲望，促成课堂自主合作、探究的顺利进行。

2. 分享生活——情境交流

分享生活是指教师从学生生活的实际出发，为了更好地帮助学生理解教学内容，拓宽思路，创设相应的生活情境，促进师生、生生之间对话交流，共同分享生活的体验和收获。教师要致力于鼓励学生的相互交流、共同参与、共同合作，学会自主学习。这样既能尊重学生学习能力的个体差异，为个性化的表达创造机会，也能培养学生分享、合作的精神，为自主、合作、探究学习的展开提供有利条件。

【案例】《创设乐学情境，共建高效课堂》(节选)

肖德梅

苏教版高中语文教材必修1中"月是故乡明"这一专题的文本与学生的生活实际有一定的距离，为了拉近学生与文本的距离，可以创设这样的情境："故乡，是我们每个人一生的精神家园，都说月是故乡明，水是故乡甜，情是故乡真，人是故乡亲。相信故乡这个话题会引发我们很多的遐想，会打开我们记忆的闸门……"于是学生们聊起了自己的家，家乡的山川草木、风土人情和血浓于水的亲情。有的说到家乡的故事、传说；有的说起自己离家的感受、祖父辈在外打拼的孤独……然后再带着学生领略作者所处的生活环境和作者的奇闻趣事。这样学生说得有劲，听得有味，阅读的兴趣油然而生，自觉把思维的触角伸向那个时代，走进了多样的作品。

肖老师的导入把学生记忆中的生活与陌生的文本进行了情境勾连。在学生的内心，家园是深沉的情感载体，是每个人不可磨灭的回忆。这场"分享生活"，打开了记忆的闸门，强化了生活的体验，也拉近了学生与文本的距离、与老师的距离、与同学的距离。

3. 参与生活——情境回归

课堂情境从生活中来，通过学习，更要让学生把知识运用到生活中去。教师应该从现实生活和社会实际中选取学生熟悉的感兴趣的话题，运用到教学中，并将教学成果拓展到课外，深入体验，深化课堂实践，实现生活情境的回归，来更好地为现实生活服务。这种学以致用，就是“参与生活”的表现。

【案例】《把生活热点元素引入到信息技术课堂中来》（节选）

陶育平

2010年在准备《网络数据库的信息检索》一课时，笔者斟酌了多个可用的任务：网上购物——淘宝，娱乐欣赏——音乐网站，数字城市——电子地图……最后根据当时的生活热点，2010上海世博会正在如火如荼地举办；联系了学生的实际，学生对参观世博园很是期待；并根据地理位置，南通与上海距离近，且私家车已走进寻常百姓家这一现状，学生适合随家庭选择自驾游世博园，从而选择了“数字城市——电子地图”这一任务来贯穿整节课。通过搜狗地图等电子地图来找到从家到世博园的最近路线或最快路线来探索路线，从而体验了网络数据库；再通过去之前的酒店预订，前往过程中可能出现的汽车加油问题，以及制定一条参观世博园场馆路线等，从而使用了丰富和多样化的数据库。整节课以参观世博园为主线，学生积极参与，热情很高。有几个学生说，家里正在计划着去参观世博园，今天的课正好先探个路。

具有生活实践价值的课堂任务得到了学生极大的支持，学生的自主学习热情、主动参与意识得到空前增强，这是陶老师这堂课的成功之处。从生活情境出发，并最终服务于生活，帮助个体更好地进行生活实践，应该成为“我的课堂”生活情境创设的理想追求。

(三)创设情感情境

创设情感情境,是指在教学过程中教师根据教学内容和学生实际,创设教师、学生之间平等、和谐的情感氛围,创设学生和教学内容之间的情感联系,以此形成三者之间的情感交流。情感情境包括情感展示、情感挖掘和情感互动三个方面。

1. 情感展示——情境引领

要想用情感打动学生,教师自己要先被情感打动。情感展示是指教师先深入教学内容,进行自身的情感体验,并创设相应的情感情境,来触动学生内心,引领学生产生情感共鸣。在创设情感情境时,教师要带上自己的情感,配以声情并茂的语言,来打动学生;也可以用多媒体来展示情感,创设情感情境。

【案例】《生物教学中的情感培养策略》(节选)

夏秀梅

例如,在上"生态平衡"这节内容讲到人类活动对生态环境的破坏时,伴随着腾格尔的一曲《天堂》,银屏上出现了美丽的大草原:蓝蓝的河水、肥美的绿草、洁白的羊群。这时话外音响起:"天苍苍,野茫茫,风吹草低见牛羊。"随着我满怀激情地朗读,学生们也跟着我一起陶醉了。"然而,"我话锋一转,"现在的内蒙古草原却很难再见到这样的景象。由于过度开垦、放牧和草原退化,出现了严重的草原沙漠化。"教师痛心疾首,学生心灵深处因受到强烈震撼而产生共鸣。

学生的情感极易受到教师的感染。夏老师满怀激情的讲述、痛心疾首的慨叹、深重的忧思,以情育情,诱发了学生同样的情感体验。在教师情感的展示中,在教师情绪的带动下,师生双方情意交融,极大地提高了教学效率。

2. 情感挖掘——情境拓展

情感挖掘是指教师对教学内容进行加工、提炼,在此基础上创设相关情

境，充分挖掘教学内容的深层意蕴和深厚情感，帮助学生获得相应的情感体验。这就需要教师做一个思考者，深思慎取，把握教学内容中隐藏的情感因素，同时要借助相关手段来引发学生的联想和想象，从而促动学生进行深层情感的思考和发掘。

【案例】《古诗文教学中的情感教育》(节选)

凌志锋

"都门帐饮无绪，留恋处，兰舟催发。"

引导学生通过想象和联想，用自己的语言描述长亭送别时的情景。

教师示例：在那样一种令人销魂蚀骨的环境中，城门外，帐篷中，一对情侣设宴饯行。正在难舍难分之际，纵然有山珍海味，美馔佳肴，也必然是食之无味；而船家又看不出个眉眼高低，竟然在这样的时刻催促登程！词人不想走，不愿走，却又不得不走，这真是令人柔肠寸断，肝胆俱焚！

词中洋溢的深挚的情感，学生如何体会？凌老师引导学生还原情境，运用联想、想象来还原诗词内容，理解诗词深沉意蕴，挖掘文字背后丰富的情感。在具体教学中，教师通过展示范例，率先营造了伤感的意境氛围，触动了学生内心的情感体验，为接下来学生的自主想象提供条件，有助于学生对诗词情感的进一步挖掘。

3. 情感互动——情境共生

互动是课堂教学中有效完成教学任务的重要手段。教师创设情感情境也要以促进师生情感互动为突破口，善于运用情感交流的方式来达成"情感、态度、价值观"这一目标的实现。和谐流畅的师生情感互动，有助于营造和谐的教学氛围，促成亲密的师生关系，而且还可以在平等对话中使师生情感互相鼓舞、互相交融、互相渗透，从而使积极畅通的情感贯穿于教学活动的始终。

【案例】 《关于创设问题情境的几点思考》(节选)

顾红梅

在讲授《可以预约的雪》时,在完成师生和作品、作者的对话后,教师创设这样的情境:作者对待"常"与"变"的态度有悯恕、祝福和宽容等等,你是如何看待作者的观点的?面对生活中的"常"与"变",你觉得还需要什么?(结合个人的经历)生活非"常"即"变",不管学生的学校生活和家庭生活是怎么样的,都能够有所阐述,或许有些伤痛经历,或许缺乏了诉述的氛围,只能困在自己的心里,折磨自己。教者通过自己的真情流露的讲述,把学生作为最忠实的朋友,营造了信任的氛围,课堂的感染力和凝聚力形成了,学生大多愿意敞开心扉,和教师一起完成对自己的解读,对生活的更多的感悟,以及面对未来的积极的态度。

在这个案例中,教师创设的情境促成了师生情感的互动。教师通过自己的亲身经历,用深沉、真挚情感的引领,带动了班上的学生,激发了学生倾诉的欲望,为大家情感的充分交流创设了机会,升华了个人的情感体验。

二、课堂活动的设计

"我的课堂"需要教师根据学生实际和课程特点,大胆革新,因势利导,在课堂上积极组织活动,为学生的自主学习、充分体验创造实践的机会。

(一)表演活动

课堂表演作为一种课堂实践活动,具有极大的吸引力和感染力。表演活动的准备、进行和结束三个阶段,都能给学生带来自主参与的成就感、满足感。在课堂教学中进行表演,可以帮助学生更积极地感知内容、领悟概念、体验情感;可以充分培养学生自主学习的能力、团队合作的精神和创新实践的品质,发展学生个性,提高学生能力。课堂表演在人文性学科中使用较多。常见的表演活动有:对话表演、角色扮演、课本剧表演等。

1. 对话表演

对话表演属于课堂活动中的即兴安排，耗时少、效果好，随时可以进行。对话表演往往以课文为母本进行对话或朗读，操作性相对较强。表演时可以配上音乐。学生们通过对话往往能更好地理解教学内容，感受对话人物的性格、情感，当然也能更好地提升语言表达能力。但是，课堂对话往往是固定的内容，不利于学生的个性发挥，创造性会受到一定限制。

2. 角色扮演

角色扮演是在对话表演基础上的进一步提升。它需要在对话过程中加入人物的神态、动作等辅助，以达到良好的表演效果。角色扮演可以给人更强的感染力，需要学生进行一定的准备，能够发挥学生的创造性和自主性，有利于学生合作精神的培养。

【案例】《走出合作学习的误区　打造高中历史高效课堂》(节选)

黄素萍

例如在学习《新航路的开辟》中新航路开辟的经过时，就可以采取角色扮演的合作学习。方法是：课前布置任务，让历史课代表以抽签的方式选出四组同学来扮演新航路开辟过程中的哥伦布、达·迦马、迪亚士、麦哲伦这四支船队，每组内设一组长，对角色的分工、资料的查阅落实到人，并设计情节和对白。课堂开始授课前，让四组同学进行表演，让其他同学进行点评，并且让表演者谈谈对这几个人物的认识和表演后的感受，在不知不觉中对这部分知识有了一定的认识，为后期老师授课打下良好的基础。

这堂课学生的角色扮演不仅让学生有种重回历史的体验，也帮助了学生理解史实、巩固历史知识，更培养了学生的创造能力和团结合作精神，锻炼了思维能力和表达能力。课前充分的准备有助于学生展现学习的自主性和表演的自信心。

3. 课本剧表演

课本剧的表演是课堂表演活动的最高级别。在表演课本剧之前，先要对课本进行一定意义上的重构，即“编写课本剧”。这就对学生提出了更高的要求,因此比"角色表演"更有挑战性,更有成就感。课本剧的编写可以根据学科特点,或尊重客观事实(如历史学科),或自由发挥(如语文、英语学科),但都需要搜集、查阅相关资料,丰富、完善课本剧的内容。编写课本剧之后,需要安排各种角色人选,进行课本剧的编演,教师可以给予适当的指导。重头戏应该是表演过程。学生通过亲自参加表演,作为真正的课堂主体参与到教学活动之中。整个过程就是一个自主能力、创造能力、表达能力、表演能力和合作能力等共同提高的过程,也是学生真正意义上的自主学习的过程。我们可以看一下邱晔老师的实践体会,欣赏徐博文、孙淳同学改编的课本剧。

【案例】《让课本剧走进高中英语课堂》(节选)

邱晔

编演过程是学生主动学习的过程,也是能力训练得到提高的过程。"英语课本剧"这一形式为学生提供了英语实践的机会和条件,提供了英语交际的情景和语言氛围。例如,在"The Lost Necklace"一课中,当Pierre Loisel回到家中,以无比喜悦的心情告诉妻子他们被邀请参加宫廷舞会,夫妇俩的这段对话表达了他们的激动心情。学生在表演过程中身临其境地体会到这些话如何能表达当时的心情,能用正确的语调和语气来表演,自然口语水平也得到了提高。

英语课本剧要求学生在扮演中运用语言进行交流,学生就在反复使用英语的过程中达到熟练的程度,几经训练,一些较有难度的会话,有的学生也能脱口而出。学生从不敢说到敢说,从不会说到会说,然后发展到爱说、想说,并力求说得更多更好,他们的进步是显而易见的。

【案例】《示众》(节选)

高三(6)班　徐博文　孙淳

(首善之区的西城的一条马路上)

(两个铜盏相击,远处传来脚步声,车夫默默地前奔,似乎想赶

紧逃出头上的烈日）

胖孩子（胖孩子细着眼睛，歪了嘴，声音嘶哑，略带睡意）：热的包子咧！刚出屉的……

（一名秃头大爷缓缓走来，找了个位置坐了下来，排出了四文钱）

秃头大爷：一碗拌面，俩肉包，面要多撒点儿葱。

胖孩子：好嘞！这是您的包子，面在下，马上给您送来——

秃头大爷：咦？这肉包怎么味道怪怪的？

胖孩子：爷！这是您的面，钱正好，请慢用。

秃头大爷：等等！

胖孩子：还有什么吩咐么？

秃头大爷：你们这肉包……味道怎么怪怪的？是不是有什么猫腻！你们这行我多多少少也了解，肉包馅儿里经常掺点死猪肉、狗肉在里面，你这包子就掺了吧？

胖孩子：爷！这您放心，我们的猪肉采用上等雨润牌猪肉，那里的猪的生活环境可好嘞，设备也都是进口的，可厉害了！

秃头大爷：放屁！你懂什么呀？雨润前几天才被曝光，好多猪都是从农民那里收购来的，那些猪成天打针，吃不好，睡不好。那些猪的肉啊根本没有安全保障！

（秃头大爷喝光了杯子里的水，对着胖孩子使了使眼色，胖孩子立刻将他杯中的水倒满，秃头大爷又喝了半杯，清了清嗓子）

秃头大爷：现在中国的食品安全问题真是严重啊，什么吃的都有大大小小的问题……

胖孩子：这……我怎么不懂？

秃头大爷：没文化，真可怕，这么大的新闻都不懂！你们这些年轻人啊，整天只知道聊 QQ、刷微博。小伙子，身为一个男人！（边说边抠脚，抠耳朵，各种猥琐）要有文化素养，要有内涵。

胖孩子：请爷明见！

秃头大爷：多读书多看报，少吃零食多睡觉。

胖孩子：呵呵！

（突然胖孩子飞奔到了马路对面。在电线杆旁，和他对面，正向着马路,站着两个人,一个是淡黄色制服的挂刀的面黄肌瘦的巡警,手里牵着绳头,绳的那头拴在一个穿蓝布大衫上罩白背心的男人的臂上,大爷狼吞虎咽地把面和包子吞下去后,也飞奔了过去,撞开了几人,占据了有利地形)

巡警:那个谁?谁让你带着草帽的,你以为你是草帽小子路飞呢?把你的脸给大家好好看看!

男人:别啊,人家会害羞的……

(巡警在地上写了"羞耻"俩字)

巡警:认识这俩字吗?

男人:不认识。

巡警:你连羞耻都不懂还害什么羞?呸!

某胖子:官爷,这刁民犯了什么事儿?

巡警:这个刁民盗了我们市长大人的微信号,还诋毁我们市长大人,说他老人家和多名女子有染,有图有真相,你们相信么?

(下面众人议论纷纷)

路人甲:这无良的市长还有今天……

路人乙:这市长平时就鱼肉百姓,个人作风不检点,那天我还看到他搂着俩年轻小姑娘从宾馆里出来嘞!

路人丙:就是就是!

巡警:你们在说什么?

众人:没什么,信,当然信啦!

……

当然,表演还有歌唱表演、舞蹈表演等形式。但不管哪种表演活动,绝不能因为热闹好看而泛滥使用,必须结合具体教学内容的特点,符合学生的实际需要。只有坚持适时、适合、适量、适度的原则,表演才能真正为良好的教学效果服务。

(二)比赛活动

课堂比赛是教师根据教学内容的特点,在课堂上提出相关比赛内容,制定相关比赛规则，以此激发学生内在的竞争意识。其实质是提高学生参与课堂活动的积极性，其落脚点是提高课堂教学效果，培养学生的思维能力、组织能力、动手能力和合作能力，为学生的自主学习、自主参与、自主体验提供机会。这里主要讲辩论、朗读、游戏三种常见的课堂比赛形式。

1. 辩论比赛

辩论比赛是教师经过预设和组织，引导学生通过自主学习、独立思考，就学科某个相关话题发表正反相悖的见解，经过激烈而有理有据的辩论，拓展思维、深化认识、发展批判性思维的过程。这一过程有利于学生之间、师生之间的多向交互、相互启发、相互争辩，全面提高学生素质。这种比赛形式适合所有学科。

【案例】《以生为本，激活课堂》(节选)

陆雪华

例如，在讲“人生价值在于创造，在于对社会的责任与贡献”这一内容时，我将学生分成正反两方，正方的观点是“人生的价值在于贡献”，反方的观点是“人生的价值在于索取”，双方展开激烈辩论。通过辩论，锻炼了学生的能力，激活了学生的思维，让学生在动口动脑中体会到了学习的乐趣。

这场辩论，学生在明辨是非中，更好地理解问题、把握重点、难点，寓思辨和乐趣于一体，充分锻炼了学生的综合能力。

2. 朗读比赛

朗读，就是把文字语言转化为有声语言的创作活动。朗读比赛，是在教师认真组织下，学生使用相关的朗读技巧，融入自身情感，对教师指定或自选的篇目，进行创造性的语言表达，并分出水平高低的一种活动。它可以分为个人比赛、小组比赛和集体比赛。朗读比赛在语文、英语学科使用较频繁。

【案例】《高中语文教学如何培养学生的朗读能力》(节选)

宋 伟

比赛朗读。以小组、班级、年级或学校为单位,开展朗读比赛。参赛者朗诵时必须脱稿,朗诵时间一般不超过5分钟,朗诵内容提前指定或者当场抽签确定,朗诵材料可课内可课外,评委根据参赛者的语音、技巧、感情及台风进行客观公正的评议。以上训练长期坚持,形成惯例,何愁所教学生的朗读水平得不到大幅的提高?

这是关于朗读比赛的具体操作流程,小范围的可以在班级内部当堂进行,大范围的可以学校组织全校实施。开展朗读比赛能发挥学生的自主性、创造性、合作性,对提高个人、小组以及班级整体的朗读水平都有重要意义,同时也对培养学生团结协作的精神有着很好的推动作用。

3. 游戏比赛

学习兴趣,是产生求知欲的先导。“我的课堂”为提高学生参与课堂的积极性,教师可以采用游戏比赛的方式,借助其趣味性、竞争性来激发学生的学习动机,有助于创造和谐融洽的师生关系和轻松愉快的学习氛围,使学生自主参与、主动体验、投入实践,在玩中学,在比赛中学。韩老师的做法就很有意思。

【案例】《巧设有效教学活动,创建高效英语课堂》(节选)

韩桂兰

传声筒游戏。这种游戏可以在听说课上使用,把全班同学分成四大组,每组8~10人,四组同学之间进行比赛,老师可事先选一篇故事性文章,文章大约10句左右,老师在教室后墙面贴同样内容的四张纸,对应四组所在位置,上面写着10句话组成的一篇故事,各组的同学依次排好(离后墙面大约七八米),要求第一个同学上前去看第一句,心里默记住,返回,重复刚才所看的句子给第二个同学,第二个同学听后把所听的句子写下,然后第二个同学上去看第二句,重复给第三位同学,第三位同学写下,依次往下,直到

最后一位同学，最后老师评判哪个小组最快，所写的故事最完整，哪个小组就获胜。

这个游戏不仅训练学生们的听说能力、记忆能力，还能训练小组合作与竞争能力。

三、课程资源的利用

课程资源是指可能进入课程活动，直接成为课程活动内容或支持课程活动进行的物质和非物质的一切，它可以分为思想资源、知识资源、人力资源和物力资源四个子系统。按照课程资源的空间分布特点，可以把它分为校内课程资源和校外课程资源。校外课程资源又可以分为家庭课程资源和社会课程资源。积极利用这些资源有助于课程的教学实施。

“我的课堂”要求教师在课程实施过程中充分、合理地利用各种课程资源，激发学生的学习兴趣，为学生的自主学习、主动参与和积极体验提供实践机会。

（一）立足学校课程资源

学校课程资源可以分为教室内的课程资源和教室外的课程资源两类，主要包括学校硬件配备、仪器设备、网络设施、环境布置、人际关系、校园环境、活动场所等等，是达成课程目标、实现学生全面发展的最基础、最直接的资源。开发利用学校资源中的环境资源、实验仪器资源、图书馆资源、跨学科资源等便捷的有利于拓展视野、增强体验的资源，可以提高学生学习的兴趣和自主学习的欲望，满足学生探究、实践的好奇心。

1. 环境资源

校园中的一花一草、一树一木、一砖一瓦、建筑长廊、亭台楼宇，都与学生的学习和生活紧密相连，潜移默化地陶冶着学生的精神品质，影响着学生的心理环境。教师如果能重视并利用这样的环境资源，有利于促进学生的身心健康，培养学生良好的审美情趣和心理素养。天中校园环境自然、雅致，富有文化气息，教师可以根据教学需要，带学生走出教室，进行观察体验；走进富有特色的建筑，感受布局、空间的设计；欣赏一则则文化箴言，体悟情感……这样与环境近距离地接触，有利于师生在广阔的校园环境中发现和体验，从而培养学生的创造意识和实践意识。

【案例】《一堵墙和一棵树》(节选)

2012届　杜亦男

经过那里，你首先能看到的是一堵左低右高的矮墙，墙上一个"韵"字映入眼帘。旁边是一丛挺立的翠竹，翠竹掩映着粉灰色的墙，果真别有一番韵味。接着你会看到一段略微曲折的隔断，它的色彩无以言说，多一分墨则嫌浓重，少一分则嫌淡薄。用古色古香来形容，怕是最贴切的了。校园里本就应该多添这么些景色，书香的气息就这样满溢开来。

偌大的校园也不乏这样的景色，然而我独爱这一处的景。学习上有枯燥倦怠的时候，精神上会有萎靡不振的时候，这时我愿意撇过头，去看一看那一花一草，一墙一竹；聆听麻雀在枝头唱着快乐的歌。时而有清风掠过面颊，像母亲慈爱地抚摸我的脸庞，轻且柔和，心情畅然了许多。那棵松树光秃秃的，依旧挺立在它的位置上，微笑不语，像在对我说："人不能颓废，要向前看，即便是风雨兼程。"那堵静默的墙，像一位饱经风霜的老者，他说："时间会把一切沉淀。"然后，我的世界便风轻云淡了。

小作者选择的是天星湖中学的一景，极富深情地写出了景物的独特，并且景中寓情。这样的一景给作者带来了惬意的体验、温柔的抚慰和心灵的沉淀，这就是环境资源对学生的触动和影响。

2. 实验仪器资源

高中自然学科中有一些学科是以实验为主的科学。教师应该高度利用各种实验仪器来充分演示，指导学生操作，丰富学生的动手实践。天中实验楼"真趣楼"设施齐全、功能完备。教师应该充分利用实验室资源，积极营造良好的实验环境，设计富有创造性的实验活动，给学生提供多种实践机会。实验室也需要定期对学生开放，完善管理制度，使学生有机会进实验室参观学习和设计实验，培养学生自主学习、乐于探究、积极实践的品质，使资源发

挥最大的作用。

【案例】《在生物实验教学中培养学生的创新能力》(节选)

夏秀梅

生物实验对于培养学生的动手和创新能力都有着重要的作用。例如,在"观察植物细胞质壁分离和复原"的实验教学中,当学生分别做完质壁分离和复原实验后,教师提问:"我们如何测定出某洋葱细胞的细胞液的浓度呢?"学生当时还沉浸在实验成功的喜悦中,思维非常活跃,此时经过老师的适时引导、组织讨论,帮助学生自行归纳出"配置不同浓度的蔗糖溶液"来测定的方法和进行测定的原理。最后老师提供一系列不同浓度的蔗糖溶液,要求每组重新实验,测定出洋葱的细胞液浓度,这样大大地激发了学生的实验兴趣,更重要的是在实验过程中提高了学生的观察能力、创新能力和分析、解决问题的综合能力。

学生亲自动手实践,激发了兴趣、理解了概念、巩固了知识,从而有利于思维的拓展、探索精神的培养和科学研究能力的提高。

3. 图书馆资源

学校图书馆作为校内课程资源的重要组成部分,对增长学生知识容量、拓宽学生的知识面、培养学生收集信息的能力等方面具有重要作用。天星湖中学图书馆藏书丰富,类别齐全。教师可以根据教学内容的安排,有目的地指导学生进入图书馆和阅览室,查找信息,补充课内知识的不足。学校也应及时调整图书结构,根据教师要求延长服务时间,方便学生借阅,以此提高图书馆的使用效益,为提高学生文化素养服务。

【案例】《探讨中学生独立阅读能力的培养》(节选)

季新建

学校图书馆要创建出良好的阅读环境,以充满文化气息的环境吸引学生到图书馆来阅读。图书馆要完善藏书结构,购置优质图书,使国家一级出版物达到馆藏书的50%以上,也可以根据学生的阅读特点，购置学生喜欢的书籍。要让学科教师参与到图书馆购书的过程中，真正的让学校图书资料作为课堂教学的信息源。

季老师在优化图书馆的阅读环境和藏书结构上提出了良好的建议。提倡教师积极利用图书馆资源，参与藏书的挑选过程，使阅读真正为学科教学服务，为发展学生个性阅读、提高独立阅读能力服务。

4. 跨学科资源

每一门学科基本上都不是独立存在的，学科与学科之间的联系非常紧密。为了使课程教学更有效果，教师可以通过与其他学科相关内容的整合作为辅助，充分发挥跨学科教学资源的作用。跨学科资源的挖掘，能加深学生对教学内容的认知，在学科与学科的联系中帮助学生自主思考，丰富学生的体验，也能提高其他学科的教学质量。

【案例】《跨学科协同教学》(节选)

周怀凤

如李白的《蜀道难》(苏教版高中必修3)"蜀道难，难于上青天""尔来四万八千岁，不与秦塞通人烟"两句充分说明了蜀道的崎岖与蜀地的闭塞，可以想见以"天府之国"著称的四川盆地，四周被高山峻岭环绕。《梦游天姥吟留别》(苏教版高中必修3)"云青青兮欲雨，水澹澹兮生烟"前句说明水汽凝结使云层加厚是降水的必要条件，后句说明水面蒸发的水汽在空中冷却凝结成云和雾这一原理。

周怀凤老师曾对"语文教学中的跨学科现象"进行课题研究，在跨学科教学资源的利用方面颇有感悟。案例中的语文学科和自然学科相互协同，在文科学习中培养了学生的理性思维，实现学生文学形象体验和逻辑思维能力的共同提高。

(二) 充分挖掘校外资源

校外课程资源就是超出学校范围的课程资源，范围广泛、知识丰富。如果教师能对校外课程资源有意识地进行合理开发和利用，就能在促进学科

教学，提高教学效率的同时，培养学生积极主动的学习态度和独立自主的良好习惯，提高学生收集处理信息的能力、分析解决问题的能力和交流与合作的能力。以下主要从充分挖掘家庭资源、乡土资源和媒体资源这三个方面探讨校外资源对促进学生自主学习、丰富学生个性化体验、提高学生实践能力的重要意义。

1. 家庭资源

家庭是学生接受教育的最早也是最主要的场所，家庭教育是学校教育的有力补充。教师善于利用家庭资源来为课堂教学服务，可以获得较好效果。家庭资源可分为有形资源和无形资源。前者包括家庭拥有的人力资源和物力资源；后者则包括家庭拥有的声誉、家风、社会声望或门第，以及家人的和谐、友爱的氛围、有用的血亲、姻亲的亲族网络和其他人际关系。前者属于经济资源，后者则属于非经济资源。

"我的课堂"应合理利用家庭资源来配合学科教学。如历史学科讲"解放战争"这部分内容时可以让学生家庭成员中亲历战争或了解这段历史的人来亲自讲述，更能让学生身临其境；政治学科讲《银行和储蓄者》一课时，可以请在银行工作的家长来讲银行储蓄的相关事宜，提供学生模拟操作的机会，以丰富学生的认知和体验；生物学科可以请农民家长来讲作物栽培、家畜饲养、病虫管理等内容，以加深学生对生物相关知识的理解，也可以带学生参加家长的果园等，让学生在实践活动中丰富情感体验……

2. 乡土资源

乡土资源，是指学校所在地区或学生故土家园所拥有的地方性资源，包括了山川名胜、文化人物、传世名作、历史遗迹、民俗风情和发展变化等。教师要能充分利用乡土资源，引导学生走入生活，去发现、感悟、理解和反思，丰富学生的生活经历和情感体验，从而引发学生对自然、社会和人生的思考。

【案例】《利用乡土资源丰富写作实践的几点思考》(节选)

唐登文

缘景移情。一方山水，独有一方风情。利用地方独有的景致，体悟自然，叙写真情。比如南通有濠河、文峰塔、狼山、啬园、水绘园等,自然风光优美,人文景观也较丰富。大可让学生以山水为对象,以自己独特的视角传达丰富的情感。

"如今的啬园没有了文人墨客、达官贵人,它安静地坐落于繁华都市的一隅,犹如城市中心一个最接近世外桃源的梦境……在南通这城市车轮滚滚向前的今天,啬园依旧恬淡安然,为我们守住了文人墨客的雅作和末代状元的衣钵。但它又能坚守多久呢……"(学生习作《啬园游记》)像这样的文字,就真切流露出对家乡的热爱,反思了人与自然的关系。

从案例可见,一个人与养育自己的土地、与乡土文化具有深厚的情感,那么,从心底喷涌而出的就是对故土的热爱,也更能从历史、从现实、从发展的角度来思考乡土文化的价值。唐老师利用乡土资源来开展作文实践活动,为学生的作文提供了丰富的素材,有助于学生实现对家乡的认同,对生活的认同,为自身生命成长、幸福人生奠基。

3. 媒体资源

媒体资源来源范围较广,包括报纸杂志、电视、互联网等。时代的发展突飞猛进,社会关注的热点不断出现。有些信息,我们的教科书不可能及时地反映出来。这就需要师生广泛利用各种媒体资源,选择有利于我们学科教学的内容,及时补充、及时掌握。天星湖中学的网络教室、数字化课堂,能够方便学生收集和处理相关动态信息。学生可以在教师的帮助下熟悉并利用各种教学软件,汇报整理结果。当然,利用媒体资源时,教师应该提醒学生进行判断分析,明辨是非,注意消息来源的可靠性和权威性。在利用媒体资源的过程中,学生加强了与社会的联系,培养了自主合作能力、评价判断能力、动手实践能力,为实现个体的健康成长,为人才的全面发展奠基。

第五节　创设参与展示的有探究性的时间空间

"我的课堂"以生为本的特征之一,就是给予学生思考的空间、表达的自由、说话的权利,课堂探究、课堂展示就为学生提供了这样的机会。而要想通过自主探究让课堂变得深刻,通过活动展示让课堂精彩纷呈,那就需要教师为学生提供自主探究、活动展示的时间和空间。本节主要从充分的探究准备、高效的活动管理、多元的课堂展示三个方面来具体阐述。

一、充分的探究准备

充分的探究准备，是课堂教学中展开探究活动的基础。而目前课堂探究存在的主要问题，恰恰正是对探究的准备不够充分。教师对探究内容的选择不当、对探究的各种准备不足，以致探究效果不明显，不能真正发挥探究的作用。因此，教师需要精心选择探究内容，做好与探究活动相关的各种准备，将课堂教学时空延伸到课外教学时空，以确保学生在课堂探究活动中，能循着正确的方向，探究有价值有意义的内容，切实有效地去解决学习中的难题，从而保证探究活动的高效。

（一）精选探究内容

教师对学生的基础知识传授要尽可能精简，然后把更多的时间和精力用来保证学生的活动，整个教学过程要体现“学多教少”。因此，“我的课堂”需要教师为学生提供参与探究、展示的时间，让学生充分地“学”。当然，并非所有的教学内容都必须依靠学生的自主探究来获取，有些可以直接理解，有些通过教师讲授就能掌握。而教师对课堂探究的内容需要精心选择，“大作功夫”，以帮助学生更好地理解、掌握核心内容，从而带动其他内容的学习。那么如何精心选择探究内容呢？

1. 抓住学生的兴趣点

叶圣陶先生指出：“教师要真诚地认识到自己是为学生服务的，既然教师是为学生服务的，那就必须把学生当作学习的主人和课堂的主人，就必须充分发挥学生的积极性和主动性。”探究教学需要教师以学生的学习基础为起点，思学生所思，让探究教学的预设具有针对性。因此，教师在探究内容的选择上，要把学生对探究内容的兴趣作为突破口，精心设计能激发学生学习兴趣和探究动机的活动，拓宽学生的思维空间和想象空间，从而激励学生积极主动地进行探究。

有位语文老师讲陈子昂的《登幽州台歌》，让学生试着从数学角度探究，进一步解读诗歌内涵。学生对此感觉新鲜，极具探究的兴趣，探究气氛非常

浓郁。后来,有一小组的学生进行了这样的精彩阐释:

> 这是一首阐发时间和空间的佳作——前两句表示时间,可以看成一条直线(一维空间)。诗人以自己为原点,前不见古人,指时间可以延伸到负无穷大;后不见来者,则意味着未来的时间是正无穷大。后两句则描写三维的现实空间:天是平面,地是平面,悠悠地张成三维的、立体的几何环境。全诗将时间和空间放在一起思考,感到自然的伟大、历史的悠久,从而产生了敬畏之心,以致怆然涕下。

这位语文教师另辟蹊径,在数学与语文相关联的地方设置探究问题,抓住了学生兴趣的触发点。在拓宽了探究领域的同时,一下子提高了学生的探究主动性。学生在探究过程中得以进入奇妙的想象空间,促进了思维力、想象力和理解力的提高。

2. 扣住教学的重难点

教学的重难点是指教材中起统领作用的牵一发而动全身的关键内容,具有重要的教学价值。教师必须认真钻研教材,进一步加工细化,并根据学情需要,有所取舍,设计与教学重难点相关的探究活动,层层深入开展探究,以便让学生直接突破教学重难点,使探究活动在有限的课堂时间内充分发挥作用。

【案例】 *《对如何提高政治课探究活动实效性的思考》*(节选)

曹东华

> 我在《政治生活》第三单元"我国的根本政治制度"这一框题的教学中,面对烦琐的知识点,如果全部按部就班地教学,学生很容易厌倦。于是我根据这部分教学内容的重点、难点,特地把这单元的内容提到三月初来上,因为这时全国人民倍加关注"两会"的召开。我设计了一场新闻发布会,由学生自愿组成小组搜集两会的新闻,根据热点新闻素材,探究"人民代表大会的地位、职权""人大代表的产生、职权""人大组织活动的原则""国体和整体关系"等具

体内涵和特点。学生兴趣很浓，精彩的事例激发精彩的探究，精彩的探究促成精彩的回答。这样从单元重点、难点出发的探究，对于学生突破难点、把握重点有重要意义。

曹老师把教学内容中的重点、难点作为探究的核心内容，并结合时事热点，让学生产生探究的兴趣，激发参与的热情。在开放的探究空间，原本枯燥、生僻的概念和内涵，让学生自主地发现、验证，能亲身经历知识的形成、发展，从而深刻铭记、灵活运用。

3. 把握探究的难易度

教师对探究内容的选择要符合学情，如果教师把探究环节安排得过于琐碎零散，对探究问题的设计过于简单，高中学生往往不屑参与探究，容易产生惰性；如果探究问题的设计过难，远远超出了学生的实际解决能力，就会导致探究活动无法真正完成，只能流于形式。

唐东辉老师结合自己的课堂探究经验，提出了有效的做法。

【案例】《生物教学中的探究活动》(节选)

唐东辉

学生在获得新知识时，往往是由易到难、由点到面，并随着教学内容的展开，逐渐渗透和深化。故我们应结合学生的这一认知特点，充分考虑学生的心理特点和接受能力，结合探究内容的不同侧重面，注意科学把握探究的梯度。如果此时教师的要求过高，难度过大，学生势必会产生畏惧恐慌心理，直接影响探究的积极性。例如，在苏教版七年级(上)学习“环境对生物的影响”时，开展“温度和光照对鼠妇生存的影响”的探究活动，学生通过对此现象的观察，真正认识到环境影响着生物，顿生学习兴趣。

由此可见，教师在选择探究内容时，需要考虑学生的年级、知识储备，为学生设计难易度适中的符合学生“最近发展区”的问题。这样学生能在思维保持活跃的状态下，享受成功探究带来的喜悦。

(二)其他探究准备

【案例】《小组合作探究中应避免的现象》(节选)

吴丹军

在执教人教版必修2第八单元《当今世界经济的全球化趋势》内容时,为让学生更好地理解经济全球化的影响,教师特意设计了探究活动,主题是:"经济全球化是利大于弊还是弊大于利",要求学生分小组选择方向,积累素材,进行合作探究,以参加接下来的辩论展示。然而,在给学生相对时间充分的小组讨论中,学生在进行了几分钟后,就偃旗息鼓了,有的小组似乎早就完成了探究活动,甚至个别学生开始谈论与课堂无关的话题了。后来的正式辩论,正反方也只有几个学生参与,绝大多数学生则处在观望状态,效果远没有达到预期。

在上述案例中,原本热闹的探究、精彩的展示均未呈现。究其原因,是探究准备不充分,没有给予学生足够的搜集材料的时间和机会。学生无所适从,最终无所事事、事不关己。

因此,"我的课堂"的探究活动若要顺利开展,教师和学生就应从多方着手,进行充分的探究准备,这样才能让探究最大限度地发挥作用。

1. 思想的重视

思想是行为的灵魂,什么样的思想就会产生什么样的行为。学生对探究活动有积极的认识和足够的重视,就会促使学生自觉自愿、积极主动地参与探究,对完成探究任务具有推动作用。同时,探究任务的圆满完成也反过来激发学生探究学习的兴趣。因而,要让探究活动获得成功,教师需要改变学生的学习方式,培养学生的探究意识,让学生在探究活动中深入了解探究的意义和价值,从而为下一次的探究做好积极的思想准备。

2. 分组的合理

在探究学习中,为了让每个学生都能真正参与探究,教师往往会对学生进行小规模分组。探究小组一般以4～6人为宜,前面学生通过转身就能与

后排同学组成一个有效的学习小组。

探究学习以学生自愿和教师安排相结合的方式进行分组。具体操作程序为：教师首先提出分组原则和人数规模，要求学生从性别、成绩、能力、性格等不同的方面综合考虑，进行分组；接着学生自愿组合，教师进行调整，形成临时小组；然后临时小组运行；最后教师微调，形成稳定的学习小组。而这个稳定的小组也不是一成不变的，教师应定期让各组成员流动，在动态变化中增进学生群体内部的充分了解，为探究活动的顺利进行拓宽空间。

"组内异质，组间同质"的分组能保证各小组的公平竞争，由此提高合作探究的成效。小组内成员互相学习、互相帮助，取长补短，共同参与，形成宽松自由的学习氛围和默契和谐的同伴关系。这不仅保证了探究活动的顺利展开，更为接下来的课堂展示提供了自信和勇气。

3. 材料的搜集

为了让学生的探究有方向、有目的、有成效，材料的准备必不可少，否则学生会觉得无从下手，探究也就容易"走过场"。因此，在探究活动开始之前，教师需要让学生准备探究材料。学生通过搜集资料、选择素材、准备器具等行为，捕捉材料准备过程中的灵感，关注材料中的细节，有的放矢，为探究活动做好充分的物质和心理准备，让搜集到的材料真正地为探究学习服务。

当然，教师在探究材料的准备过程中应该发挥重要的作用。一些具有重要探究价值的材料，如语文教学中，拓展阅读的背景资料、相似或相反的文本素材、赏析点评的经典篇目等，教师需要提前提供，以使学生在探究前能有充分的时间来阅读和思考。

二、高效的活动管理

在"我的课堂"探究学习中，教师在正确的教学理念指导下，明确了课堂探究的内容，为课堂探究活动做好了充分的准备，就可以组织学生进行探究。但要获得课堂探究学习的高效，教师必须对课堂探究活动进行高效的管理，这是探究教学的关键。

教师探究活动管理的高效表现在：使用恰当合理的教学策略或方法来调控、改进探究活动的进程、效果及效率。具体表现在探究形式灵活运用、介入指导行之有效、时空环境有力支持这三个层面。

（一）探究形式灵活运用

在具体的教学实践中，课堂探究活动的形式应该是多种多样的。在"我的课堂"中，教师应根据具体的探究内容、学生的实际水平、现有的物质条件等灵活运用恰当的探究形式，并且注重不同探究学习方式的结合。在高中阶段，常用的探究形式有自主探究、合作探究、集体探究等。

1. 自主探究

自主探究是指在教师指导下的学生独立自主的探究活动。这种探究形式强调的是学生学习的独立性、自主性和创造性。在具体的探究过程中，由教师提出问题（也可以学生自主发问），学生确定探究方向，自行搜集材料、筛选分析，独立自主地运用知识、解决问题。在整个探究过程中，教师仅对学生出现的问题提出指导意见，帮助学生反思探究过程的具体行为。

自主探究的基本过程可以概括为：提出问题——学生假设——搜集资料——分析判断——验证假设——得出结论。

2. 合作探究

合作探究是指在教师的指导下，学生小组根据教师提出的探究问题，讨论商议后提出小组预测，并根据所搜集的资料，进行分析，得出小组共同认可的结论；然后教师指导学生对不同小组的结论进一步进行分析和判断，求同存异。小组合作探究建立在组内成员能力互补的基础上，便于思维开拓、观点互补，使得出的结论更为准确。合作探究因此成为高中课堂探究中最为常见的形式。

在探究活动中，小组成员应该各司其职、分工协作，以确保探究的高效。一般而言，小组内要设有组织者（布置资料搜集、安排发言顺序、任务完成监督、提醒每个成员发言、协调矛盾冲突等），记录员（整理、记录小组发言的要点、答案，以备发言人参考），控制者（掌握每位成员发言的时间、声音音量，冷场时要打破僵局，及时救助），发言人（展示、汇报小组学习状况和讨论的结论等）。

3. 集体探究

集体探究是由教师提出探究的问题，让学生在班集体中各自发表见

解。在师生、生生之间对话、争辩，集中解决问题。这样的探究有利于形成良好的班级对话氛围，融洽师生关系，增强学生的表现欲望和表达能力。需要注意的是，集体探究不能变成教师和学生的一问一答，而应该是学生和学生的对话、讨论，教师只要在关键处适时点拨引导即可。同时，集体探究要保证探究主题鲜明，探究时间充足，探究氛围浓郁，否则集体探究必将流于形式。

（二）介入指导行之有效

无论是何种形式的探究，都是以学生为主体进行的活动，但同样离不开教师的指导。学生探究活动是否围绕主题，学生自主讨论的时间分配，教师如何引导学生深入探究从而得出结论，教师何时参与学生探究和点评等方面，都是教师需要认真斟酌、深入思考，进而在教学实践中解决。

1. 把握时机

在课堂探究活动中，为了引导学生掌握探究的方法，逐步培养学生的探究能力，帮助学生拓宽探究空间，将探究引向纵深，教师的介入时机就十分重要。如果教师介入过早，就会影响学生的探究氛围，剥夺学生的思考时间，打断学生的探究思路，容易使学生失去自主发现的机会，失去出现错误、吸取教训、获得进步的机会；而如果教师介入太晚，学生的探究活动就有可能随意化，浪费时间和精力，学生在探究中产生的问题、出现的错误得不到及时的发现，就有可能造成探究活动因缺乏指导而低效甚至无效。

教师指导的介入时机一般可放在课堂探究的起始阶段或中间阶段。探究起始阶段的教师介入主要是询问学生材料的搜集情况、具体的探究思路等，教师伺机点拨，帮助学生修改或坚定探究的方向；探究中间阶段的介入则要了解学生的讨论要点、矛盾争议，以及初步的探究成果等，教师由此提出自己的建议，帮助学生将探究拓宽拓深。

2. 讲究效果

教师在探究过程中的介入指导必须讲究效果。“我的课堂”要求教师以平等的身份参与学生探究，指导他们掌握探究学习的相关技能，唤醒学生探究的欲望，激活学生的思维，引导他们学会倾听，学会尊重和包容不同的观点。

因此,教师的参与指导要注意几个方面:

(1)教师在探究活动中要加强巡视和询问,以"倾听者"的身份参与学生的探究活动,了解学生的探究情况。然后,在倾听基础上参与指导,引导学生清楚表达自己的观点和设想,帮助学生自己得出问题的结论。

(2)教师需要预设探究过程中可能存在的问题,并在课堂探究活动中给予密切的关注,以便适时介入,给予恰当的指导,把学生从歧途引入直道,引导学生从茫然走向清晰。

(3)当学生在探究学习中面临普遍的困难时,教师有必要让学生暂时停止探究,让出时间,对共同的难题进行讨论、分析与评价,以确保接下来的探究能顺利进行。

(4)教师的指导要点到为止,不能越俎代庖,探究结果必须由学生自主获取。

3. 关注面广

在课堂探究活动中,教师不能只关注一两个小组的探究表现,这样的关注面太过狭窄,往往会影响其他小组的探究积极性,也容易造成以偏概全,使探究结论发生偏差。当然,由于探究时间有限,在一堂课的探究活动中,教师如果照顾所有小组,所分配给每个小组的时间就过少,教师的指导就是"浅尝辄止",效果不明显。正确的做法是:教师在学生探究时应总体巡视每个小组的表现,关注学生是否积极思考,能否畅所欲言,防止不探究、不合作、胡乱谈论的情况。对于"冷场"小组,教师应重点关注,帮助寻找原因,提供指导,鼓励思考和讨论;对于"漫谈"小组,教师要及时阻止,给予一定的纪律约束;对于"偏差"小组,教师应及时提醒,扭转探究方向;对一些合作探究较为顺利的小组,一般不需要指导。

4. 点评升华

全面的、规范的教师点评有利于诱导学生的潜在创造力,提高学生探究的积极性,增强学生探究学习的成就感。在"我的课堂"探究活动中,教师需要对学生的看法、观点,适时给予点评:肯定探究结果的意义价值,指出不足之处,引导学生对探究结论进行规范化的表述和认知,帮助学生建构科学的知识体系。教师点评不仅仅要关注学生的探究结果,更要关注学生在探究

中的表现，肯定学生的积极行为，挖掘学生潜在的能力，使每个学生都能得到发展和提高的空间。

（三）时空环境有力支持

课堂探究要想顺利有效地运行推进，教学时间、空间和环境的支持必不可少。时间、空间和环境可以为探究教学提供外在的动力。对此，教师在课堂探究过程中要给予高度重视，为“我的课堂”探究活动提供充足的时间、宽裕的空间和良好的环境，以提高探究教学的实效。

1. 充足的时间

探究学习几乎成为现今课堂教学中必不可少的一个环节，可由于操作方法的不同，其效果大相径庭。究其根源，在于很多教师并未真正理解探究学习方式的特点，仅仅把它当成时尚，流于形式。在课堂教学中，学生先蜻蜓点水般地“自学”“讨论”一番，要么探究的是很简单的问题，很快解决；要么刚刚进入讨论状态，一知半解后，老师喊停，留给学生自主学习和合作探究的时间不够，学生思维尚未充分展开，教师就已经给出结论，迅速把学生思维的火花熄灭。这种行为其实与传统课堂的“传授”方法并无区别，不仅达不到探究学习的效果，还会影响学生合作谈论的积极性，阻碍学生思维的发展。因此，若要真正让探究学习收到成效，让学生亮出自己真正的想法，就要让学生有充足的时间去合作探究。

【案例】《语文课堂，留出时间才能点燃思维火把》（节选）

薛永娟

教学《雨霖铃》，同样是自主合作探究话题：“今宵酒醒何处？杨柳岸、晓风残月”这两句千古名句好在哪里，任选一个角度加以赏析。一位教师让学生前后4人组合，先自读，说说自己的理解，然后小组互相合作，3分钟以后，全班交流，基本围绕意象选择来赏析。另一位教师要求学生立足诗句本身，细细品味语言，从“点”上细化、深化。学生本着自主、自由原则，组合学习，确定首席发言人。接着学生活动，任选角度进行探究，写一段赏析文字，先组内交流，小组首席发言人整理，然后用分组课堂发言的方式与其他小组交流，互相取长补短，最后教师也作为一名成员参与其中，与学生分享自己的观点和看法。前后一共花了11分钟的时间，赏析要点有：词中有画，景中含情；抓住古典诗词中的典型意象；选取特定情境。学生用精彩的发言、新颖的赏析角度展示了"自主、合作、探究"学习方式的极大魅力。

可见，在充足的探究时间的保证下，课堂真正实现了学生与文本、学生与学生、学生与教师之间的平等对话。学生的积极性、主动性得到最大限度发挥，思维不断碰撞，观点精彩纷呈，学习探究氛围浓郁。

在"我的课堂"探究活动中，教师要根据探究内容的难易、探究素材空间的宽窄、探究问题数量的多寡来安排课堂探究的时间，以确保有充足的时间留给学生去思考讨论，留给教师进行指导，留给小组发言展示。尤其要给持不同看法和补充意见的学生发言的机会，这样的课堂探究活动才能真正实现高效。

2. 宽裕的空间

探究教学打破了固化、被动的学习僵局，使学生的学习面貌、精神状态发生显著变化。他们对于获取新知表现出很强的主动性和积极性，探究讨论热情高涨，从中获得了极大的成就感和成功感。所以教师需要为学生的探究拓宽空间，创设机会，帮助学生挑战自我、活跃思维、激发潜能，使学生主动地钻研，积极地探索。

"我的课堂"探究活动强调学生主体性的发挥。学生在探究活动中走入误区、出现见解偏差等，实际上也与个性化的思考和探索紧密相关，也是学生积极思考、主动探究的表现之一。虽然从表面上看，学生的探究错误影响了探究活动的进程，破坏了教师的探究预设，但本质上并不会动摇真理的地位，反而比直接获取教师传授的知识更具有价值。所以教师要能允许学生"犯错"，为学生留有探究出错的空间。

【案例】《打造高效的信息技术课堂之我见》(节选)

陶育平

我让学生用"类比"的方法来学习新知识点时，让学生在前面

学习的基础上，来分组探究各个新知识点，让各小组派代表来汇报探究成果，演示相关操作，解说小组的思考和判断，汇报完毕，其他小组可以提出不同的观点，不同的方法。我常对学生说“方法不唯一”，鼓励他们多角度、多方法完成课堂探讨，实现课堂目标。并且允许他们出现探究的错误，对于产生的探究错误，班级及时讨论解决，在错误的纠正中，学生强化了对新知识的学习，并且进一步增强了探究的胆识和勇气。

从上述案例可知，在探究活动中，面对学生的错误，教师要相信学生自身发展的潜能，让学生自行解决疑难，给学生留下探索的空间，使其在自主参与的探究活动中更正错误、强化体验。学生通过自己的探索，排除万难、解开谜团，从而对知识进行活化，并内化为个人的经验，就能极大地激发学生的积极性、主动性和创造性，就能真正发挥探究的意义和价值。

3. 良好的环境

良好的探究环境有利于课堂探究活动的顺利进行。“我的课堂”要求教师充分利用现有的硬件设施和软件条件，为课堂探究活动创设良好的教学环境。

探究教学环境中的硬件设施指的是探究教学所需要的各种物质条件，如教学器具、设备材料、探究场所等。缺乏相应的硬件设施支持，探究活动(尤其是自然学科类的探究活动)根本无法开展。因而，学校需要加强对教学硬件环境的改善，为探究教学配置相关的设备器材，拓展探究教学的场地和空间。

探究软件条件则是指各级教育行政部门、学生、家长和社会各界人士对探究教学的态度和支持度。教师要致力于对探究软件环境的探索，以争取各界人士的支持。当然，探究教学是以学生为主体的学习活动，教师最需要争取的是学生对探究学习的积极认可。“我的课堂”需要教师在课堂探究活动中营造轻松和谐、愉悦融洽的探究氛围，让学生在没有约束、没有负担的教学环境中张扬个性、迸发灵感、创新思维、展示才华。教师给学生提供自由想象的时空，创设自由表达的机会，真正地把课堂交给学生，让学生掌握解决问题的方法，提升能力、培养情感，从而为终身学习、全面提高素质奠基。

三、多元的课堂展示

课堂展示是教学活动最为精彩的呈现，学生通过表达、演示，来展现预习的效果、听课的效率和探究的成果，以达到活跃思想、锻炼表达、发展能力、培养信心和塑造人格的目的。在“我的课堂”上，教师要有学生全员参与展示的意识，充分调动全体学生的学习热情，让学生独立主动地“求知”，自由自在地“活动”，提倡个性化的展示内容、多样化的展示类型、多途径的展示形式，并且规范课堂展示的要求，为学生的展示活动创设足够的时空，以此实现课堂展示的多元化，提高课堂展示的有效性。

（一）展示内容个性化

课堂展示的内容往往是学生个人、小组智慧的结晶，是学生经过认真思考、深入探究的成果。展示内容必须是个性化的理解、领悟，绝不是统一的“标准答案”。教师需要优选展示问题，给予学生适当的展示自由，鼓励学生富有个性的展示。

1. 优选问题

展示问题是决定展示成功的关键。哪些问题需要展示，展示到何种程度，需要展示的问题如何进行小组分配等，教师都要在课前做到“心中有数”。

一般而言，展示的问题往往需要围绕课堂教学的重点难点，是学生经过深入探究的问题，是课堂拓展延伸的关键，更应该是组内或全班普遍性的共性的问题。因此，难题错题、开放题、探究题、拓展题、生成题等都适合讨论并且参与展示，学生可以通过教师引导，重点展示自己独特的思考、个性化的发现等。

2. 适当自由

教师在密切联系教学内容的基础上，将需要展示的核心问题加以分解，层层分配。学生个体或小组可以自愿选取感兴趣的讨论话题、探究任务等，以此进行充分思考、深入探究。当然，若学生对教师提出的话题或师生共同协商的题目都不感兴趣，也可以与教师事先商量，选择更适合自己的话题，但前提是与教学内容相关。给予学生适当的话题选择自由既可以降低学生

搜集素材的难度，又能提高学生的参与热情，为个性化的精彩的内容展示创造空间。

3. 彰显个性

课堂展示需要教师在尊重、信任学生的基础上，让学生在自主讨论、合作探究中去选择判断、设计策划、交流展示，这样的尊重和信任会实现思维的灵活碰撞和个性的充分彰显。

不管展示内容是否存在错误，教师都需要用宽容的心态来珍视、鼓励，善于捕捉、利用学生展示内容中出现的个性化的生成资源，诱导学生的创造内驱力，点燃学生的自信心，为学生生命潜能的发展和自身价值的提高创设平台。

（二）展示类型多样化

为了使课堂展示更为精彩、高效，教师需要考虑展示的面，即展示的范围、层次。展示的顺序是先小组后集体。由此可以把展示分为小组展示、集体展示和自由展示三种类型。

1. 小组展示

小组展示是小组合作探究的重要组成部分。组长是组内探究、展示的组织者。这种展示类型为组内成员提供了锻炼表达、展示才能的平台，可以帮助更多的学生甚至所有学生获得参与展示的机会，扩大了展示的广度和深度。

【案例】《交互式教学法的应用》（节选）

王先宏

学习英语作文，个人学习应该和同学间的互相帮助、交流、切磋相结合。阅读材料时，学生独立进行，但在整个过程中，又互相请教，互相探讨；构思时，学生是以小组为单位开展合作学习、合作探究的过程。每个小组有一个小组长。小组中开展的讨论、交流、协作活动有利于学生完善对情景的观察，提高对问题的灵敏度，便于提出更深刻的问题。三五人为一组，各给出自己的想法，集思广益，取人之长，补己之短；提纲拟就后，个人完成自己的文章；写好后，互相交换阅读，互相评论对方的作文草稿，提出意见。

王老师为学生选择的这种“生生交互”式的学习方法，确保学习过程中学生人人参与、互相补充、互相提高，实质上正是为小组内每个成员的探究、展示拓宽了空间。这样的有效展示，增强了学生的互助合作能力，培养了学生勇于展示的自信心，促进了学生的全面发展。

2. 集体展示

集体展示是指以小组为单位，共同在班级中进行的展示。展示的内容一般是班级范围内普遍共存的问题或重难点，可由教师或学生代表组织。集体展示要求组内成员共同讨论、统一协商，明确展示的任务和具体形式；接着在小组内排练演习，进行各种展示的准备；然后再参与班级的集体展示活动，接受同学、教师的追问、质疑或赞赏。每一次展示活动可安排一个小组为点评组，其他组为展示组，并轮流交换。点评组点评时需要对展示组得出结论的准确度、展示表演的精彩度、小组成员的参与度、配合默契的协作度等进行点评，指出相关方面的优缺点。

3. 自由展示

自由展示是学生个体或集体对探究成果或学习心得的自由的交流和自觉的分享活动。它不再需要教师分配具体的展示任务，需要的是学生积极主动地围绕重点问题进行自由的讨论、自愿的展示。这样的展示活动因而也就成为教学活动的最高追求。在“我的课堂”自由展示的过程中，教师需要控制展示的具体内容，对展示的次序进行合理安排，把握个体、小组展示的时间。总之，自由展示离不开教师的大力指导和有序控制，否则“自由”就容易变成“混乱”，展示也就陷入闹哄哄的低效状态。

（三）展示形式多途径

展示活动的有效与否与展示形式的选择密切相关。在“我的课堂”的展示活动中，不管是小组展示、集体展示还是自由展示，其展示的形式既要充分符合教学的需求，更要充分激发学生的参与热情和展示积极性。因此，在每一次展示之前，教师要在充分了解学生的个性和特长的基础上，指导、帮助学生选取最为恰当的展示形式，实现展示形式的多途径，力求每个学生都能在展示过程中最大程度表现自我、实现自我。

常见的展示形式有以下几种：

1. 口头展示

口头展示是最为常见的展示形式，这种展示要求学生在课堂讨论交流的过程中用适当的体态和简洁流畅、通俗易懂的语言描述概念、表达想法、阐明观点等，与思维有着密切的联系。这种展示形式可以调动学生的多种感官，有助于提高学生的思辨能力和表达能力。因此，教师需要帮助学生掌握常用的口头展示技巧，以便学生尽快提高口头表达能力，增强当众表达的勇气和自信。

2. 书面展示

书面展示就是让学生用书面形式罗列自己的观点想法，呈现定理的证明解答，制作图表等，可以用黑板、实物投影等途径来展示书面结果。这种展示形式要求展示内容条理清楚、层次分明，能较好地反映问题的要点和关键。同时也可以清楚展示错误，便于其他同学从中吸取经验教训，进而帮助学生群体理解概念、规范解题过程、提高逻辑思维能力、提升书写水平。

3. 表演展示

表演展示是指口头语言、肢体语言以及其他辅助手段相结合的综合性展示。学生借助表演这一形式，展示自己对教学内容的个性化理解，阐明自己的观点、道理等。作为新颖的展示形式，“表演”能活跃课堂气氛，增强展示内容的呈现效果，有助于学生的交流、表达能力的提高。当然，这种展示形式需要与具体教学内容、探究内容相结合，不能“为了表演而表演”。

4. 实物模型展示

实物模型展示是学生或提供实物或亲自制作模型，通过观察、比较，来加深对教学内容的理解和深化，推动探究活动的进一步进行。这种展示形式既可以激发学生的学习热情和求知欲，又能提高学生的动手实践能力。

（本章执笔者薛永娟，审定者缪爱明）

第七章
效益效能

“我的课堂”体现了学生和教师在课堂上的双主体特征，在知行理念的引导下，实现教与学的高效高能，教师和学生在交往共生的氛围中实现创新能力的提高。

第一节　主体精神灼照

一、主体精神内涵

（一）主体与主体精神

1. 主体

主体是哲学认识论中的概念，它与客体相对应。《辞海》解释说：“主体指认识者（人），客体指作为主体认识对象或实践对象的客观事物，主体具有意识性、能动性和社会历史性等基本特征，意识和思维是主体的机能和最重要的特性。”

教学活动是教师有目的、有计划、有组织地培养人的一种社会实践活动，从这个意义上说，教师是教学活动的主体。另一方面，对学生来说，教学活动是一种特殊的认识活动，是学生认识自我、认识社会、认识自然的活动过程，从这个意义上说，学生是教学活动的主体。现代教学论认为，教学活动是一种特殊的交往活动，是师生间、生生间彼此交流、相互影响、共同发展的活动过程，从这个意义上说，教师和学生都是教学活动的主体。因此，在教学活动中，只有教师和学生两者都发挥出主体作用，才能收到比较好的教学效果。

2．主体精神

主体精神是指作为社会活动主体的人在对象性活动中所表现出来的功能特性，它是人的最本质的特征。学生的主体精神，是指在教育活动中，作为主体的学生在教师引导下处理同外部世界的关系时所表现出的功能特性，具体表现为自主性、能动性和创造性。

培养学生的主体精神，让学生成为有独立意识、独立能力的个体，是教学的最终目的。只有达到这样的目的，学生才能成为自觉完善自我价值的人，才能积极主动地参与社会生活，并为社会发展做出贡献。

（二）主体性教学的教学目标

主体性教学是一种以培养、发展学生的主体精神为旨归的教学模式。它作为一种培养人的社会实践活动，是以增强学生的主体意识、发展学生的主体能力和培养学生的主体人格为目标，通过活动来引发学生主体与环境之间的相互作用，从而促进学生主体性的发展。具体来讲，课堂主体性教学模式的教学目标分为以下三个方面。

1．增强学生的主体意识

主体意识是人类特有的一种心理现象，是指作为认识和实践活动主体的人对于自身的主体地位、主体能力和主体价值的一种自我意识。学生主体意识的强弱，影响到学生主体性的发展。主体意识强的学生，能把学习看作是自己的事，把教学看作是促进自己发展的一种必然，并认为自己发展的程度在一定程度上取决于自己的主观能动性，进而积极主动地参与教学过程，充分发挥自己的能动力量，促进自身的发展。因此，唤醒学生的主体意识，是促进学生主体性发展的先决条件。

2．发展学生的主体能力

对于学生来说，有了主体意识，只意味着他们有参与自身发展和发展自身主体性的愿望。要把这种愿望转化为现实，还必须使他们具有相应的主体能力。所谓主体能力，是指“主体能动地驾驭外部世界使自身主体性得以不断发展的能力”。学生的主体能力具体表现在三个方面：自主性、能动性和创造性。学生主体能力的发展，既有赖于汲取前人积累的文化知识和经验，又有赖于在学习活动过程中的发展和提高。发展学生的主体能力是课堂主体性教学的核心目标。

3. 塑造学生的主体人格

学生的学习过程并不是一种纯智力的过程，它需要学生全身心地投入。以往的教学，忽视了学生情感和态度的体验，忽视了意志、灵感、直觉等因素的培养。主体性教学理论认为，学生主体性发展既包括理性因素的发展，也包括非理性因素的发展。没有学生非理性因素的发展，学生主体性的发展就是不全面的。课堂主体性教学模式必须把塑造学生的主体人格，即培养学生的情感、意志、灵感、直觉等非理性因素作为发展学生主体性的一个不可忽视的目标。

在这三个目标中，主体意识是主体性发展的基础，主体能力是主体性发展的核心，主体人格是主体性发展的保证。学生主体性的发展，应从这三个方面来培养，主体性教学应围绕这三个目标来开展。

（三）主体性教学的教学原则

1. 引导性原则

学生主体性的发展，必须在学生积极参与教学的过程中才能实现。但要想使学生积极主动地参与教学过程，必须发挥教师的主导作用。学生的自主性、能动性和创造性是在教师的引导下发展起来的。为此，在教学的过程中，教师应该充分发挥自己的积极性和创造性，以自己的能动性、创造性去引发和诱导学生的能动性、创造性。教师对学生进行有效激励是学生主体性不断发展的催化剂和推动力。在课堂上，教师应积极创造条件，让学生实现他自己确立的学习目标，获得成功的体验，使学生在良性的循环中养成好的学习习惯，促进其主体性的健康发展。如果教师能看到学生的点滴进步，经常给予学生及时表扬、肯定，那么学生就会感到教师认为自己是位好学生，从而积极接受教师的教育和影响。因此，在课堂上，教师要善待学生，重视对学生的表扬，多进行肯定性评价。

2. 过程性原则

教学的目的不能只让学生记住一些现成的结论，而应重视展示教学内

容的过程性。布鲁纳认为:“我们教一门学科,不是要学生记住教师和教科书上所讲的内容,而是要让学生自己去思考,不是去建造一个活着的小型藏书室,而是要参与知识获得过程,参与建立该学科的知识体系。”教学中,教师可将教材中的重点和难点内容,如一些概念的形成、规律的总结和应用,设计成问题解决的方式展示给学生。让学生在教师的指导下,对知识的发生发展过程作必要的探索和分析,让学生在过程中体验、理解、感受知识产生、发展、变化的过程。通过过程,让学生掌握研究问题的科学方法,形成思维能力,受到思想品德教育,得到和谐美的熏陶,挖掘自己的创造潜力,从而使自己的主体性水平的发展有一个真实的依托。

3. 活动性原则

活动是个体社会化和主体性发展的决定性因素。学生主体性的发展,必须通过学生主体自己的积极主动的活动才能实现。皮亚杰认为活动是实现学生认知发展的基本途径和源泉。学生的学习活动包括学生主体的外部活动和内部活动,学生的发展是内部活动和外部活动双重建构的过程,内部活动需要外化,外部活动需要内化。没有学生的外部活动,内部活动就失去了依托的基础。但在传统的教育过程中,人们往往只重视“教师讲、学生听”这种单一的教学活动,重视学生主体的内部活动,而忽视学生主体的外部活动,因而在建构学生主体方面是极其片面的。教师要通过设计、组织多种多样的学习活动,如让学生自学、讨论、辩论、设计实验、探究、观察、实验、参观、调查以及师生交流对话、生生交往合作等,实现对学生主体活动的全面建构,以全面而又多样的活动促进学生主体性的和谐发展。

4. 创新性原则

课堂上,教师要为每个学生创设优化、宽松的创造环境,即建立一种民主平等的课堂气氛,给学生充分思考的时空、解决问题的机会。教学中应培养学生对学习的兴趣,追求知识的爱好,主动进取、独立思考、大胆求索的精神,实事求是的学风以及理论联系实际的能力,使学生具有良好的创造性人格特征。

创造性思维是创新的核心。针对传统教学只重视集中思维、逻辑思维和分析思维的弊端,课堂上应有意识地培养学生的发散思维、形象思维和直觉思维,使学生从多角度思考问题,并能够把它们综合为整体认识,提出最优化的解决问题的方案，进而创造性地运用所学知识去分析新的情况，研究解决新的问题。

二、传统课堂存在的相关问题

长期以来，我国的课堂教学模式一直是以教师为中心的。这种教学模式的特点是有利于发挥教师的主体作用，有利于在短时间内高效率地传授知识，但它却忽视了学生学习的主观能动性，忽视了学生主体性的发展和培养，在教学过程中仅仅把学生看作是教育的对象、被动接受知识的容器，学生在教学活动中应该表现出来的高度的自主性、主动性和创造性受到压抑，发展受到限制。具体表现为：

1. 课堂"满堂灌"

课堂以教师为中心，以教材为中心。教学过程中教师重视自己的教，忽视学生的学，关注教法，忽视学法。课堂上教师按照事先备好的教案滔滔不绝地讲，不厌其烦地讲，上课成为执行教案的过程。教师是课堂的主角，而学生则被动地听，被动地记录。在这种教学模式下，课堂上的时间大部分被教师占用，教师讲得多，学生说得少，教师想得多，学生思考得少，最终造成学生不爱思考，不主动提问，不敢向教师、书本、权威挑战，只是一味地接受现成的知识，导致学习兴趣低，学习的主动性、自主性、创造性普遍较差。

2. 重知识轻能力

教师是为教知识(陈述性知识)而教。课堂上以知识为中心，只重知识的传授，不重知识的形成和获取过程；只重理论知识的教学，忽视让学生观察、实验；只重认知目标的教学，忽视情感、动作技能等目标的教学。

3. 教学内容"一刀切"

课堂上所有学生接受同样的内容，并以同样的进度、同样的方式学习。事实上，学生的能力是有差异的，而且学生的知识基础、兴趣爱好等也不相同，因此教学不应该采用"一刀切"的方式，而应该承认学生的独特性和差异性，对不同的学生提出不同的目标和要求，使不同学生的兴趣、爱好都得到发挥，潜能都得到发展。

主体性教学的研究及其课堂教学模式的构建，将引导我们从教育思想和教育理论上对传统的教育进行深刻的反省，以新的理论和思想为指导，冲

破由传统教育思想和理论形成的教学模式的桎梏，从根本上解决上述种种弊端，最终把发展学生的主体性落实到教学实践中。

三、“我的课堂”灼照主体精神

（一）“我的课堂”体现主体精神的教学策略

1. 创设民主、平等、和谐的课堂气氛

民主和谐的师生关系，是学生生动活泼、积极主动发展的基础，是培养学生的主体精神不可或缺的氛围。只有在民主和谐的氛围中，学生才能积极主动地观察思考，才能敢想、敢问、敢说、敢动手操作，才有可能激活学生的创新欲望和创造行为，才能培养创新思维所需要的非逻辑性思维、求异思维、发散思维等思维品质，才能促进学生主体性的发展。因此，课堂上，教师应尊重学生的人格，尊重学生的自尊心、自信心。从学生的角度考虑问题，与学生进行平等的交流与合作。教师要信任学生，宽容学生，允许学生自由讨论，鼓励生生之间、师生之间的讨论，允许学生出错。要善于听取学生的意见，根据学生的反馈信息调控自己的教学。

2. 创设问题情境

创设问题情境就是教师在教材内容和学生的认知结构之间制造一种“不协调”，使学生在心理上产生一种悬念，把学生的思维引入与问题有关的情境中，使学生萌发解决问题的欲望。鲁宾斯坦认为：“思维通常是由问题情境产生的，并且以解决问题为目的。”在教学中不断创设问题情境，是启发学生积极思维的重要手段，是培养学生的自主意识和问题意识、调动学生的主动性、发展学生创造性的重要途径。因此，教师必须把问题情境创设作为教学的一个很重要的环节。问题情境的创设可以是多方面的，有的问题情境可以由教师根据教材内容与学生的认识能力来确定；有的问题情境可以直接从教材中设置的思考练习题中选择；有的问题情境可以鼓励学生提出，师生议论得出，这有利于发挥学生主动质疑的主体精神。

3. 多安排学生自主活动的时间

学习是学生通过自主活动主动建构知识意义的过程。课堂上学生能在多大程度上获得知识、形成技能、发展能力，主要取决于学生自主学习的程度。任何不经过充分、独立的自我活动而获得的认知结构都是不牢靠的。只有在自主学习的过程中，学生的主体意识才能不断得到增强，自主学习能力才能不断得到发展，创造潜能才能不断得到挖掘。因此，课堂上教师要留给学生自主学习与发展的时间和空间，让学生独立地进行阅读、观察、实验、思考评价和反思等。

4. 鼓励学生质疑问难

美国教育家布鲁巴克认为：“最精湛的教育艺术遵循的最高准则，就是学生自己提出问题。”如果学生在学习过程中唯唯诺诺，教师怎么说就怎么接受，有问题不敢问，有想法不敢说，一知半解不敢质疑，就毫无积极主动可言，主体性也就无从发展。因此，在课堂上，应建立一种民主教学的和谐气氛，消除学生的各种心理障碍，让他们认识到做学问就是要学会提问，不会提问或不敢提问就是不会学习。教师在课堂上应坚持“无错”原则，鼓励学生大胆地发表自己的见解。对于学习困难的学生，要求他们大声说出自己的观点，即使说错了也要表扬他们敢于发言的意识和勇气，对于学习好的学生要求他们敢于反驳别人的观点，让他们敢于质疑。

5. 让学生合作学习，体验成功

合作学习理论认为，教学动态因素之间的互动是促进学生学习、发展的主要途径。教学互动不仅包括师生之间的互动，还包括生生之间的互动。生生互动是教学系统中宝贵的人力资源，是教学活动成功的不可缺少的重要因素。采用小组合作学习的教学形式，能把生生互动提到它应有的地位上来。课堂上，教师要把大量的时间留给学生，让学生在小组成员之间互相交流，彼此争论，互教互学，相互切磋，共同探究、共同提高。在小组中，交流是多向的、互动的，每个人都有大量的、均等的质疑问难和发表见解的机会，每位学生不仅可从教师那里获得信息和学习方法，也可从同学那里，通过讨论交流，获得启发，拓展思维的深度和广度。

6. 进行学法指导

开展学法指导，教会学生学习，是实现学生自主学、主动学的基础，是实现主体性发展所必需的。联合国教科文组织出版的《学会生存》一书也强调：“未来的文盲不是不识字的人，而是没有学会怎样学习的人。”在知识成倍增长的今天，掌握科学的学习方法比掌握知识本身更重要，因为一个人只有掌握了科学的学习方法，形成了学习能力，他的一生才能不断地获得新知识，才能适应社会的发展与需要。因此，教师要培养学生良好的学习习惯，让学生养成良好的学习态度，根据学生的实际情况，在探索有效的教学方法的同时，指导学生探索适合自己的有效的科学的学习方法。例如，对于学习基础差的学生，引导他们模仿学习，通过模仿教材中例题的解答方法，找出思考、解答问题的一些基本技巧和规律；而对于学习基础好的学生，则要引导他们进行创造性的学习。

（二）发挥学生主体性时要注意的问题

1. 忽视教师的主体性

课堂教学中，学生主体性的发挥离不开教师积极有效的课堂调控，否则就会造成教师主体地位的丧失。有的课堂上，教师为了发挥学生的主体性，精心设计了很多高质量的问题，试图让学生主动去领悟知识，建构起新的知识框架。但由于太过于注重学生“学”的主体性，而忽视了自身的“教”的主体作用，整个课堂都交给了学生自己去掌控，结果课堂失控，被学生搞得一团糟，自己也不自觉地被学生牵着鼻子走。

在课堂教学中，应该尊重学生的主体地位，充分调动学生的积极性，鼓励学生多思考，多动手。有些教师片面地认为，教师讲得越少的课堂才算是主体性教学的好课堂。于是教师就完全让学生自我表演，教师本人则成了闲人。这种“放羊式”的教学方式从一个极端走到了另一个极端，不是尊重学生而是对学生不负责任的表现。

2. 教学太过于形式化，偏离了教学目标

在课堂教学中，一个良好的课堂氛围，能使学生在课堂上大胆提问，畅所欲言，这是发挥学生主体性的要求。但这本身不是目的，一堂课不仅要考虑学生知识技能的掌握，还要考虑学生动机的激发、兴趣的培养以及思考力、判断力的形成等。

3. 片面追求教学手段，教学内容不当

随着信息技术的迅猛发展，科技正改变着教学的各个环节，但有的教师在运用教学手段与方式时却走入一个误区——不顾学生的年龄层次、知识水平和教学内容的特点，盲目追求形式的多样化、新颖性与课堂气氛的热闹，致使教学形式与内容发生错位，无法有效实现教学目标。

第二节　知行理念贯穿

一、知行理念内涵

（一）"知行合一"观点的提出和发展

自《尚书》中提出"非知之艰，行之惟艰"的知行思想后，知与行的关系成为历代中国儒学教育观的一个重要理论课题。在王阳明之前的传统儒家知行观中，"知"广义上是指人的心知的统称，狭义上是指道德知觉；而"行"在广义上是指人的行为，狭义上是指道德实践，知与行的关系是分离为二的。最具影响力的是宋代的程朱理学的知行观。程颐在他的"知先行后说"中明确表示知与行是分而为二的。随后朱熹在其知行观中，继承并发展了程颐的"知先行后说"，在朱熹看来，知与行自然不能合而为一，但可以通过真知实现知与行的统一。

王阳明认为"知是行的主意，行是知的功夫"。"知"是"行"的指导思想，"行"是"知"的具体体现。他强调"知行合一"，不"知"而"行"，会使"行"失去方向，走上违法乱纪、不道德的人生道路；但只"知"不"行"，"知"也就会失去意义。但是，王阳明的"知行合一"观只是局限在道德范畴的道德知觉和道德实践的统一。

到了近现代，孙中山先生也曾对"知行合一"有所研究，他以"知行合一"总结和概括日本自明治维新以来的社会改革成就，并以"行其所不知以致其所知"的口号动员民众先行动起来，在行中求知。

毛泽东先生也提出过"实践是检验真理的唯一标准"，提倡"知行合一"。这是与马克思主义哲学中的认知论和实践论的结合相一致的。

真正在教育的范畴中提倡"知行合一"并付诸行动的便是人民教育家陶行知先生。他曾经说道："行是知之始，知是行之果。"实践即行，行是知的根。他特别强调知行统一。陶行知先生一生在知识分子中提倡力行哲学，知一行一。在他的办学过程中，处处洋溢着"启智求真，知行合一"的气息。

2010 年 7 月,《国家中长期教育改革和发展规划纲要(2010—2020)》正式颁布,其在创新人才培养模式中提出“注重学思结合知行统一”“倡导启发式、探究式、讨论式、参与式教学,帮助学生学会学习。激发学生的好奇心,培养学生的兴趣爱好,营造独立思考、自由探索的良好环境”。坚持教育教学与生产劳动、社会实践相结合。这既是我国教育改革和发展的转折点,同时也开启了教育教学研究的新起点。

(二)“知”与“行”的关系

“知行统一”指认识和实践的统一,二者互为表里,不可分离。正如孔子所云:“知而不行则伪,行而不知则惑。”在课堂教学中,知与行的关系一方面可以理解为知识与知识应用的关系,例如在英语教学中,只注重语法知识的教学,而忽视听、说方面的训练,就是典型的知行不统一;另一方面也可以理解成课堂所学的知识与日常生活实际的联系,比如利用高中所学的电学知识来解决生活中的实际问题。在思想品德教育中,教师要将知识理论和社会实践相结合,在学生中树立实事求是、言行一致的思想作风。

在“我的课堂”教学模式中,教师针对不同学科特点,在教给学生知识的同时,结合生活实际,利用知行理念,让学生在“行”中去体验“知”、深化“知”、创新“知”,实现了知行的统一。

二、传统课堂存在的相关问题

(一)教师的知行不统一

教师的知行不统一,是指教师所具有的理论知识没有与教学实践相结合。有些教师具有良好的专业素养,也对新课程理念具有很深刻的认识,但在教学过程中,由于教学内容与课时的限制,教学过程中并没有体现先进的教学思想,而只是凭个人经验在教学。

传统的课堂教学中,教师备课时更多关注的是教学进度和教学计划的完成度,而把关注学生的发展放在最后考虑,有时甚至不考虑。有些教师很少研读课程标准,难以把握每节课的教学目标和教学重点、难点,他们把更多的时间放在例题的选择、教学的导入环节,导致教学准备阶段准备的知识量过多,知识生成的过程问题设计多但没有精确提炼,教师对知识的深度和广度把握不够准确。

大多数教师都认同应该鼓励学生提问和质疑他人回答,但是很少有教师愿意拿出上课时间让学生质疑和思考,一是因为学生的思考时间可能会影响教学的进度,二是教师怕难以驾驭课堂的气氛,影响教师的权威性。

在传统的教学理念下,教师在教学之后的反思较少,很多教师认为没有多大用处,认为反思只是一种形式,不起任何实质性作用。这主要是因为教师对反思的作用认识不够,反思不仅仅是对教师这节课出现的问题的一些纠正和思考,更多的是去选择更适合学生学习的方式方法,让教师自身的教能够达到知行统一的效果,教师的思是为教师的行做准备,思和行的有效结合使得教师积累更丰富的教学经验,把正确的知行观贯彻到整个教学中去。

(二)学生的知行不统一

1. 传统课堂上,教师选择的教学内容常脱离了学生的生活实际,学生对所学知识不感兴趣,不会灵活运用所学的知识。例如,在高二学习电路结构时,很多学生能从理论上分析串并联电路,但到实验室连接实物时却常会出现知行不统一的现象。

2. 课堂教学中,有些教师过度使用信息技术手段,整节课一直在放PPT,学生一节课都在抄写笔记,根本没有时间来消化教师课上所讲的知识,更不要说灵活运用这些知识点了。

3. 在课堂教学中,有些教师在评价方式上过分追求分数,忽视过程性的评价,导致学生课堂知行不统一。例如,有些学生课堂上注意力集中,积极思考教师所提的问题,参与课堂活动,但没有得到应有的肯定。长此以往,有些学生就算能回答教师提出的问题,也不会积极反应,课堂气氛沉闷,学生表现出明显的知行不统一。

(三)传统课堂知行不统一的原因

1. 教师从思想上没有把学生当作教学的主体,否定了学生的教学主体地位。

2. 教师在教学准备阶段没有考虑到学生的学情，没有考虑到学生的认知结构，教学过程枯燥、乏味，学生很容易失去对学习的兴趣。

3. 教师在知识生成的教学中对学科思想方法渗透不够，不利于知行统一的贯彻。

4. 教师在课堂教学中不注重学生的个体差异性，不能利用分层教学促进学生的发展。

5. 教师注重知识的讲解，在课堂上学生的思考、讨论参与度不够，不利于学生思维的发展。

6. 教师在知识的储备上还不够充分，应该多加强教师培训，注重教育理论知识的学习，同时也要及时记录自己的教学反思。

三、"我的课堂"贯穿知行理念

"知"和"行"是课堂教学的两个维度，教学过程中要根据各学科的特点，做到知行合一。"我的课堂"中把学科知识与学生生活实践联系起来，把知识与应用结合起来，师生在教与学的两个环节中都贯穿了知行理念，提高了学生学以致用的能力。

（一）创设生活情景，教学内容生活化

在"我的课堂"中，教师以学生的直接生活经验导入新知识，唤起学生的生活和情感体验，使其形成知识技能的迁移与内化，激发其运用知识理解和解决实际问题的欲望，进而积极参与生活实践，提高认识，巩固知识。例如在"如何应对挫折"的教学中，可以让学生回忆、交流自己在学习生活中曾经遇到的挫折，在此基础上让学生再举例自己是如何战胜挫折的。大家畅所欲言，从而提炼出适合自身抗挫能力的好方法，从感性认识升华到理性思考，使课堂教学成为学生交流已有生活经验的过程，成为提升生活能力、引导学生创造和体验生活的过程。在法律常识的教育中，不能照本宣科，教师要做有心人，关注身边的人与事，结合实际生活，以"案"说法。如讲到"不良行为可能发展为违法犯罪"这一知识点时，先让学生回顾了生活中的谚语："小时偷针，大时偷金""千里之堤，毁于蚁穴"等，有了一定的感性认识后，再进一步进行知识教学。教学实践也证明，学生在学习知识的活动进程中，对

自己所熟悉的生活场景，会产生亲切感，更易于激发学生学习探知的积极性。因此，教师在进行教学活动中，要善于利用情感的激励性特点，贴近学生的"最近发展区"，将所教学科生活特性作为激发学生探究问题潜能的重要抓手和有效着力点，善于捕捉生活现象，用贴近学生生活实际的问题，实现知识内容与学生生活实践的有效结合，有效调动学生内在学习积极性，激发学生探索新知的潜能和欲望。

（二）构建活动模式，知识应用活动化

课堂教学本身是一种活动，但我们所说的活动化与传统的课堂教学活动有很大的区别。活动化吸纳"活动课程"理论中的精华，并创造性地运用于课堂教学，在"教师、教材、学生"三者关系上，摒弃以"教师为中心，教材为中心"的思路，强调课堂教学必须以学生的自主活动和合作活动为主，学生是确实的"学""做"而非单纯的"受教"。在活动内容上，应根据教材和教学目标，紧扣教学内容，设计学生的活动；在课堂教学方法上，教师以组织、指导、调控学生活动为主；在活动方式上，根据目标力求丰富多彩与多种多样；在活动范围上，要以全体学生的活动取代一问一答或少数尖子生的活动；在教学效果上，不仅要看教学目标的完成情况，还要注重学生是否主动、积极而有兴趣的参与及活动量的高低。

（三）重视动手操作，理科实验正常化

在高考纸笔考试的背景下，高中理科实验实际开设率不高。但要提高学生的实验能力，把"知"和"行"统一起来，就要让学生"真做"实验，做"真"实验。如果没有动手做实验这一环节，实验教学中涉及的知识学习、思想方法体验、思维能力培养、操作技能提高就缺少了载体。是否真做实验决定权在教师，学生十分喜欢做实验，至于有些教师认为做的效果不理想，因而觉得不做也无所谓，那是准备不足、要求不严、训练不够所致。

随着科技发展，教学中引入了多媒体技术，有了仿真实验，有了电脑动画模拟实验，有些教师就完全依靠多媒体把一些仿真实验在投影仪上放给学生看。这些实验尽管现象、结果都与真实验一样，但这是通过电脑科技模拟出来的现象，无法让学生真正地信服，也无法训练学生的思维和动手操作的能力。对于那些无法在高中实验室进行的实验,这也是很好的一种手段,但能够“真”做的实验,教师仍然要一丝不苟地去做。

在“我的课堂”中,理科教师和学校实验员一起整理高中理化生实验的器材,凡是教材要求开设的实验100%开设,让学生到实验室动手操作,并且还补充了一些趣味小实验来培养学生学习理科的兴趣,促进了学生知行的统一。

(四)开展社团活动,校本课程常态化

《基础教育课程改革纲要》提出:基础教育课程改革的具体目标之一是“改变课程管理过于集中的状况,实行国家、地方、学校三级课程管理,增强课程对地方、学校及学生的适应性”。同时指出:学校在执行国家课程和地方课程的同时,应视当地社会、经济发展的具体情况,结合本校的传统和优势、学生的兴趣和需要,开发或选用适合本校的课程。在“我的课堂”中,我校不仅仅把课堂局限在固定的教室,还把它延伸到第二课堂。学校成立了多个社团,比如,辩论社、舞蹈社、围棋社等十几个社团。在实施校本课程的过程中,让学生体验生活场景,学习与人交往,实现行与知的统一。

(五)开展实践活动,课后探究生活化

美国教育家杜威的“整合性原理”提出应注重学生道德素质的整体构建,注重道德知识和能力的整合,注重课内和课外的整合,注重学校生活、家庭生活和社会生活的整合。引导学生在自己的生活过程中去建立积极而富有个性化的生活理念,掌握生活常识,学会生活技能。他认为:知识与活动不可分离,知行统一,欲知必行。课后实践活动是课堂教学生活化的延伸和拓展,是指导学生从课堂回归生活,用掌握的知识指导现实生活的桥梁。因此,在课后,教师有目的地要求学生开展参观采访访问、社会调查等实践活动,让课堂教学再次回归生活。比如,我校一年一次的爱心义卖活动,学生参与活动的策划、组织,积极捐献爱心物品,成立各班的小店铺,在活动中受到教育,奉献爱心,实现了道德认识与道德行为的统一。

第三节 共生气息洋溢

一、共生气息内涵

（一）共生

1. 生物科学领域的界定

"共生"这一概念源于德国著名的真菌学家德贝里（Anton Debary），他在 1879 年提出了共生概念，他认为：共生是不同生物密切生活在一起（live together）。在我国，冯德培等主编的《简明生物学词典》中指出：共生是两种生物或两种中的一种由于不能独立生存而共同生活在一起，互相依赖，各能获得一定利益的现象。尽管对于共生的定义侧重点不同，但都点明了生物之间相互依存的本质特征，更重要的是，纵观生物学领域共生概念渐变的历程，随共生内涵的不断深化，凸显了生命之间的合作、互惠、共存需求之本性，同时也影响到了生物学之外的其他领域。

2. 人文社会科学领域的界定

随"共生"这一概念在生物学界的提出与深化，其理念逐渐受到了各个领域的关注与重视。在人文社科领域，面对日益严峻的人类与自然以及社会之间的冲突与失衡，人们开始尝试用共生的理念及价值取向解决所面临的问题，从而使对"共生"的认识呈现出一种多元化的倾向。

在哲学的层面上，我国研究者吴飞驰认为："共生是人类之间、自然之间以及人与自然之间形成的一种相互依存、和谐、统一的命运关系。"并进而指出："共生理论的本质是互依、互惠、协同、合作……共生原理揭示了生命世界发展的动力源泉和发展机制。"

在教育学领域内，有不少研究者也提出了对共生内涵的不同见解。研究者柳夕浪在对目前教育"反自然""反童性"等弊端进行分析的基础上，提出共生是人成长的关键词，是教育生态的关键词。他认为：人的生存首先是一种关系性的生存，每个人在关系中敞亮自身，在交往中超越自我，若割裂关系，将损人伤己；其次，共生以异质者为讨论的前提，强调对异质者保持一

种开放的心态，通过交流和对话更好地了解差异，摆脱以自我为中心，在更高视界内达到融合，才能达成良性的互动关系；最后，共生理念倡导建立一种协同发展模式，因为与经济竞争不同，就知识的获得、价值寻求与审美享受这类精神财富而言，彼此的利益是互补共享的。

（二）共生课堂的内涵与特征

如果说共生状态是我们教育发展所努力追求的伟大目标，那么作为教育的主阵地——课堂，必然也该确立一种共生的理想，追求课堂系统中的各个生态因子的互惠互利、共同发展。我们不妨把这种以共生为终极追求的课堂称之为共生课堂。

1. 共生课堂的内在机理

因为共生源自于生态学的理论，所以我们应该用教育生态学的视角来构建共生课堂的内在结构。如果把课堂视为一个生态系统，那么它由哪些生态因子共同构成呢？至少应该包括学生、教师、课程、环境与技术。而课堂的核心是什么呢？既不是学生，也不是教师，不是哪一个具体的生态因子。课堂的核心应该指向学习，课堂实施的目的是为了更好地开展学习活动，学习具体到每一节课上就是一个个的教学片断，放大到一个较长的时间段，就是通过不断学习而促进课堂中的每一个生态因子的发展。这里的教师因子具体到一节课上就是一个个体，但是放到一个较长时间的课堂教学系统中，就会有不同的教师参与课堂。比如说，同样的班级、同样的学生，每天就会有几位教师来参与他们的课堂，整个高中阶段就可能有数十位教师成为同一个班级和学生群体的课堂因子。这些教师组成的群体实际上也是一个生态系统，他们彼此之间也发生着各种生态关系。学生因子也不是一个单纯的个体，在一个班级里，学生是一个群体，他们既与课堂中的其他因子发生关系，同时学生群体本身也是一个生态系统，其内部也发生着各种错综复杂的关系。课程因子既包括了具体课堂上所涉及的教学资源，还包括了所使用的教材以及国家及主管部门对于课堂的目标期待等等。环境与技术因子包括教室里的光线、布置、桌椅排放等物理环境，还包括大家所共同创造出来的心理环境。技术既指电脑、白板等现代技术，也包括投影片、小黑板等传统技术的运用。

总而言之,共生课堂的理念认为课堂是一个以学习为核心的生态系统,生态系统各因子之间的共生程度决定了学习可以达到的发展高度。这里的学习不仅仅是指学生的学习,同样包括教师、课程、环境与技术,这些因子在学习过程中都应该得到优化和发展。

2. 共生课堂的外显特征

共生课堂特别重视生态因子之间的关系,各个因子之间的关系和谐了,课堂上的共生状态才有可能产生。所以说,在课堂生态因子之间建立起和谐互动的相互关系是共生课堂的必然特征。

(1) 教师与学生的关系

在共生课堂中,教师与学生之间是一种彼此适应、彼此依存、彼此尊重、优势互补的关系。彼此适应体现在教师既要认真研究学生的学习特点和认知规律、情感状况,以学定教,及时调整自己的教学策略,同时学生也要适应不同教师的不同教学风格,尽快达成师生思想的交融。优势互补是指课堂上学生的专心可以弥补教师教学中的失误和遗漏,教师的敏锐可以洞察学生学习中的障碍,两者之间的相互补充可以把课堂教学的深度和广度推进到一个新境界。

这种积极的师生关系体现在课堂上人与人之间广泛而积极的互动,这既包括了师生间的互动,也包括生生间的互动。这种互动是平等的、真诚的、具有创造性的,其过程充满了不确定性,需要教师与学生运用智慧去面对很多事先无法预料的新问题,需要彼此全身心的投入,是一种持续渐进的过程,教师与学生的智慧、情感和价值观指向一致,融为一体。

(2) 教师与课程的关系

教师与课程之间是一种相互依存、相互促进的关系。教师的教学因为课程的介入才具有了学科的特性,因为教材及其他教学资源的介入才使教学具有了明确的目的性。同时,教师在开展教学的过程中应该持有一种"用教材教,而不是教教材"的态度,把教材视为许多可用的教学资源之一,既能以学生的实际需要为目标,合理利用教材等资源中的长处,又能及时发现教材及其他资源中的缺点和问题,加以合理的改进和重组。再好的课程必须要有教师这一实践者的参与才能证明自身的价值,绽放出自己的魅力光芒,同时课程的发展需要大量教师的实际运用进行实时的反馈,才能发现自身

的优劣长短，从而改善自我，实现提升，变得更为丰富、更为实用。

(3) 学生与课程的关系

课程的三维目标最终需要通过课堂的学习活动才能为学生所接受，所以其对于课堂的适应性需要通过学生的学习状况加以考量。课程的目标合理，教材的编排符合儿童的学习规律，就能促进学生在课堂上的发展。同时，学生在课堂上对于课程的欢迎程度和接受状况就成了衡量课程优劣的一面镜子，为课程自身的调适、教材的改变和其他教学资源的补充与修正都提供了必不可少的依据。

(4) 学生与环境、技术的关系

学生的课堂学习很大程度上依赖于环境，比如灰暗的教室光线会影响到学生对周围事物的感知，甚至影响到学生的身体健康，从而进一步作用于学生的学习和发展；再比如教室座位的编排过于密集可能导致学生相互间的无序、无效交往的增加，过于稀疏又可能导致好的课堂气氛难以形成。技术的革命为孩子们的学习带来诸多的方便，效率带来极大的提高，比如英语课通过语音室的设备来帮学生正音，语文课通过录像手段来突破教室对于活动的时空限制，科学课通过动画技术来帮助学生解开人体和星空等科学暗箱等等。

环境和技术对于学生学习的支持也不是越昂贵、越先进越好，而是越适合学生的学习越好，否则过大的投入得到的却是相似的效果。所以，大量课堂上学生的表现状况成了考量环境和技术的合理、适度使用的最好的试金石。

二、传统课堂存在的相关问题

依据共生教育的基本理念，下面结合课堂教学的目标、内容、环境、评价以及师生关系五个方面阐释一下传统课堂教学中与共生教育理念相悖的非共生现象。

（一）功利性的教学目标

课堂教学的目标应该定位于通过本节教学内容的互动，让学生在掌握“双基”的基础上发展个性、开发潜能、学会创新。让教师通过互动获得业务的提升和情感的满足。然而,在课堂教学实践中,课堂教学的目标发生了很大的偏差,表现出很明显的功利性。

【案例】 高一数学《四种命题》的教学目标设计

1. 教学知识点:四种命题的概念及其之间的相互关系;一个命题的真假与其他三个命题真假之间的关系;互为逆否命题的等价性。

2. 能力训练要求:理解上述四种命题间的相互关系,让学生掌握以上内容,进而培养学生的逻辑推理能力。

3. 德育渗透目标:使学生认识到在日常生活、学习和工作中,基本的逻辑知识及推理能力是认识问题、分析问题不可缺少的工具,并进一步提高和培养学生的逻辑思维能力。

从这个案例中可以看到,教学目标仅仅关注学生的学习目标,忽视了教师反思目标,仅仅提到"合作探讨",忽视了合作学习的目标设计,缺乏操作性,从而难以让学生有效互动,相互弥补,相互促进,使教育的合作理念和共生理念同样难以得到体现。

绝大多数教师在教学目标设计时,基本上按照课标要求展开,主要以考试为中心,很少考虑学生的需要和兴趣,更不用提接纳学生参与到教学目标的设计。在课堂教学中,师生活动基本上限定在教材内容的掌握上,上述教学目标设计中除了"知识与能力"这一部分以外,其他部分基本上是教案的"装饰",在课堂上处于可有可无的地位,即便是在课堂上有所表现,也只是一种流于形式的过场,不会引起师生的重视。如果学校面临评比或接近期末测试,这种以知识为核心的教学目标取向会表现得更为突出。

(二)抽象单调的教学内容

课堂教学内容不等于所学的教材,而是以教材为基础的创造性生成,师生以此为信息中介,展开对话,引发思考,进而增强理解,促进成长。然而,在课堂教学中,受应试教育思想的影响,课堂教学内容被狭隘地限定为作为考试内容的教材,课堂教学严格按照教材内容展开,使课堂变得枯燥和抽

象，让课堂失去了生命的活力。首先，这种取向仅仅把教学内容作为提高成绩的筹码，远离了学生生活，忽视了师生基于内容的生命思考，使教育的生命理念没有得到应有的体现；其次，这种取向重视按照既定的内容主线展开，轻视学生的其他观点和疑问，更缺乏依据学生表现的动态生成，使学生被动接受既定的知识，忽视了教育的包容理念和过程理念；最后，这种取向使学科之间缺乏应有的联系，形成了"各自为战"的局面，使学生认识到的是被肢解的世界，学科之间相互支撑、相互补充的良性互动难以形成，使教育的整体理念和共生理念难以实现。

（三）缺乏生机与活力的教学环境

教学环境是教学构成要素的重要组成部分，在教学过程中，教学环境对学生心理品质的培养、学习方式的选择等起着特殊的重要作用。对此，教室作为课堂教学的主要场所，要注重教室的环境建设，努力从物质上和文化上构建师生生命活动的舒适空间，促进师生生命成长活动的顺利开展。然而，传统学校均普遍存在着班级规模过大的问题，少则五六十、多则近百人挤在一个教室里，使处于其中的师生均有一种压抑感，再加上班级管理不善而造成的不良班级秩序以及卫生和通风等问题，使教室拥挤而又混乱。多数学校的班级缺乏融洽的人际关系和良好的班级氛围，同学交往多存在于优等生之间或后进生之间，具有明显的分层交往特点，除了学生非正式小团体中的个别交往之外，其他学生之间很少有积极的交往与合作，更谈不上学生之间的相互借鉴和共同进步，同时缺乏积极、稳定的班级文化氛围，使教室环境缺失了融洽和谐的人文气息。

（四）僵化低效的教学管理

高效的课堂教学必须有科学的课堂管理，合理协调和控制各种教学因素，使课堂教学的各个方面和各种因素相互配合、积极有效地互动，从而达成课堂教学的最优化状态。但是，当前课堂管理的管理理念和具体实践均存在着种种的不足之处。比如：教师对班级的管理忽视学生的参与，不能依据学生的实际表现而及时调整课堂教学的进展，视课堂教学为一个静态的推进过程，轻视了课堂管理的动态生成性，使课堂教学显得缺乏生气，效果不佳。总的来说,这种管理取向视教学管理为一种静态的控制过程,使课堂教学管理缺失了共生教育的基本理念。有些课堂管理把学生看作同质性的被管理对象,在管理中按照单一的制度或计划推进,未能充分重视学生的多样性和差异性,忽视了学生生命活动的丰富性,缺失了教育的包容理念,同时也使教育的生命理念没能得到应有的体现。

(五)狭隘功利的教学评价

课堂教学评价是引领课堂教学开展的方向标和助推器,良好的课堂教学评价对课堂教学能起到积极的导向、改进和激励功能,能及时扭转课堂教学的不良倾向,促进师生在课堂活动中围绕既定目标积极互动,提高课堂教学的教学质量。然而,在现实的课堂教学实践中,课堂教学评价在教育功利思想的影响下逐渐走向狭隘化和功利化。

对于课堂教学的评价一般是由上级教研员、学校领导以公开课、评优课的形式进行的,通过参照上级教研部门制定的评课标准对每位教师的上课情况进行打分,以确定每位教师的课堂教学水平。这种评价方式固然有公平、公正、便于操作的优点,但是也使本来立足于促进教师教学水平提高的课堂教学评估流于形式,走向狭隘化和功利化,违背了基于共生教育的基本理念。

在对学生的评价中,很多教师多用固定、偏见的观点判断学生,经常给予优等生鼓励性评价而忽略对差生进步的赏识,经常用横向比较的方法区别学生的优劣,缺乏用纵向比较的方法肯定学生的进步,使教育的过程性在评价中没能得到很好的体现。这种评价制度过于关注学生的知识和能力表现,轻视学生的思想活动和精神提升,过于强调学生的成绩对比和学习竞争,轻视学生间的相互促进与合作,缺乏对学生学习过程的监控和及时指导,忽视学生的参与,学生的多样性和差异性难以得到应有的重视,使学生评价严重功利化和工具化而偏离了教育的基本理念。

(六)冷漠和对立凸显的师生关系

师生关系是教学中最基本、最重要的人际关系。良好的师生关系是优化课堂氛围、培养师生积极情感、提高课堂教学效果的重要基础。然而,在

当前的课堂教学中，本来向积极方向发展的师生关系中却凸显出了冷漠、对立和功利性的不和谐因素。

师生矛盾的焦点主要集中在管理方式上，部分教师依然把学生看成管理的对象，把学生看成同质的被管理者，课堂教学以自己的意志为转移，忽视学生的主体性和自主性，对学生缺乏人文关怀，管理中的批评多于鼓励、管理多于关爱、命令多于协商，让本来平等民主的师生关系变得相互对立而形成师生隔膜，从而缺失了学生发展的包容理念和教育的生命理念。

三、"我的课堂"洋溢共生气息

随着共生理念的不断发展，人们把共生理念作为解决不同领域问题的重要依据和价值取向。然而，深入课堂，不难发现我们传统的课堂被深深地打上了应试教育的烙印。这种旧的教学理念使课堂教学的价值取向与教育的初衷严重偏离，因此，我们用共生理念来审视当前的课堂教学，并在"我的课堂"中尝试探讨共生理念下的课堂教学的应然取向及其建构。

（一）教学目标：在动态生成中达成共生

在传统的课堂教学中，学生被片面地看成知识的接受者，教学目标的定位过多地重视知识的传授和灌输，忽视了学生全面素质的培养和个性发展；过多地重视教学目标的预设，忽视了教学目标的动态生成，这一倾向使课堂教学失去了生命活力。事实上，"人的生命是课堂教学的出发点，课堂教学必须以人为中心，从人的生命关怀开始，把生命意义的提升作为教学的最高目标，使课堂呈现出应有的生命活力与生命发展意义"。对此，共生理念下的"我的课堂"重视课堂活动中师生的全身心投入，强调教学活动的生成性，把提升师生的生命意义作为教学的最高目标。

首先，基于共生理念的课堂教学目标追求师生生命发展的全面共生。一方面，"我的课堂"重视生生之间的理解、互动与协作，注重生生之间的优势互补，达成生生之间的共生；另一方面，还关注教师的发展，重视在师生的互动中提升教师的生命价值，达成师生间的共生。

其次，共生取向的教学目标体现出创造特点的动态生成性。一方面，随着教学活动的展开，学生根据已有经验对学习内容进行认知重组，让新的目标不断生成,教学内容不断拓展,以促进生命的丰富和发展。另一方面,教师还要根据课堂教学中学生的表现和出现的新情况,有意识地调整教学目标,引导学生积极思考,点燃学生创造性的火花,让学生在教学目标的动态生成中得到发展和完善。

(二)教学内容:基于生命成长的文本规定性

基于共生理念,课堂教学的内容是促进人的生命价值提升的知识和信息基础,体现出科学与人文的统一。一方面,教育的最终目的是促进人的生命成长,提升人的生命质量,然而,人的发展不是局部的、孤立的发展,而是处在各种人或物的相互关系中,是身体和精神上的全面发展。对此,"我的课堂"重视学科间的相互联系,挖掘其内在的精神意蕴,尊重主体间的文化多元特性,把课堂教学内容从抽象的"知识世界"回归到师生的"生活世界",实现科学与人文上的共生。另一方面,课堂教学内容依据生命活动的多样性和过程性,注重与学生生活世界的联系,吸引学生投入课堂,进而与教师、与文本积极对话,对教学文本进行重构和生成,构建新的认知体系。同时,课堂是教师文化、学生文化和社会多元文化交互影响的存在,其内容要在体现对主流文化引导意义的基础上,接纳学生文化,避免文化专断造成学生的文化失语,介绍多元文化,加强对话,提升理解,扩展师生的视野,在互动中达成文化共生,使教学内容成为在文本规定性与开发生成性上的统一。

(三)师生关系:在教师主导的平等对话中达成共生

师生关系是教育中人际关系的直接体现,反映了教育理念中对人的基本假设。构建平等和谐的师生关系已成为教育共同的追求,然而,这种关系如何构建,在课堂教学中如何体现,还没有达成广泛的共识。"我的课堂"基于共生理念对师生生命共同成长的关注,立足于人的关系性,共生性师生关系承认和接纳师生的独特性和差异性,坚持师生均作为独特的精神整体进行互动交流,进入师生间全方位、全生命的交往与对话,在动态开放的思维中推进师生关系的转型。首先,基于人存在的关系性,教师是学有所长、代表着一定文化立场的独特生命体,作为责任和自身的双重需要与学生进行交流;学生作为有待于成长的、有个性的、有尊严的独特生命体,需要在教师的帮助下提升和完善自己。然而，这种提升过程不是学生被动地接受的过程，而是主动建构的过程。在此过程中，教师既要有意识地引导学生清醒地认识自己，朝向既定目标发展，又要注重创造平等融洽的氛围以促进师生间积极的对话，防止表面平等下的教师"文化霸权"。

（四）教学环境：体现物质和人文的双重关怀

教室是课堂教学活动的主要场所，也是师生互动交流、进行生命活动的重要生活空间。因而，构建优美、和谐的课堂教学环境，塑造健康的班级文化，形成良好的班风，发挥班级环境的涵育作用，就显得尤为重要。共生理念下的课堂教学注重环境的开放性和生成性，使教学环境宽松、温馨、富有内涵，构建充满生命气息和人文关怀的课堂教学环境，促进师生之间以及与环境之间的意义对话和心灵沟通，使人的生命活力得以张扬，师生生命成长与班级环境建设相互促进的共生目标得以实现。

"我的课堂"强调物质布局上的人性化、自主化、个性化和动态生成性。一方面，教室环境的布置要体现以人为本的宗旨，协调美观，力求舒适并体验到生活的美好；另一方面，教室环境要采用开放的、动态的、有生命力的布置方式，让教室焕发出学生的生命朝气。其次，课堂教学作为传递和整合文化的重要途径，其环境的布置无不体现着文化的选择和取向，并潜移默化地影响着师生的教学活动。对此，环境的设计在体现特定教育意图的基础上，要注重从学生的视角审视教室布局和装饰的内涵，体现学生的文化诉求，体现教室环境文化的多元性，让学生从内心认同和接受教室环境蕴含的文化元素。同时，教师还要注重形成宽松、融洽的班级氛围，体现出全面的人文关怀，形成优良的班风，从而构建师生共同活动的心灵家园。

（五）课堂管理：在民主参与中达成"自我实现"

课堂教学是一个多因素参与的动态过程，为实现预定的教学目标，需要教师对课堂内的各种教学因素进行合理的协调与控制，以达到课堂教学的最优化状态。然而，许多教师把课堂教学管理狭隘地看成是制定相关制度以控制学生的静态过程，轻视学生对教学管理的主动参与，难以形成自主有序的课堂秩序。对此,"我的课堂"基于对生命的尊重和对共生的追求,以学生的健康成长为管理的最终目标,充分尊重学生的差异性和成长的自组织特征,创设民主参与的管理机制,培养学生负责、自律的良好作风,形成学生发展与班级管理相互促进的良性互动。"我的课堂"坚持以人为本的管理理念,尊重学生的个性特点,确立学生在课堂教学管理中的主体地位,充分发挥学生成长的自主建构性,以达成"自我实现"的目的。在教学管理中,引领学生共同制定课堂纪律和班级规则,由他律到自律,进而超越自我;共同商议班级决策,让学生明确自己要承担的任务,增强其作为课堂主人翁的责任感和使命感。在此基础上,学生通过参与民主活动,在对话交流中树立自我管理意识,学会理解他人、认识自己,进而加强合作,在班级管理中促进生命的自主成长。同时,基于"良好的课堂秩序建立在合理而明确的课堂规则的基础之上,是课堂规则的生成与执行过程中实现的",教学管理还尊重课堂教学的复杂性和动态性,注重对课堂教学的动态管理,重视对课堂教学过程的监控,使学生在优化的课堂环境中自主学习。一方面,及时把握课堂教学动态,关注学生的心理效应,合理处置教学中的突发事件,使课堂变化因子成为拓展教学资源的元素,引导课堂教学有序、高效进行。另一方面,教师要重视榜样的引导力量,建立积极上进的激励机制,充分发挥班级组织的自我管理作用,引导学生自主、自觉地完善自我。

(六)教学评价:定位于引领和激励师生的共同成长

"我的课堂"注重对异质的包容和对竞争的理性引导,体现为一种基于共生的过程性。在此理念下,课堂教学评价持一种过程性的评价观,旨在发挥评价的改进、导向和激励功能,纠正课堂教学过于狭隘的知识和技能取向,引导课堂教学尊重师生生命活动的自主性和多样性,使课堂充满生命的活力。这种评价观着眼于师生和生生间良性互动关系的建立,定位于师生生命的共同成长,在评价内容上除了重视对学生的"双基"和教师的基本素质进行评价外,还兼顾课堂上对接纳异质、尊重生命以及重视合作等情况的考察;在评价方法上注重课堂教学的真实性评价,把评价过程变成对课堂教学的实时监控、指导和改进的过程;最后,该课堂评价接纳师生共同参与课堂教学评价,增进师生对评价活动的认可和接纳,强调对面临问题的解决,

促进师生主动发现和解决问题，进而达成师生共同成长。

在教师评价方面，“我的课堂”尊重教师劳动的复杂性和滞后性，体现评价的人文关怀，使教师从评价中得到提升自己的技术支持和精神动力。教师评价要重视评价的开放性和动态性，全方位地了解教师课堂教学情况。

在学生评价方面，“我的课堂”尊重学生发展的差异性和个性特征，把评价的目的定位于为学生的发展服务，重在评价中肯定学生的进步，使学生获得成功的激励，发现学生面临的问题，使学生在评价中认识自我、促进交流、增强合作，进而完善自我。要注重评价的发展性，在评价中强调评价方式的灵活性和多样化，使学生及时得到前进的指引；同时，尊重学生的主体性，鼓励学生和家长的参与，让学生了解评价的过程，增强对评价的接纳和认可，让每个学生清醒地认识到自己的成绩和不足，进而获得成长的动力和启示。

第四节　创新能力彰显

一、创新能力内涵

（一）创新的含义

创新是指人们运用所掌握的知识或技能去解决某个问题，在这个过程中突破常规的思维方式，产生了新的结果。人们在发展中谋求创新，创新的核心体现在了“新”这个字，既表示有形物质特征的变化，也表示无形观念的变化。“创新”一词最早出现在我国的《南史·后妃传》中，意思是创造之前不存在的事物。

国际上关于“创新”的研究最早是与社会的科学技术和工业的发展联系在一起的。“创新”用英文表示是“innovation”，有的英汉词典会将其翻译为“革新”。但是这种表述方式并不准确，人们常狭隘地认为革新就是技术上的改革。奥地利经济学家熊彼得在《经济发展理论》中提出了“创新理论”，他认为经济增长的内生变量就是创新，并在以后的著作里加以应用和发展，他认为创新就是建立一种新的生产要素组合的生产函数，各个方面的创新都有内在联系,例如教育创新、制度创新、科学创新等。熊彼得对创新的研究构成了现代创新研究的基础,也是研究国家创新体系的起点。

(二)创新能力

关于创新能力的阐述,有多种认识。有的人认为:创新能力是指人在顺利完成以原有知识、经验为基础的创建新事物的活动中表现出来的潜在的心理品质。也有人认为:创新能力是人们革旧布新和创造新事物的能力,包括发现问题、分析问题、解决问题以及在解决问题过程中进一步发现新问题从而不断推动事物发展变化。它是一种综合性的能力,也应该是个体与环境作用下的产物。在发展创新能力的同时,伴随着应用能力的发展,应用能力应该是运用已有的知识技能和经验解决生活中的实际问题。

《基础教育课程改革纲要(试行)》中明确指出要使学生"具有初步的创新精神、实践能力、科学和人文素养以及环境意识",所以创新能力的培养也是课程改革的要求,是学校教育的一项重要内容。"我的课堂"把发展学生的创新能力作为课堂教学的重要目标和任务。

二、传统课堂存在的相关问题

在传统课堂教学中,由于教学方式、教师创新意识、评价体系、校园文化建设等方面的原因,课堂只注重了知识的传授,忽视了对学生创新能力的培养。

(一)教学方式存在问题

1. 思维方式相同

思维方式相同是影响中国人创新意识培养的主要原因。它表现在两个方面:思维功能固着、盲目崇拜权威。应试教育是造成这个问题的主要原因,教师为了提高升学率,创造出了条条框框让学生死记硬背,学生为了追求高分,大量背各种解题模板、作文框架,这无形中扼杀了学生的创新意识,严重阻碍了学生创新能力的发展。

2. 知识无活力

传统课堂上,教师只顾讲授与考试相关的知识点,不停地写板书,学生

则机械性地抬头看，低头抄，并未真正理解、掌握所学的知识，因此当面对发散性思维的题目时总是难以下笔。知识无活力泛指学生不能学以致用，不能将课堂所学的知识灵活运用到实际的生活中。许多学生、家长甚至是教师认为，高中所学的知识实用性并不强，大多都是基础理论，有的是为进入大学进一步的学习做准备，因此对待学习知识，学生就像完成任务一样，上课听讲，下课做练习，考试考高分。想通过这种"填鸭式"的教学方式调动学生学习的积极性，培养学生的创新意识，这真是无稽之谈。

3. 发散思维受限制

发散思维受限制是影响中国人创新意识培养的主要原因之一，这在高中生的身上体现得尤为明显。由于高中三年的学习不属于国家的九年义务教育，想要进入高中必须要经过中考的选拔，因此进入同一所高中的学生互相之间的差距并不大，为了能在高考中取得好成绩，学生只顾海量做题，这严重限制了学生的发散性思维。

（二）教师队伍现状不能满足培养创新型人才的要求

改革开放以来，我国通过一系列的举措加强对中小学教师队伍的建设，使得中小学教师队伍的规模和教师的教学质量有了很大程度的提升，支撑起了我国的教育事业。但随着社会的不断发展，对教育的改革提出了新的要求，因为创新是国家发展的动力，因此我们要培养具有创新意识的人才。如今的教师队伍并不能完全胜任对学生创新意识的培养。第一，有部分教师未达到相应的学历要求。第二，教师专业知识老化。教师专业其实包含两个方面，一是对学科知识进行传授，二是对学生进行教育，仅在某个学科知识有成就的专家并不能称之为教师，他还应懂得如何传授知识，对学生进行教育。研究表明现今教师队伍专业知识老化，不能适应"新课改"的要求，难以培养学生的创新意识。第三，现今教师的教育思想陈旧。有人认为，我国教师教育的思想局限化，不利于创新型人才的培养，具体表现为尚同、以教师为中心、教师教学方式单一化、缺乏批判精神。因此，在建设创新型教师队伍的过程中，不仅要注重对教师能力的培养，还应注重教师教育观念的改变。

对高中教师影响最大的教学观念主要有以下几个方面。一是教学注重结果甚于注重过程。在这种教学观念指导下，教师根据课程教学的步骤进行授课，教师只是充当传输知识的一种媒介。通过这样一种单一、乏味的传授知识，很难让学生提起学习的兴趣。二是在学校中，师生之间的关系使大部分学生认为教师所传授的知识就一定是正确的。教师长期得不到来自于学生、家长的反馈，自己的教学也会慢慢走入误区，无论是教学内容还是教学方法都得不到提升，甚至会走下坡路，影响对学生知识的传授。问题的提出和解答都是由教师所展开的，学生只是被动接受并未主动思考问题，在课后学生忙于做各种练习，教师忙于批改作业，师生之间未能进行有效的交流，教师不清楚学生学习的具体情况，不能因材施教，学生存在的问题也得不到解答，养成得过且过的惰性。三是教学关注的并不是学生个人而是学科的教学本身。这样的教学观念重教书轻育人，在教学中，教师没有关注学生的学习情绪和情感，也未将学生的道德和人格的培养纳入教学之中，而过分注重学科知识本身的阐述与传授。

（三）当前考试评价制度不当

通常我们以学生考试分数的高低来判断教师的教学是否合格，但是通过考试来对学生以及教师做出评价的这种方式存在不少的弊端，其主要体现在了以下几个方面。

1. 考试目的功利化

这种评价方式突出表现在学生、教师一味追求高分，认为分数决定一切，对考试的目的没有一个清晰的认识。实际上考试的目的是为了检测学生一段时间的学习情况，现在却成为影响学生评优评先、能否获得奖学金的唯一标准。这无形中给学生造成了一种误解：只要我能考得高分，我就是优秀的。这种“分数至上”的观念会使其产生功利化的思想，不利于学生的长久发展，同时也影响了高中教学的内容，只要是高考的知识点，学生就要死记硬背、强化训练，异化了考试与教学的关系，有悖于教学的初衷。

2. 考试内容局限化

教材作为考试的唯一依据，在教学过程中，由于所学的内容多，涵盖广，教师不可能对整本书进行仔细讲解，而是惯于围绕着考点展开，哪一块是考试的重点，学生就应该在哪一块加强练习，对于不是考点的知识则一笔带过，或是让学生课余进行自主学习。这样的方式并未激励学生，反而使学生

学习动力不足，为了应付考试背题目、抄笔记，临时抱佛脚。这种现象的存在，其结果是严重挫伤了认真学习的学生的积极性，助长了一部分学生的惰性，不利于高中良好学风的形成，不利于学生对课程系统知识的掌握；再加上由于考试内容走不出课本的范围，考试题目偏重对知识学习的检查，忽略对学生实际能力的考核，无形中就鼓励学生死读课本，把时间和注意力都花费在有限的课本知识里，不利于培养学生的创新意识。

3. 考试方式单一

当前评价学生掌握知识程度的考试方式单一化，一般都采用纸笔考试，不利于培养学生的创新能力和创造性思维。高中三年学生参加社会实践的次数屈指可数，整日与习题为伴，综合素质未得到培养。

（四）校园文化建设不当

1. 缺乏个性和特色

校园的物质文化包括校园建筑风格和设施陈设、校园的自然环境和整体布局、校园的绿化和美化。

校园文化具有直观性，它直接体现出了学校的文化氛围，有很强的感染力。但是目前许多校园文化建设存在问题，学校偏向于物质设施的建设，讲究整个学校的设计方式、整体布局等，却忽略了对人文精神的建设，没有让学生通过校园文化体会到学校的文化底蕴。现在有些学校的领导善于做“面子工程”，热衷于提高自己的政绩，将学校的建筑设施、教学设施配备得越来越完善，但是学生并未能体会到校园文化代表的含义。

2. 校园制度僵化

校园的制度具有强制性、统一性。制度文化主要体现在了对师生的约束和管理两个方面。不同的学校应根据自身学校的特点和办学理念，采取相应的措施来制定自己学校的规章制度，但是目前在教育行政管理中，上级主管部门的管理比较死板，学校的整体布局、师资建设甚至包括人事安排都由主管部门决定，学校没有自主权。其次，学校的管理制度未能与时俱进，内容缺乏创新意识，许多条条框框限制了我们的教育改革。许多学校做表面工夫，学校的规章制度都是由某个工厂统一加工的，并未体现自身学校的特色。现在大部分的学校规章制度都是形同虚设，在一定程度上反映出了我们的管理和监督制度存在很大的问题。

三、"我的课堂"彰显创新能力

传统的教育往往只重视向学生传授知识，忽略了培养他们的创新精神和创新能力。在传授知识时采用"灌输式"，忽略了学生的兴趣和好奇心，从而限制了学生的思维发展。这些弊病的存在，在一定程度上遏制了创新能力的发展。"我的课堂"关注学生兴趣的培养，锻炼学生的思维，鼓励学生大胆创新，把学生创新精神和创新能力的培养作为教学的一项重要目标。

（一）"我的课堂"培养学生创新能力的原则

要在教学中培养学生的创新能力，必须要遵循教育规律，只有对症下药，才能取得实质性的发展。在具体培养过程中，应遵循以下四大原则：

1. 可行性原则，适量适度

中学阶段由于年龄以及生活经历多方面的原因，学生掌握的知识有限。因此，培养学生的创新能力应与教学内容，还有学生的年龄特征相符合，要把握一定的度。注意量度、难度、深度，不能为了培养其能力而拔高，要以学生的已有知识为基础，已有的个体经验为前提，也不能太专业化，一定要注意培养的可行性。

2. 个性化原则，因材施教

世上没有两片相同的叶子，也没有完全相同的两个人，每个人都是独一无二的。个性化也是一种创造，所以培养中学生的创新能力也得遵循个性化原则因材施教，让学生发挥自主能动性、独创性。

所有的学科教育都应遵循此原则，它包含了"因时施教、因地施教、因人施教"。对学生不同的年龄阶段采取不同的教育教学方式，教育教学内容也有所不同，教学目标相应产生变化，还有学生有不同的生活经验，不同的生活背景，在教学时培养其创新能力最好选择真实的生活场景。每个学生性格有差异，知识有差异，应根据学生个体的差异去教学，这样学生才会都得到相应的发展、更好的发展。

3. 实践化原则，循序渐进

马克思说："实践是检验真理的唯一标准。"培养学生的创新能力，其目

的、途径和最终结果都是为了实践应用。坚持创新是一种创造性的实践，所以培养学生的创新能力，其实是与实践紧密结合起来的，不是割裂存在的，实践是检验、评价学生创新能力的唯一标准。但在培养时也得考虑学生原有的基础知识、生活经验和认知水平，因此培养能力时得循序渐进，由浅入深，由易到难，也是符合学生的实际情况而定，这样就会促进学生的发展，反之则会适得其反。

4. 系统化原则，团结协作

培养学生的创新能力是一个包括创新意识、创新精神、创新思维和创新方法等诸多要素的有机整体，相互联系，相互作用。而创新能力的培养与其他能力，如分析能力、应用能力也是一个有机的整体，不能割裂。能力的培养也不能脱离环境而存在，需要良好的社会、学校、家庭相互和谐的一个大环境。因此培养学生的创新能力应遵循系统化原则。学生的创新应用能力不单跟个人的智力因素有关，非智力因素也影响着个人创造能力、应用能力的发挥。现在的学生大部分是独生子女，不善于与人合作交往，团结协作的能力低，就应倡导从小就要让学生学会生存、学会合作、学会关心。现代社会是高速发展的社会，任何事不能单靠个人的力量来解决。有人对近代科学发明创造包括诺贝尔获奖者进行全面分析，发现三分之一以上的人是因为与他人合作而有杰出贡献，因此要想在社会上生存，要想有所创造必须学会与人相处、信息共享、团结合作。

（二）“我的课堂”培养学生创新能力的基本策略

1. 转变教师观念是培养创新应用能力的首要条件

影响学生创新能力的因素很多，教师对创新能力认识的误区，教材偏排的不足，学生自我认识的片面等都成为影响学生创新能力发展的障碍。如果教师认为教学只是教给学生相关的学科知识，那么会忽视创新能力的培养，束缚学生创新能力的发展。“我的课堂”改变教师的观念，在新课程理念指导下设计出有利于培养学生创新能力的教学方案。

教师是教学的组织者和引导者，只有转变了教学观念，在营造课堂气氛、设计教学模式、运用教学方法时才会很好的贯彻实施以创新、应用能力培养为目标的教学。因此教师要不断丰富自己的生活经验、知识素养，主动了解知识在现实生活中的应用，用创造性的思维去思考解决生活中的实际问题。在课堂教学中改变教学观念，渗透创新的理念，少一些枯燥，多一些趣味，少一些纯知识，多一些实际应用的问题，才能凌驾教材之外和课堂之上，培养学生创新应用意识与能力。

2. 激发学生的兴趣是培养创新能力的关键

教育学家马申斯基说："没有丝毫兴趣的强制学习，将会扼杀学生探求真理的欲望。"兴趣是最好的老师，也是学习的重要动力，也是创新的重要动力，只有围绕培养学生兴趣和良好的学习习惯进行教学，针对学生个性差异进行因材施教，当学生认识到自己学的东西有意义、有兴趣时，他们才会以很高的热情投入到学习中；才会主动地去探索，带着愉悦的情绪去克服一切困难，想尽办法解决问题，充分展现自己的才干和智能。所以只有充分调动学生的主观能动性才能在学习中提高学生的创新能力。

(1) 营造良好的学习氛围，建立新型的师生关系

创设民主宽松的氛围，营造创新思维的环境。罗杰斯指出："有利于创造活动的条件是心理的安全和心理的自由。"教师应尊重学生的爱好、个性和人格，以平等、宽容、友善的态度对待学生，使学生在教育教学中与教师一起参与教和学，做学习的主人，充分发挥学生的自主性。在宽松的教学环境中，学生畅所欲言、各抒己见、敢于发表自己的见解、积极思考、发挥想象、努力与他人合作。活跃的思维，主动的探求，充分发挥了学生的聪明才智，避免了传统教育之中教师讲学生听、枯燥单一的模式，学生思维僵化，又何来创造、应用的能力呢？

(2) 利用课堂导入激发学生兴趣

一堂课，一个引人入胜的导入，会吸引所有学生的注意力，带动学生的思考。导入的方式很多，为引起学生的兴趣，可采用与现实生活中相联系的实例故事引入课堂。例如，在讲等差比数列求和时，可以从下面的故事引入：小镇上住着一位流浪汉吉米和一位百万富翁韦伯。一天，吉米找到韦伯说要与他做一笔交易。吉米拿出准备好的合同，上面写着："以一个月(30天)为期限，在这一个月中，韦伯第一天给吉米一分钱，第二天给两分钱，第三天给四分钱，以此类推，每天给吉米的钱是前一天的两倍。而吉米则在月底最后一天一次性给韦伯300万。"韦伯听后欣喜若狂，立即签了合同。那

么韦伯是否能赚到钱呢？听到这个故事后同学们议论纷纷，有的会拿出笔来计算，可又过于复杂。这时引入等比数列的求和公式的学习，所有的同学都会满怀兴致地去学习。又如采用现代多媒体课件，列举一些实际问题，图片、画面，甚至影像资料等。让学生在多种感觉的刺激下，联系生活实际，又有兴趣去探知，吸引了学生的全部身心，对课堂的知识传授、能力的培养能够起到事半功倍的效果。

（3）利用学生的好奇心，培养兴趣

每个人都有好奇心，利用学生的好奇心和求知心理展开教学，也可以激发学生的兴趣，在提出问题时，要提恰如其分的问题，让学生“跳一跳，摘个桃”。根据维果茨基的“最近发展区”理论，教师提的问题要难易适中，并能吸引学生，激发学生的认知矛盾，让学生提出新的质疑，自觉去解决、去创新。

（4）联系生活实际，激发学生兴趣

知识来源于生活又为生活服务。在教学中要尽可能为学生提供丰富的感情材料。在例题、习题中，增加来自报纸杂志、电视、网络等媒体的资料，或用来自贴近学生身边的生活实际资料、社会热点、时事新闻、环境保护、生态平衡等问题作背景。这些与时俱进的问题会激发学生去探索，也可鼓励学生开阔视野，让学生的应用意识更强烈。身边真实的事例更能说服人、打动人，更能调动学生学习的积极性。

激发学生的学习兴趣，对于培养学生的创新意识至为重要，不单让学生认识了解知识的发展与价值，激发学生学习知识的勇气和信心，还能帮助学生领会创新应用过程，增强学生的创新能力。

3. 设计再创造过程，培养学生创新能力

教材中的概念公式定理对学生来说是新的，而又是主要学习的内容，这些前人的经验，教师一味填鸭，对学生来说没有吸引力。如果让学生主动去探索，引导学生运用已有知识经验去探索发现获得新知，这对学生来说是一个再创造过程。对教材中的公式定理进行另证另解，选择适合学生的内容，引导其再创造，既可让学生活用知识与方法，又可改变学生盲从教师、教材，迷信权威的心理，这也是创造力的培养。

4. 在解题中培养创新能力

在高中教学中，大量的练习占据了课堂，在这枯燥的题海中如何培养学生的创新能力?"我的课堂"启迪学生创造性地"学",打破常规,克服思维定式的干扰,激发学生思维的灵活性、开阔性和创造性。

(1) 一题多变,灵活变通

思维的灵活性主要是培养学生思维的灵活程度,即善于根据问题的条件和要求,能从不同方向,用多种方法进行发散思维,能迅速选定思维方向,灵活地解答问题,在复习课和练习课的教学中,可以适当采用一题多变、一题多问的方式,不单可以沟通新旧知识的联系,还可以培养学生思维的灵活性、创造性,做到举一反三,融会贯通。

例:已知函数 $y=(2-k)x-3k+10$ 是一次函数,求 k 的取值范围。

一变:k 为何值时,一次函数 $y=(2-k)x-3k+10$ 的图象经过原点?

二变:k 为何值时,一次函数 $y=(2-k)x-3k+10$ 的图象与 y 轴的交点在 x 轴上?

三变:k 为何值时,一次函数 $y=(2-k)x-3k+10$ 的图象经过第一、二、四象限?

四变:k 为何值时,一次函数 $y=(2-k)x-3k+10$ 的图象平行于直线 $y=-x$?

五变:已知一次函数 $y=(2-k)x-3k+10$ 的图象与直线 $y_2=2x+8$ 交于点 $(-1,a)$。

1) 求 k 的值;

2) x 为何值时,$y>y_2$?

3) 求直线 $y=(2-k)x-3k+10$、直线 $y_2=2x+8$ 与 x 轴围成的三角形的面积。

(2) 一题多解、开拓创新

对教材中的例题进行一题多解特别能调动学生思维的积极性和创造性。在解题的过程中,不要追求学生解题的一致性,在民主开放的课堂气氛下暗示学生、点拨学生,让其开拓创新、另辟蹊径、多想办法、打开思路。而

教师在备课时也得尽量挖掘例题的多种解法，做到有备无患。

通过多种方法解题，让学生的思维变得积极灵活，一题多解、一题多思、一法多用、一题多问等方法让学生思维变得流畅。自然学生也在解题中培养了创新能力。

5．个性化的作业

现在高中还是班级授课制，一个班中学生众多，知识能力差异很大，水平参差不齐。传统的布置作业都是一样的任务，致使能力强的学生感觉太容易，弱一点的学生感觉太辛苦，导致学生思维没有得到很好的开发。因此，“我的课堂”在布置作业时，要考虑学生不同的水平、层次，布置不同的作业，做到因材施教。另外作业选用开放性的题目，充分拓展学生的思维空间，给学生充足的思考时间，一旦学生通过自己的探索得出结论，成就感就会激发学生的兴趣，激发思维的创新。

6．完善教学评价体系，促进学生创新能力的培养

教学评价体系指的是我们对教学实践活动中的各个要素环节、关系、结果、方法等进行观察、评价、考核，从而确定教学质量的指标系统。教学评价体系对于教学实践活动具有基层性的调整、制约和导向等作用，教师的“教”、学生的“学”与教学评价体系有密切的关系，教师在教学活动中的教学内容、方法，以及教学质量都受教学评价体系的制约。因此有怎样的教学评价体系就会有怎样的教学系统，有怎样的教学评价系统就会有怎样的教学。

而高考成绩成了衡量高中学校教学质量的标尺，于是高中教师努力钻研历届高考试卷、考试说明。反映在平时教学中，就以其机械性和超强度的题海战术为主要手段和特征。力图练熟高考中所有可能出现的全部题型，让学生在固定的题型范围内得到尽可能熟练的训练。

在“我的课堂”模式中，学校在评价教师和学生时，不局限于看分数，注重综合评价，对教师而言，学生的评价、家长的评价是很重要的一部分。同时对于学生而言也不是唯分数而论，在每一年的三好学生和优秀学生干部的评优中，结合任课教师的评价、学生互评、课堂表现等各种因素，对学生作综合的评价。

（本章执笔者沈锋，审定者缪爱明）

第八章

课堂文化

课堂文化需要通过智慧型教师的教育智慧，创建、激发富有生命的、有效的课堂，从而形成一种对生命的理解、关怀与尊重。“我的课堂”是一种特殊的聚合化的文化，并带有一定的情境性，主要体现的是一种氛围，是一种人的精神气象，主要体现在从人的角度出发，体现对人的关怀与重视，建立在心与心的交流和沟通之上。

第一节　以人为本、教学相长的教育文化

以人为本、教学相长的教育文化是“我的课堂”的核心指向。“我”是教育活动的个体生命，教育以人的发展为根本，“我的课堂”恰恰符合这一教育文化旨归；“我的课堂”活动的组织者，既是“长善救失”的师，亦是能“知困、知反、知自强”的人，完全符合“教学相长”的精髓要义。

一、以人为本的教育文化

“以人为本”作为一种价值取向，其根本所在就是以人为尊，以人为重，以人为先。当我们将“以人为本”作为教育的价值选择时，教育便具有了创造人的价值的意义。它以充分开发个体潜能为己任，以提供丰富的知识、培养完整健全的人格为目的。

（一）内涵阐释

教育文化中的“以人为本”强调的是“以人的发展特别是作为教育对象

的具体的个人的和谐发展为根本”。如果说,人的本质力量是人的自觉自为,教育则凸现出对这个自觉自为生命体的不断生成与和谐完整发展的动力特性,这一特性要求我们今天的教育必须从传统的知识性教育向发展性教育转变。

另一方面,从理论上讲,“人的发展”是无法通过学校的教育而传播予人的,它必须通过知识的积累转化为能力的提高,最后内化为素质而实现,因此,从这个意义上说,素质教育正是以人的发展为中心的教育实践。

(二)存在误区

以人为本,有人望文生义,以为只要是“与人为伴”就是以人为本,殊不知这样的教育文化观念走入了多种误区。

1. 知识的增长与人的发展

在传统的教育思想中,似乎知识多就意味着人的水平高、能力强。这一观点的缺陷表面上看是将知识的增长与人的发展相混淆,实质上是人性关怀的缺失。它将知识当作教育的目的,颠倒了知识与人的关系。虽然发展离不开知识,但正如经济的增长并不等于社会的发展一样,高分低能如同泡沫经济是我们的教育应当警惕的。

教育是对所有能促进人的精神全面发展的人类世代积累的文化的运用。也就是说,虽然教育的内容来源于文化,但它是对包罗万象的文化内容的一种选择,是对先进文化成果的运用。在学校这一具体环境中,学校文化建设与人的全面发展之间的双向互动关系日益明显,校园文化是历史积淀和现实环境的产物,它以相对的独立性、自由性、创造性和包容性等特点,对学生产生着极大的影响。

教育的过程实质上就是人被文化化,是将人类已经积淀的先进文化成果转化为个体内在力量,从而促进人的全面发展的过程。文化的化人功能要求我们从关注人的全面发展的角度增强学校文化建设的使命感。

2. 只见学生与不见人

可塑性是教育的前提,“以人为本”的教育的根本目的是为了人并塑造人。当代脑科学的成果显示“最可塑的是人脑”,这一成果表明,作为人类中枢神经系统基本结构单位和功能单位的神经元,在其生存过程中具有再生、改变结构和组合及调整其内部分子内容的能力和终身变化的动态特性,因而学习和接受教育应该是贯穿人一生的行为。正如教育专家所言:人永远不会变成一个成人,他是一个无止境的完善过程和学习过程。

不仅如此,人脑的可塑性还表现在人类智力发育48%与遗传基因相关,52%受环境的影响。如何使受教育者在好的环境影响下获得最好发展?首先,教育归根结底是一种方法,诺丁斯的道德关怀教育理论认为所有的教育行为、过程与方法都应具有道德性,即关怀性,否则将不成其为教育。而关怀就既要考虑效果,但又不能是功利的。在这一理念下,教育必须改变只见"学生",不见"人"的状况。

弃之荒野的树根是无用的废料,然而到了根雕艺术家的手里,经雕琢却成了艺术品。这种加工,不仅使树根的艺术价值得到挖掘,它的社会价值、经济价值也提高了。

从某个侧面说,教育也像一位根雕艺术家加工一件根雕艺术品的过程。对教育来说,好的教育要体现在教育能力上。

以前,我们看一所学校的好坏,大都看它的毕业生情况。其实毕业生只是学校教育的一个结果,它不一定能完全体现一所学校的教育能力。优质教育的重要特征是高水平的教育能力,即具有高水平促使所有学生全面发展的能力。所以,我们应该调整自己的眼光。

根雕艺术家拿到树根,会先看它的优点。可我们看待学生时,往往先看学生的缺点。缺点不是不能看,而是要把它看作是发展的起点。

教育任务是创造适合学生发展的教育,而不是去选择适合教育的学生。要树立人人都能成功的学生观,用欣赏的眼光看待学生的优点,用发展的眼光看待学生的缺点。

3. 统一规划的学校教育与以个人为中心的学校教育

教育活动中的人是一个具有高度心理差异的在具体环境中生活的实体。教育的目的在于使每一个人成为他自己,教育的责任在于开发学生的潜能。

但是,长期以来,中外教育界都存在着在规定的时间内,用统一的规则与模式对不同的个体进行"智商"测试,从而衍生出形形色色的智力测试与标准化考试等现象。针对这种"统一规划的学校教育"和"智商式思维"的测试体系,美国心理学家霍华德·加德纳提出了多元智能的理论和"以个人为中心

的学校教育”,从而引发了一场教育革命的浪潮。加德纳理论的核心之一是智力发展的多元性。他通过大量的实验构造了人的智力框架,认为人的智力是由语言、数学逻辑、空间、音乐、身体运动、人际关系及自我认识这七个方面智能组成,大多数人具有完整的智能,而每个人的认知特征又显示出独特性,这种种智能对于每个人所拥有的量是不同的,其组合方式也各有特色。

根据这一理论,我们尊重人就要尊重并合理地引导每一个人的个性和差异性,我们的教育者首先不应该从统一的教育目标出发来评价学生,而应走进千差万别的人的世界,针对每一个学生的优势智能领域和弱势智能领域,为每一个学生提供发展的多元途径,在发掘优势智能领域的同时,帮助他们将优势智能的特点向弱势智能领域迁移与渗透,从而使自己的弱势智能领域也得到最大限度的发展。以开发潜能来发展个性,就能实现教育面前无差生,每一个受教育者都是潜在的天才的教育目标。

二、教学相长的教育文化

“教学相长”的依然活跃在当今教育学话语体系中,但其语义所指业已发生部分移位。清楚界定其本义,不仅对教师专业发展研究有重要的指导意义,亦为教师开展“我的课堂”提供准确的理论支撑。

(1) 内涵阐释

“教学相长”的思想载于《礼记·学记》中,作为教师个体自我发展的规律而提出。“教学相长”本义并非指教师与学生两个主体的相互砥砺,而是指单一主体“学”与“教”两种行为的交互作用,借以促进其自身发展。

“教学相长”在本质上反映了教师个体发展中“教”与“学”的密切联系,揭示了“教人”与“自学”相辅相成的规律,劝导教师不仅要具备以“教”为职责的意识,更要具备以“学”为动力的教育专业发展理念。只有将“教”和“学”统一起来,才能收到良好的发展效果,也才能更好地履行育人职责。

(2) 含义分歧

在教育史上,“教学相长”作为教育学的惯用术语和重要思想,对我国乃至世界各地的教育活动有着广泛而深刻的影响。然而,不同学者对其理解的分歧,愈来愈限制了其应用的信度和效度,亟待予以客观审视和匡正,并给教师以相应的行动引领。

1. 思想渊源

《学记》作者在追随傅说、孔子、曾子等先圣的基础上，以秉承和发展为前提，确立了"教学相长"的思想。《学记》指出："虽有佳肴，弗食，不知其旨也；虽有至道，弗学，不知其善也。是故，学然后知不足，教然后知困。知不足，然后能自反也；知困，然后能自强也。故曰，教学相长也。"从语言分析和义理推断角度具体考察，《学记》作者首先运用比兴手法，强调通过学习才能悟到的哲理，借以表明学习的重要性。以此为基础，然后提出"教学相长"思想。接着是引经据典说明人一生"教"与"学"各居一半地位，引领人们加强学习和教化后人，并以此作为善待和厚爱生命的秘籍，进而强化"教人"与"自学"相互促进的道理。可以肯定，"教学相长"中的"教学"并非现代意义的"教(去声)学"，而是"教(平声)"和"学"，即"教人"和"自学"两种活动；"相"即"互相"，表示两相对待关系，说明两者之间相互影响；"长"即"促进"，表示两种活动的积极效果。可见，"教学相长"是"教人"与"自学"两种行为相互作用，共同促进其自身发展。

2. 当今表现

由于"教"乃教师天职，"学"为学生本分，所以，"教学相长"很容易被理解为对师生"教"与"学"两个行为主体关系的一种规约。恰恰如此，不少当代辞书编写者望文生义，视"教学相长"为对师生关系的解读，并将其认作教师与学生双方的相互促进。例如：《教育辞典》如是说："'教学相长'原意有两种解释：(1) 指教学的双方。就教师说，通过教，发现自己知识的贫乏，从而产生再提高的要求；就学生说，通过学，发现自己知识的欠缺，从而产生新的求知欲望。如此循环往复，构成了'教学相长'的过程。(2) 专指教师。教师在教中学，在学中教。在教中感到不足，遇到困难，再去学习；在学习中有所得，有助于提高教的质量。教师在边教边学中不断进步。现在提倡在教育过程中师生互相学习，并强调教师要向自己的教育对象学习，这是赋予'教学相长'以新的含义。"《现代汉语词典》对"教学相长"的界定是："通过教学，不但学生得到进步，教师自己也得到提高。"

由上观之，"教学相长"在一些学者的意识中，其意义业已部分地发生了错位。"教学相长"本义指向的是：教师的"教人"与"自学"行为相互作用，共同促进自身的发展。当代人不时地借以描述师生关系，乃是转义的结果，这

种愈来愈淡化甚而遮蔽或替代其本意的倾向，使传统教育精华难免遭遇难堪，备受挑战而难以维系其本真面貌。

3. 本义复归

就教师的现实需要和教学实践智慧的生成而言，教师的专业发展与其自主学习的欲望相关，一般情况下，学习欲望越强烈，发展的机遇就越多、水平就越高。由此推之，“教”与“学”不可分割，它是实现教学主体学与用、知与行、理论与实践高度统一的有效途径。没有“教”参与的“学”，则是不知目的和归宿的；没有“学”奠基的“教”，则是不明源头和来路的。但在我国当下的教学工作中，我们发现，无论是教育管理者还是教师对两者关系多予以孤立和片面的认识，常常将其看作不同时间和空间的不同工作，忽视了其主体性发展和反思性学习的结合，要么认真地致力于教书，要么努力地接受培训，结果导致教与学皆不能收到良好成效，这也正是困扰教师专业发展的关键所在。因此，消除对两者的实践割裂行为，回归“教”与“学”主体的统一，非常有必要为“教学相长”正义，这对充分展示教师的聪明才智、创生高效性教学实践智慧大有裨益。

鉴于上述分析我们认为，“教学相长”中的“教”和“学”的主体具有同一性，而并非针对师生关系及其所对应的教师和学生两个主体。将其含义锁定在教师自身的“学”与“教”之间，强调单一个体自身的“教”和“学”两种活动相辅相成、相互促进，更具合理性和严谨性。可以断言，在我国古代，特别是在《学记》中，“教学相长”根本不是现代意义的师生关系命题，把它解释为“教师与学生相互促进”或“教师教与学生学的相互促进”是今人对历史的误读和偏解。我们应坚持从严格的学术意义，立足教师专业发展，善待并复归其本义。

三、“我的课堂”中的相关教育文化

“以人为本”的教育文化立足学生这一个体，教学相长的教育文化立足教师这一个体，而“我的课堂”则从师、生两方面很好地诠释了这一教育文化，同时演绎了多种课程观。

（一）在课程目标上，变学科知识本位为学生发展本位的“生本”观

“以人为本”的新理念，强调“教育的出发点是人，教育的归宿也是人”。

用于每个学生全面、和谐、充分、持续的发展，是课程目标的唯一主题。“我的课堂”从“为了每位学生的发展”出发，从学科知识本位走向学生发展本位，明确提出了“教师不是教教材，而是用教材来教；学生不是学教材，而是用教材来学”。这样，师生摆脱了教材的束缚，以真实的自我融入心灵对流的交往互动中，学生的潜在智能得以激活，积极主动的学习态度和具有创造性的学习方法在“双基”的获取中实践性地形成和生长，从而为学生的终身发展奠定坚实的基础。

（二）在教学方式上，变学生的被动接受为主动探究的“创新”观

“以人为本”的教育文化，认为学生学习不是被动接受而是主动探究、自主体验促进个性的自我实现过程。“我的课堂”改变了旧课程“教”控制“学”的线性教学流程，强调了学生要在师生双方的交往、互动中生成与创造性地学习。

“教学相长”的教育文化，在“我的课堂”实施过程中，让教师的作用主要体现在：教学情境的创设；学生已有知识生活经验、认知因素和情意系统的激活；围绕问题展开阅读、操作、实验考察等实践活动和尝试、想象、品味等领悟活动的引导以及学生讨论、对话的全人格、全心灵的交流活动的组织等。

师生双方都获得知识创新、方法创新的体验，认知结构得到不断重建，新的情感态度和价值观不断地生成。

【案例】 完形填空解题专项训练

课前，我校耿海娟教师把课堂教学中涉及的教学内容布置给学生，要求每个小组完成其中的一个 task，如表格所示：

展示内容	展示小组	展示地点	点评小组
Task1—3	G1	前黑板	G3
Task4—6	G2	前黑板	G1
Task7—10	G3	后黑板	G2

从上表可以看出，学生的学习采用了小组合作的教学形式，展

示小组和点评小组分工明确，互为交叉，起到了互学互评的效果。

上课一开始，耿老师首先呈现本课的学习目标，并指导学生掌握做完形填空的方法，然后让各展示小组成员在黑板上写出各题的正确选项并写明得出正确选项的原因，再让点评小组成员评价该选项的准确性及其理由的充分性，小组其他成员也可以做适当的补充与拓展；接着，鼓励班上其他同学对各题进行质疑，教师实时地予以点拨和补充；最后，由一名学习班长进行本课的总结。本节课教师采用了"学生展示（任务前置）→学生点评（交叉）→学生质疑→学生补充与拓展→教师解疑→学生总结→教师归纳"的新型教学流程，体现了新课标以学生为主体的理念，教学效果显著。

教师不包办学生的学习和思考，减少灌输，鼓励学生自主学习、主动发现并提出问题、尝试解决问题，教师在必要时提供启发性的"教"。教师针对学生学习过程中存在的问题及学生的个体差异有针对性地"教"。教师集中时间和精力创造性地设计教学内容和教学过程，强化、优化学生的自主学习。

这种以人为本、教学相长的做法，实际上是解放教师，最大限度地相信学生、利用学生，激发学生的自我管理能力。该教师采用了小组合作的教学形式，让小组长和学习班长有思考和展示的空间，带动了全班学生学习的学习热情，教师主动让位于学生，并实时地教学引导和点拨，这种点拨是要求精准和到位的点拨，使课堂教学的重点、难点得以高效地化解。

相信学生，做学习的主人；给学生一个空间和舞台，学生的学习和生活将无限精彩。

（三）在课程评价上，变重结果轻过程为注重过程的发展观

以人为本、教学相长的理念，最终追求的是人的自我价值的充分实现，它关注的不是一个静态凝固的学习结果，而是学生在学习过程中智能的发掘，所以，它特别强调学习过程，强调学生亲自体验的动态生成的发展性评价。知识本位的旧课程，获取知识成了课程的终极目标，考试评价只重结果不管过程。"我的课堂"针对原有课程有悖于"人本"评价之弊，提出了由结

果到过程的重心转移的发展性评价观。新课程的目标不仅描述了"知识与技能",而且描述了以前任何教学大纲都未明确提出的"过程与方式"以及"情感、态度与价值观",特别注重学生在课堂上的行为表现、情绪体验、过程参与、知识获得以及交流合作等多方面的发展性课堂教学评价,使终结性评价和形成性评价有机地结合,帮助学生认识自我、建立自信,也帮助教师反思教学、创新教学,从而实现师生双方自我教育、自我改进、共同发展。这就是以发挥教育激励功能为主的发展性评价的归宿。

第二节　和而不同、和衷共济的组织文化

文化是人所创造的一切外显和内隐的事物及创造过程。课堂教学作为学校教育的主渠道,是学生继承并享受已有文明、酝酿及创造新文明的场所,其中充盈着多种形式的组织文化。

一、课堂组织文化的内涵

课堂在师生关系、规范组织上面临的现状,其实就是课堂中的组织文化的问题。在此意义上的课堂组织文化,是指教师和学生在享受已有文明、创造新文明的课堂活动中,形成的各种外显和内隐的规则体系。它的本质在于协调课堂中教师与学生的关系,规范教师与学生的行为,从而保证教学活动的顺利进行,促进课堂文化的生长。

从学理上讲,课堂组织文化主要具有以下内涵:

(一)课堂组织文化建立在对师生关系、生生关系的认识上

组织文化,是为处理社会中人与人、人与社会的关系而产生的;课堂组织文化,是为处理课堂中的社会关系,包括师生关系和生生关系而产生的。因此,对师生关系、生生关系有什么样的认识,就会有什么样的课堂组织文化。在传统教育中,教师被看作教育教学活动的主体,学生成为客体,容易导致教师单向输出的教学方式、命令支配的管理模式和学生绝对服从的课堂组织文化。反之,如果我们把师生关系理解为主体与主体之间、"我"和

“你”之间的对话型关系的话，就会产生民主平等、富于生长创造的课堂组织文化。

（二）课堂组织文化的建立是一个双向互动的过程

组织文化作为协调人与人之间关系的规范，从来就不是由哪一个人或一部分人说了算数的，它是经过大多数人的认可而形成明文规定或者约定俗成。课堂组织文化同样如此。作为协调课堂中教师和学生行为的规范，它的建立不应该由教师或学生单方面说了算，而应该是在双方共同讨论、协商的基础上达成的双边共同协议，做到和而不同。

（三）课堂组织文化对于教师和学生具有塑造功能

组织文化一经确立，就成为独立于人的第二自然，规范人们的行为，并具有相对稳定的特性。课堂组织文化对于教师和学生，尤其是身心未成熟的学生来说，具有极强的塑造作用。以命令、支配和控制为主的课堂组织文化，更容易塑造出服从、呆板、缺乏活力与创造能力的学生。反之，民主、平等、团结、灵活的课堂组织文化，更容易塑造出具有主体意识与文化创新能力的学生。

二、课堂组织文化的现实弊端

我国的课堂组织文化存在多种多样的问题，如教师将课堂管理简单等同于对学生行为的严格约束，教师对于课堂文化表达和阐释的控制，师生课堂交往和互动的缺失等等。综合这些问题不难发现，这些课堂组织文化大多把师生关系定义为控制与被控、支配与服从的状态；在课堂中，教师权威具有强制性、不可违抗性等特质。其实把这种以外在控制为主的课堂管理规则和组织统称为外铄型课堂组织文化，它的弊端具体体现在以下几方面。

（一）课堂组织文化的专断现象

课堂组织文化的专断现象，指的是规则的制定与执行由教师单方面完成，极少考虑学生的兴趣和需要，由此形成以命令、支配等单向输出为主的课堂管理模式。

为了实现对课堂秩序的高度控制，教师通常提出严格而繁多的要求，限制学生在课堂中的语言、动作、思想。如要求回答问题“声音洪亮，不能想说就说”；举手必须“举右手，不敲响课桌”；坐姿要端正，“不东摇西晃，后背不能靠在椅背上”等等。这些课堂组织文化的制定不仅很少采纳学生的意见，而且忽略了学生的身心规律和兴趣需要。这样的课堂组织文化把课堂教学变得死板、机械，教师在达到控制学生行为的同时也束缚了课堂的生机活力，限制了学生的发展。

课堂组织文化的专断现象体现出传统以教师为中心的教育范式。教与学的关系是教学过程中最重要、最基本的关系，影响着教师的课堂管理行为。传统教育中，教师决定着教学方向和结果，尤为强调教师在教学活动中发挥的主要作用，学生更多地被摆在一个被动接受的地位，因而教学过程就是一个以“教”为主导的过程。在这样的课堂中，教师的管理行为更多是以“教”为主、以“教师”为主、以教学目标的实现为主；学生的兴趣和需要被放到了次要的位置。

（二）课堂组织文化的虚幻现象

课堂组织文化的虚幻现象，指的是课堂成员对于规则的否认和抽离态度，导致规则不能内化为课堂成员的信念。

很多课堂组织文化都会要求学生“主动发现问题、注意培养创新精神和动手操作能力、养成发散思维的习惯”；要求教师“不准体罚学生、忌用伤害学生自尊心和人格的言行、禁止上课使用手机”等。这样的规则往往多成为学校的表面规定，不具有实质性的作用。笔者曾在几所乡镇中学听过课，了解到类似这样的课堂组织文化难以得到教师和学生的认可，与实际的课堂行为相去甚远，处于名存实亡的状态。

虚幻的课堂组织文化是外界机构强加于团体，或团体为取悦于某外界机构而制定的。它虽以书面文字作出规定，但其成员一般不把它视为真正的规则，因此缺乏相应的约束力。比如某些学校本着“应付检查”“创立政绩”的目的制定的教师规范，不能得到教师群体的真正认同，因此与教师实际的课堂管理行为不相符合；又如某些教师为学生制定的课堂规则是强加于学生的，完全违背了学生的身心发展规律和意愿，也遭到学生的抵抗。课

堂组织文化的虚幻和缺乏容易导致教师权力的扩张、学生行为的失范，将给课堂管理带来极大的隐患。

（三）课堂组织文化的冲突现象

课堂组织文化的冲突现象，指的是以控制、命令、支配为主的课堂组织文化，极易造成学生与教师、与课堂规则之间的冲突和对立，从而影响课堂教学的顺利实施与学生的发展。

课堂冲突的表现形式是多种多样的。态度上的冲突指学生通过对教师不配合的态度来表示自己的反抗，多为“无声的对峙”；言语上的冲突将矛盾升级，指学生通过言语直接表示自己对教师、课堂教学的不满意或反感情绪；行为上的冲突是更加外化的矛盾，指学生与教师之间发生身体接触、打架斗殴等事件。课堂冲突表现出学生对传统教师权威的抗拒和抵制。学生对于教师权威的评价和接纳与年龄阶段有关。年龄越大的学生越渴望建立民主平等的师生关系，越难以认同外在控制的权威，越容易产生对传统教师权威的抗拒。当教师把师生关系定位于支配与服从、控制与被控时，就是将自己的威信设定于职业之外的权威，导致粗暴、控制的课堂管理方式，因此很容易刺伤学生的自尊心，使其产生逆反心理和对立情绪。

三、“我的课堂”中的相关组织文化

在外铄型课堂组织文化中，教师只不过是传统文化中专制主义和权力主义的执行工具，不具有真正的主体地位。教育活动成为单纯复制已有文化的工具，教师与文化之间只是一种受动关系，教师作为课堂的文化主体，丧失了独立思考、自主创新的能力，难以体验到自身的价值与意义。在这样的课堂中，教师和学生都难以真正享受人类的文明成果，更谈不上酝酿和创造新的文明。

（一）课堂组织文化由外铄型转向内发型

内发型课堂组织文化是一种内在生成的课堂管理模式。它以平等与相互尊重的精神文化为宗旨，将权威建立于教师本人感召的、专业的力量的基础上，将师生关系建构成主体与主体之间的关系，课堂规则就在于主体间的相互配合与协商。这种课堂组织文化,学生与教师参与课堂的主体意识很强烈,他们既是课堂规则的共同制定者,又是课堂秩序的共同维护者。

(二)重建和而不同的课堂组织文化

"和而不同"语出《论语》,指在为人处世方面,正确的方法应该是既坚持原则又不排斥不同意见,在相互争论辩解中达成共识。现实中,"和而不同"就是在坚持原则的基础上,不强求一致,承认、包容乃至尊重差异,以达共存共荣。在教学中,面对的是文化背景、学习习惯、智力差异等各方面的都不同的学生,应用"和而不同"之道——承认并正视个性差异,尊重学生个性的独特性、自主性和创造性,让学生得到多元评价,能够"人尽其才""才尽其用",在不同中营造一种和谐相处的课堂氛围,从而让课堂洋溢智慧的激情,充满快乐,绽放绚丽的个性之花。

一位教师以复旦学生林森浩投毒案贯穿展开《法不可违》一课的教学。

上课伊始,教师便展示了林森浩的背景资料:2010年,林森浩因成绩优异被中山大学推荐,免试进入复旦大学医学院攻读研究生,并在中山医院见习。提问:请你预测下他的前途?同学们有的认为,林森浩将成为一名大医生;有的认为林森浩前途无可限量;还有的认为他会成功。话锋一转,老师向同学们介绍了发生在2013年的投毒案,并告知林森浩已被刑拘,将此称为这是不该发生的故事。从天之骄子到沦为"阶下囚"的巨大转变,同学们对林森浩已产生了各不相同的情感。在具体剖析了林森浩的投毒案之后,老师播放了一段视频"一杯水、两条生命、两个家庭",然后提问学生:"看了视频之后,你有什么想说的?"

生1:林森浩的行为给两个家庭带去了巨大伤害。

生2:违法害人害己,还会害了家庭。

生3:我们不能违法犯罪,违法犯罪就会受到法律的严惩。

生4:黄洋的父母很可怜,值得同情。

生5:林森浩的行为有点匪夷所思,而他的父母很可怜。

同学们分别从情感、道德、法律等角度畅所欲言,抒发感想。

教师又适时地播放了林森浩自我反思的视频，提问学生："林森浩的自省反思告诉我们什么道理？"

生6：谁都不能违法，法不可违。

生7：如果违法，那就要付出代价。

生8：林森浩虽然学历很高，还是个医生，但他还是违法了，说明违不违法和学历高低无关。

生9：林森浩的反思已经晚了，他的同学已经失去了生命。所以我们绝对不能冲动做事。

教师在点评了学生们的感悟后，又结合林森浩的自我反思，总结得出：如果说道德是人们追求的较高境界，那么不违法则是人们行为的底线。虽然学生的回答和教师的预设并不完全相同，但是同学们能从多个角度获得感悟，并始终围绕着"法不可违"这个核心感悟，这恰恰体现了"和而不同"的魅力。可见，班会课所承载的德育功能不仅仅是知识的传授，更重要的是体验、行动、感悟；德育不仅需要统一，更需要个性。君子"和而不同"，班会课堂情感感悟更需要"和而不同"，"和实生物，和以处众，和也者，天下之达道也"。不仅班会课堂，各种课堂教学也都需要统一，更需要个性。"和而不同"的课堂让学生倾情展示，尽情交流，得到智慧的生成，素养的提升，绽放绚丽的个性之花！

（三）建立和衷共济的课堂组织文化

"和衷共济"顾名思义，就是合作团结。和衷共济的组织文化，不是强调课堂行为的统一性、同一性，而是关注各个小组合作探究的程度，师生在尊重自我的同时尊重他人的程度；和衷共济的组织文化，不是漠视淹没个体，而是唤醒学生和教师的个体文化意识，激发其主体性，为课堂文化的发展和创新创造条件。个体文化意识是指，教师和学生作为人，对自己的本质力量、文化创造能力、生命意义的体悟与认识。在这样的组织文化中，它体现为对教师和学生的"解放"。

首先，解放学生。使他们不再受制于外在的束缚，将注意力集中于感兴趣的教学活动上，在课堂中体验到尊重、理解和民主，自身主体意识和群体意识不断得到激发。其次，解放教师。他们不再把注意力过多地关注于学生的行为，而是关注于教学活动，以研究者、认识者和改造者的态度面对教学，发掘自己的主体性，关注教学过程中学生的合作程度和效果。这样，教师在更好地完成课堂教学的同时也实现了自我价值的实现和意义建构；在认识学生内心世界、帮助学生成长的同时也实现着自己的“再生”，感受到教师工作的乐趣与成就。学生与教师作为人的个体文化意识的觉醒为课堂文化的创新创造了条件。当他们明确了自己的存在意义、创造能力以及外部世界对自己的价值时，就能够激发起主动性、积极性和创造性，抛弃不符合自身价值的文化要素，创造新的文化世界。课堂文化的创新听起来仿佛遥不可及，但是如果我们不把教学活动简单地看作既有文化的复制过程，而是文化的享受和创生的过程，用动态生成的观点看待教学和学校的日常生活。那么，文化创新也许就在主体自我意识的觉醒中、在师生平等的互动交往中、在对课程内容和日常行为习惯及观念的积极反思、批判及改造中实现。

第三节 盛波无痕、大爱无疆的细节文化

台湾作家龙应台在《什么是文化》一文中说：“文化不过是代代累积沉淀的习惯和信念。……价值观在潜移默化中于焉形成，就是文化。”她还举了个细节说明：“在台湾南部乡下，我曾经在一个庙前的荷花池畔坐下。为了不弄脏裙子，便将报纸垫在下面。一个戴着斗笠的老人家马上递过自己的毛巾，说：‘小姐，那个纸有字，不要坐啦，我的毛巾给你坐。’字，代表知识的价值，斗笠老伯坚持自己对知识的尊重。”

龙应台的智慧和思维力，在于她能从这个一般人不以为然的细节中抽象出文化和美来。罗丹说：“美是到处都有的。对于我们的眼睛，不是缺少美，而是缺少发现。”并说：“所谓大师，就是这样的人：他用自己的眼睛去看别人见过的东西，在别人司空见惯的东西上能够发现出美来。”斗笠老伯的行为，可谓司空见惯，龙应台的眼睛是善于发现的眼睛。

课堂上的细节无处不在，也需要教师有善于发现的眼睛，这样积累形成的习惯和信念就是课堂细节文化。

一、课堂细节文化的内涵

老子说："天下难事，必作于易；天下大事，必作于细。"什么是细节？细节，按字面上的理解：细者，小也；节者，单位或要点。《汉语大词典》释为"细小的环节和情节"。课堂细节，形成于特定的课堂情境中，是构成课堂行为的外显的最小单位，表现为多样的格式和复杂的结构，具有独立的教学价值和意义。

（一）课堂细节文化体现在课堂的"三位一体"的细节之中

大部分人认为课堂细节存在于教材和教学内容之中，有教师把一堂课的知识分成基础知识点、教学重点、教学难点，甚至还有常考点、易错点等等，教学内容分工的确很细，但这并不是课堂细节的全部，也不是课堂细节的核心。

课堂细节应该存在于教材（教学内容）、教师、学生为对象的"三位一体"的细节之中。也就是说，它既包含教学内容本身各处细节，还包含教师教学行为的各种细节，还包含学生课堂行为的各种细节。课堂是"三位一体"的课堂，我们教师所关注的细节决不能局限于教学内容本身，这样容易形成狭隘的教学观念，不利于学生身心个性化的发展。

（二）课堂细节文化体现在静态的分析和动态生成之中

课堂细节并不是教师课前备教材、备学生、备老师就能完全预设出来的，很多的课堂细节是动态生成的。它既存在于静态分析之中，也存在于课堂动态生成之中。静态的分析，固然我们是未雨绸缪，考虑诸多，但课堂本身就是动态生成的体现，所以在课堂行为中，师生对教学内容动态处理未必能达到预设效果，这样的细节很值得关注；课堂上师生动态生成的课堂语言和行为这样的细节，也值得我们关注。

（三）课堂细节文化体现在显性细节和隐形细节之中

课堂细节有精神层面上的教学细节和操作层面上的教学细节之分。基于操作层面上的教学细节是看得见、听得到、摸得着的东西，它可能是学生困难时的帮助、迷茫时的指点、失败时的鼓励、成功时的共享、出错时的包容……这些就是显性的细节。

基于精神层面上的教学细节是在解读文本、分析知识点等课堂实施过程中表现出的教学智慧，是师生对文本某个"文心"的深度开发，鉴赏玩索，掂量比较，在此过程中形成鲜明的课堂节奏，时而疾风骤雨，时而舒缓悠扬，使得学生饶有兴致地品味语言，而不至于感到疲倦和乏味……这些就是隐性的细节。从某种程度上说，语文教学，抓住了精神层面上的细节开发，也就抓住了语文阅读教学的"牛鼻子"。

二、当下课堂细节关注存在的问题

"细节决定成败"这句话每个教师都知道，但并不是每个教师都能清楚地知道，细节存在于何处，如何运用细节提高课堂效率、展示教师智慧。当下对课堂细节的认识和处理上，还存在以下这些偏向。

（一）错把"细枝末节"当细节

有些教师把细枝末节与细节混为一谈。备课相当详尽，备教学目标、备教材、备学生、备教学方法和教学步骤，可谓面面俱到，事无巨细，通通作为教学内容的细节去关注，这样"眉毛胡子一把抓"，"捡了芝麻，丢了西瓜"。等到了上课，便是滔滔不绝，草木皆兵，似乎处处都有讲不完的知识，这样的课堂教师讲得多，自己感觉很成功，因为他的课堂细节处理全在于知识点的满堂灌，实际上是不尊重学生的表现。

殊不知，细枝末节不能等同于细节。细枝末节，顾名思义就是事物无关紧要的方面和细节。把无关紧要的东西当细节去关注，去挖掘，就主次不分了。

（二）误把细节的关注点当秀点

有些教师开设公开课，首先着眼的不是这一课的教学目标，而是想这一课如何上得与众不同，夺人眼球。在这种舍本逐末的观念推动下，他在课堂细节的处理上，更关注的是让这一课能出彩的细节，比如自己有一技之长，非要设置一个教学环节能让自己的特长得以展示；再比如教学内容比较沉

重或枯燥，非要设计一处环节来活跃课堂气氛，这样的细节关注点都成了教师个人展示的“秀点”，这样的课堂变成了表演台，主角又是教师一人了。

就算课堂形式采取师生互动、生生合作的形式，其根本仍然没有走出传统以教师为中心的教学观念，学生完全成了教师操控的“玩偶”，看似开心热闹，其课堂效果可见一斑了。

（三）只见“学生”不见“生命”

细节之处就算有教师能准确定位、把握到，但在动态的课堂生成之中、在具体的课堂操作层面上，还是有教师对此存在错误的认识。在对于细节的处理上，一些教师满足于把学生的错误指出来讲清楚，也能把学生现场提出来的疑问解决掉，但仅限于解决问题，在他面前的只是某一知识欠缺的学生，而没有把学生看成是不断变化成长的个性化的生命个体。所以在处理这些细节上，方式直接简单了些，粗疏了些，还是有点知识灌输的意味，而不是对个体生命的涵养。

三、“我的课堂”中的相关细节文化

有个学生一直考不过他的同桌，问妈妈：“妈妈，我是不是比别人笨？为什么我和他一样听课，一样认真做作业，可是，我总比他落后？”妈妈真想说，人的智力有三六九等，考第一的人脑子就是比一般人聪明。但她知道，如果说了，孩子也许就此认为自己是个愚笨的人。儿子小学毕业了，虽然仍没赶上他的同桌，但他的成绩一直在提高。一次，妈妈带孩子去看海，回答了孩子的这个问题。后来，儿子以全校第一名的成绩考入了清华。母校请他给同学们及家长们作一个报告。其中他讲了小时候的一段经历：“我和母亲坐在沙滩上，她指着前面对我说，你看那些在海边争食的鸟儿，当浪打来的时候，小灰雀总能迅速地起飞，它们拍两三下翅膀就飞入了天空，而海鸥总显得非常笨拙，它们从沙滩上飞入天空总要很长时间，然而，真正能飞越大海横过大洋的还是它们。”

（一）盛波无痕、大爱无疆的课堂细节的含义

“春风化作雨，润物细无声”，在教育过程中不留痕迹，以一种自然和谐

的方式实施教育,这种教育艺术就是无痕教育。任何一种教育现象,孩子在其中越是感受不到教育者的意图,它的教育效果也就越显著。教师在教育学生时要善于把教育意图隐蔽起来,以平等的对话者的身份,在与学生沟通的过程中发挥影响作用。这就是"盛波无痕、大爱无疆"的基本含义,也就是无痕教育。

我们提倡无痕的教育,就是要在教育过程中把教育意图隐蔽起来,不留痕迹,不刻意追求固定的模式,不因为方式方法的简单、粗暴或不当,给孩子心灵或身体留下创伤,以一种自然和谐的方式实施教育,让孩子在不知不觉中获取真知,学会做人,提高学习和自我教育的积极性、主动性、自觉性,掌握学习和自我教育的本领。

把教育意图隐蔽起来不是没有教育意图,而是不让孩子直接感受到教育意图。孩子从家长隐蔽了意图的教育中受到启发、感染,达到了教育目的,实现了教育意图。"教育绝非单纯的文化传递,教育之所以为教育,正在于它是一种人格心灵的'唤醒',这是教育的核心所在。"

对于孩子的教育,就像是一种艺术。正如台湾黑幼龙先生所说:"养孩子就像种花,要耐心等待花开。"

(二)盛波无痕、大爱无疆细节文化的形成

细节是一种功力,是一种资源,是一种智慧。教学的有效性就是在有限的教学时间里,学生能获得较多的基础知识,多方面能力得到较大的提高和发展,学习态度和习惯得以养成。课堂教学其实是由许多教学环节组成的。而每个教学环节又是由一些教学细节组成。一堂课最能体现教学效果的莫过于课堂中那些闪光的细节。要实现课堂教学的有效性,教师必须优化教学过程,关注教学细节,向40分钟要质量。这是提高课堂教学实效的灵魂所在。如果我们能在课前有意识地、创造性地预设好每一个教学细节,在课堂中对教学细节之处加以具体、有效的指导,并运用自身积累的教学经验、教学机智处理好每一个生成的教学细节,我们的学生就会快乐健康地发展,我们的课堂将会焕发出新的活力。

1. 善于发现"亮点",让课堂充满智慧

课堂教学的对象是一个个鲜活的生命,在特定情境中的交流与对话是

它的重要特点。整个教学进程中，随时都可能出现教师预料不到的情况和问题，这就需要教师具有一双“发现”的慧眼，及时捕捉课堂细节，生成别样的精彩。

某教师执教的《草船借箭》一课，在评价人物这一教学环节时，许多同学纷纷说自己最喜欢的人是诸葛亮，说他神机妙算、聪明机智、知天文识地理等等。这时，一位男生站起来说：“我喜欢鲁肃。”话音刚落，教室一片哗然。老师见势，鼓励他具体地说说自己的想法。他又一次勇敢地站起来说：“如果鲁肃不讲信用，把诸葛亮的想法告诉周瑜，那诸葛亮的计策也不可能成功，所以我认为诸葛亮的成功，有一半是鲁肃的功劳。”听了他的话，有的同学频频点头。老师说：“你能从另一个角度去分析人物，挖掘人物的内心，有自己独特的想法。真好！你的独立思考，值得我们学习。”老师带头为他鼓掌。教室里掌声响起。

学生的这一答案，在备课时，教师没有预想到，但在课堂上，这意想不到的资源，不仅让学生在课堂上感受到了思维的灵动，更重要的是让学生在充分表达的过程中，品尝到了学习的快乐。

2. 善待学生的“错误”，利用生成资源

课堂教学中，有时错误也是一种难求的教学资源。学生有了错误，给足学生思考的时间和空间，让学生自己去发现错误，纠正错误，找到解决问题的好办法。这些细节处理得当，不仅能够使学生思想不断碰撞，产生新的火花，生成灵动课堂，而且能取得很好的教学效果。

教学《林海》一文，当学生读到“‘大兴安岭’这个‘岭’字，可跟‘秦岭’的‘岭’字大不一样”一句时，把“大不一样”读成了“不大一样”。教师抓住这一细节，变更了教学设计。

师：他刚才哪儿错了？

生：他把“大不一样”读成了“不大一样”。

师：这两个词语意思相同吗？

生：意思不同。"大不一样"是说差别很大。"不大一样"是说差别并不怎么大。

师：读读课文，想想秦岭与大兴安岭差别大不大？

生：它们差别很大。秦岭"云横"，而大兴安岭则是"那么温柔"。

师：一个险峻，一个温柔，看来，二者的确是——

生：（齐答）大不一样。

可见，课堂教学中教师并不拘泥预设的方案，根据教学现场，灵活弹性地处理、激活课堂中这些生成资源，取得了较好的教学效果。

3. 重视及时点评，让课堂充溢着爱的甘露

一节一年级的语文课上，一位同学读完课文后，教师找学生起来评价。一个学生说："我觉得这两位同学读得声音都很响亮，但是我觉得他们读得没有味儿。"教师没有为了节省时间而让读课文的那位同学坐下，而是请评价的同学"教一教"，然后再由这位同学较熟练地读一遍，并且不失时机地予以表扬。

这个细节既满足了"小老师"的成功欲望，又使得那个本来因为读得不好而不开心的孩子，赢得了成功的机会。

教师真诚的表扬，充满了人文关怀，体现了教学评价的激励性价值。

（三）盛波无痕、大爱无疆细节文化的反思

"我们今天的教育，将给孩子们的明天留下些什么？"纯粹的知识传授或许能帮他们考上理想的学校，但如何使其过上积极健康的生活，成为一个对社会有用的人，这是需要我们思考的。教学，既是一门科学，也是一门艺术，而且是一门特殊的艺术，在传授知识的基础上，更重要的是通过课堂教学使学生获得情感启发和对人生的感悟。

教师要转变自己传统的认知，为学生营造一个开放的学习环境。我们要努力创设开放的学习环境，把课堂还给学生，把尊严还给学生，把童趣还给学生，把自主还给学生。让学生在开放的学习活动中，体验到学习活动本身给

人带来的快乐，获得良好的情感体验。在课堂中让学生敢说、能说、说好，把自己内心的真实感受表达出来，为其高情商的培养打下基础。在课堂中为学生创造一个情感体验和情感表达的空间，让学生充分认知自己的情感，控制调节自己的情感，感知他人的情感等。教师还要善于捕捉课堂中的窃窃私语，巧妙化解课堂中的无言以对，机智应对课堂中的异类声音，从而达到“随风潜入夜，润物细无声”的效果，因为滋润学生心田的正是那浓浓的情。

盛波无痕、大爱无疆。教育需要无痕，这不仅仅是一种向往，也不仅仅是一种境界。这更是一种规律，更是一种原则，更是一种方法，更是一种技巧，更是一种艺术，更是一种智慧。我们不能人为地去创造规律，我们应该顺应这个规律，坚持这项原则，使用这种方法，掌握这种技巧，领悟这种艺术，增长这种智慧。

第四节　尊重他人、尊奉真理的交往文化

课堂教学实际上是一种多级主体间的交往，在这种交往中，师生之间、生生之间发生着频繁而密切的联系，这种广泛交往与联系具有十分重要的教育意义，是学生学习主动性、积极性得以发挥的前提，是提高学生素质、促进学生全面发展的重要途径。

一、课堂交往的作用

教学过程是交往过程，教学目标是通过师生交往实现的。这种交往反映的是教师与学生是教学过程的主体，是彼此关系的创造者，是有效教学所必需的。

（一）交往是认知、情感沟通的过程

课堂交往是一个有目的的活动过程，它是师生之间或生生之间为了协调、沟通、达成共识、联合力量去达成一个目标而进行的相互作用。课堂教学是教师以变革学生身心为目标的实践活动。为了实现教学目标，教学活动的双方——教师和学生都要相互了解，这便构成了教学活动中的认识环节。这种认识关系是一种双向的、直接的、互为主客体的。这就是说，教师

不仅要了解和认识学生，学生也要了解和认识教师，而且，这种教师和学生之间的认识关系不需要经过中介。过去，我们强调教师作为主体去认识作为客体的学生，以便在教学实践中能够根据学生的特点塑造出易于和学生沟通、理解的“文本”。然而，传统教学的弊端警告我们，教学并不是教师把所理解的“文本”注入学生的头脑，而是经过学生的自主选择后才接受的。有效的教学“文本”是师生共创的。

（二）交往是信息交流的过程

课堂教学的生命力体现在师生间、生生间的动态信息交流之中，这种信息包括知识、情感、态度、需要、兴趣、价值观等方面以及生活经验、行为规范等，通过这种广泛的信息交流，实现师生互动，相互沟通，相互影响，相互补充。

（三）交往是符号交流的过程

课堂交往表现为符号交流的过程，不仅包括言语、文字和各种非言语的交流，清晰、成功的教学，还必须以特定的概念或术语来实现师生对具体内容的共同理解。这样才能最终达到认知交往上的理解。

（四）交往是多维度的交流的过程

师生之间积极的互动是建立在教师及学生的文化背景、社会经济地位以及心理水平基础上的。同一班级里的学生的能力和倾向是大不相同的，教师只有做到对学生充分、全面地了解，才能有效地设计和运用交往的策略。实际上，教师和学生对作为“文本”的教育内容的理解，不仅是和教育内容的编制者的一个交流对话，而且是和当时社会关系的一种交流对话，更是师生建立在教育内容基础上的情感沟通，这是一种撞击人们心灵的深层认识。任何先进的传播媒介之所以不能取代教师，其中一个重要的原因就是教师能创造富有情感的氛围，而这种氛围与师生之间、生生之间的交往有着共生关系，既是交往的条件，也是交往的产物。

课堂上的人际交往由单一的师生交往转变为师生交往和生生交往相结合。要做到这一点，必须改革教学组织形式，在班级授课制这个框架内，有机地融合全班教学、小组教学和个别教学。在个别教学中，强调学

生之间交往，教师与学生个体交往。在小组教学中，重视学生个体与学习小组交往，教师与学习小组交往，学习小组与学习小组交往。课堂上师生交往与生生交往相结合，有利于形成民主、平等、和谐、合作的人际关系和教学氛围，强化学生的主体意识，调动学习积极性，使每一个学生都能得到发展。

二、课堂交往中存在的问题

师生关系是课堂教学中的永恒话题，而师生关系平等，教师平等地对待每一个学生，也成为现代教育追求的一个目标，但是现代课堂交往中仍然存在着很多不公平、不平等的现象。

（一）教师关注的不公平

首先，新课改提倡课堂教学中教师的主导地位和学生的主体地位，也就是强调师生互动，强调每一个学生的主体地位。但班级授课制的实行，一位教师通常面对几十个学生，并不能使教师在一堂课当中关注到每一个学生，为了教学的顺利进行，教师通常会把一些较难的、需要思索的问题交给一些成绩优异的学生，于是这部分学生就得到了更多的课堂时间和更多的参与机会。而对于一些成绩差的学生来说，他们只能以羡慕的眼光看着那些被教师一次次夸奖的优等生。而新课改的进行强调差异教学、互动教学，使这种不公平现象有所改变。一些教师上课时也会经常对他们眼中的差生提问一些相对简单的问题，而对差生的评价也会相对宽松，比如不论差生回答对与错，教师都会给予肯定的评价，希望以此来鼓励差生，表面上看来教师是平等地对待每一位学生，实际上这其中依然隐藏着不公平，因为教师用了不同的期望值对待优等生和差生，这也是一种不平等。

其次，班级授课制所带来的另一个弊端就是学生的分组不平等，现代课堂中虽然每一个班级的学生人数有明确的规定，但是在分组方面仍然存在着不公平的现象，众所周知，对于学生来说，坐在一、二、三排的学生更易受到教师的关注，而到底应该怎样分组成为一个难题。很多班级是按照学生的成绩来进行分组，成绩优异的学生可以在靠前的座位抢占一席之地，而成绩差的学生只能坐在后面，实际上这种座位的排列已经在无形中给差生造成了心理上的暗示，再加上教师上课时会把注意力放在前面几排，会使差生觉得自己学不学都无所谓，反正教师也不会管我们，经常会看到一个班级里后面几排的学生上课不听讲、睡觉、聊天的比比皆是，这样又会使教师更加漠视这些学生，这种恶性循环更是课堂交往中亟待解决的一个问题。

（二）课堂心理的不公平

课堂教学中存在不公平的另外一个表现就是课堂心理的不公平，课堂心理的不公平除了表现在教师心理方面，还表现在学生心理方面。

首先，教师作为知识的传授者，在面对自己的学生时总不能做到心理上的公平对待，比如在面对成绩优异者时，教师总会本能地觉得学习好的学生在其他方面也会做得很好，这样教师就会对成绩优异者给予更多的鼓励和表扬，以及最大的期望。这种期望又会反过来促进学生的发展。相反，学习差的学生由于得不到教师的肯定，没有教师的期望，上课的时候不注意听讲，讲话，聊天，做小动作，这些举动更加剧了教师心理的不公平对待，教师会认为成绩差的学生，其他方面也是不好的，所以在班级出现问题的时候，教师首先想到的一定会是成绩差的学生。而教师的这种心理差别对待也会对学生造成很严重的影响。

其次，学生作为班级的一员，日常的课堂教学中，生生交往是必不可少的。在这种交往中，成绩的好坏成为学生交往的一个很重要的标准。“物以类聚，人以群分”这种现象在课堂交往中随处可见，成绩好的学生本能的心理上会有一种优越感，有很强的自信心，他们会认为自己学习好，其他方面也会很好。他们往往愿意和一些成绩好的人交往。而成绩差的学生平时觉得不受教师的重视，自卑感油然而生，他们不愿意和成绩好的人交往，对成绩好的学生也只是羡慕，认为成绩好的学生什么都行，而自己什么都做不好。这种不平等的心理也会严重影响学生之间的交往。

（三）教学评价的不公平

新课程改革的一个目标是注重学生的过程评价，尽管我们都知道，学习

成绩不是评价一个学生优差的唯一标准，但是不可否认，在绝大多数的教师眼中，学习成绩依然是评价一个学生好坏的最重要标准，所以教师为了提高学生的成绩，往往会忽视学生的全面发展，根据学生的成绩好坏给学生贴上好中差的标签，这对学生来说，也是不公平的体现。

三、"我的课堂"中的相关交往文化

由于课堂交往的特殊性，教师在交往中处于主动的地位，其不仅是组织者、引导者，又是交往活动的控制者。要提高课堂交往的有效性，就要形成尊重他人、尊奉真理的课堂交往文化。

（一）理论依据

尊重教育作为一种教育思想，自古有之。孔夫子从"性相近，习相远"理论出发，提出了"有教无类、因材施教、教学相长、启发诱导"等尊重教育思想。宋代的朱熹发展了这一教育思想，他指出"圣贤施教，各因其材，小以成小，大以成大，无弃人也"。中国近代著名教育家蔡元培先生首次提出了"五育并举，相互促进"，"养成完全人格"，培养全面发展的人。教法上，主张"尚自然，展个性"，教育管理中，主张"兼收并蓄，思想自由"，尊重教师的价值观和理想。20世纪后期开始，以"教育为基点促进人的发展"的教育理念越来越受到关注。"人的问题"成为我国基础教育的核心问题。人的尊严和尊重人的原则构成了社会与教育公平、平等、正义的基础。尊重教育成为我国时代发展的必然选择。

（二）内涵阐释

尊重的定义是：尊敬或重视（个人、集体或有关的抽象事物，如意见、权利等）。指个体对客观现实具有生命意义的心理反应。从狭义上讲是尊人，尊重人的尊严，尊重人的基本权利和责任。尊重人的价值，尊重人在自我发展中的主体地位。从广义上讲，尊重不仅包括对人的敬重和重视，还包括对社会和自然的敬重和重视。尊重，体现在人与人、人与自己、人与社会、人与自然的关系之中。从社会学上讲，尊重是处理人与人、人与社会、人与自己、人与自然关系的行为准则；从心理学上讲，它是一种健康心理的需要，是对自己价值和尊严的追求。尊重是为人处世的准则。它是一种习惯，更是一种文化。简而言之，就是尊重他人、尊奉真理。

（三）策略建议

1. 要有正确的角色定位和良好的心态

心理研究表明：交往双方的心理距离越近，交往越通畅。教师首先要转换角色，以交往的合作者、伙伴的角色来关照学生、关爱学生。学生在交往过程中说得不清楚、不明白，应不责怪、不歧视、不讥讽，让所有的学生敢说、爱说、乐说，勇于发表自己的见解。其次教师要与学生保持人格的平等，既应保持必要的权威，又不能以绝对真理的拥有者自居。教师应该把自己定位在话题的提供者、交往环境的创设者、课堂教学的主持人，是学生表达独特见解的旁听者和欣赏者。在交往过程中，教师的心态也很重要，不要急躁，要耐心地对待面前的每一位学生。良好的心态，可以缩小与学生的心理距离，是实现课堂交往有效性的前提。

2. 要转变教学观念，正确对待课堂

课堂教学的目的是为了使学生获得进步和发展，而不是为了完成自己手上的教学预案；课堂教学是为了全体学生的进步和发展，而不是为了少数学生的进步和发展；课堂教学是为了学生的全面发展，而不仅仅是知识的传授。所以树立正确的教学观是提高课堂交往有效性的保证。

要正确、平等、公允地对待班上的每一个学生，在选择交往对象时，要从整个“交往场”的效应来考虑，根据话题或问题的难易程度、思维的价值多少选择交往的对象，尽量照顾全体，要使交往的话题在场中得到放大，形成共振。

正确对待师生关系。师生关系要有分寸，教师既不能放弃应有的威望和权力，又不能人为抬高自己的威望和权力，使学生敬而远之。

缩减交往的空间距离。课堂是学生进步与发展的阵地，是师生交往的平台，不是教师的舞台，教材是我们的中介，知识是双方交互的载体，学生的发展是目的。所以教师要走到学生中间去，不要老是站在高高的讲台上指手画脚，要缩小交往的空间距离，提高亲和力。

且看特级教师罗易执教的课例片段：

【案例】《沁园春·长沙》教学片段

师：两位同学的回答都很好，能从作者的情感去考虑，这是很好的思路。我们知道，“击”本来应该是人发出的动作，有“搏击”的意味；而“翔”则是在空中飞翔，现在用来写鱼在水中的动作，可见这两个词运用了什么修辞手法？

生1：一个是拟人，一个是拟物。

师：对，拟人和拟物统称比拟。（**板书**　比拟：击、翔）

生2：老师，那这算不算词类活用？

师：这两个词在这里不是活用，如果我们比较另一句“粪土当年万户侯”中的“粪土”，就知道了。“粪土”原来是名词，在这里活用作动词，意动用法，解释为“把……当作粪土”。（**板书**　活用：“粪土”）

师：还有这里“激扬文字”的“激扬”值得同学们注意，这是一种“缩略”用法，它是“激浊扬清”的缩略（**板书**　缩略：“激浊扬清”），词内讲的是毛泽东年轻时写文章来抒发革命情怀，与反动政府做斗争，可见气势非凡。也就是说，“书生意气，激扬文字”表现的不是那种文弱书生，书生气重的意思，而是一种革命精神。那么是不是婉约风格呢？

全班学生：不是！应该是豪放词！

师：对了，我们从语言和作者抒发的情感中感受到这是一首较为典型的豪放词，上阕下阕都豪放。

师：现在大家思考一下，这首词在结构上是否颠倒了呢？

（学生思考讨论）

生3：我认为并没有颠倒顺序，而是先问后答，上阕提出问题，下阕含蓄地回答了上阕所提出的问题。

师：回答得不错。这里其实是作者故意设计的问题，而答案就在词中，这样就能使上下阕结构紧凑，造成一气呵成的气势。

好了，这首词我们就赏析到这里。最后让我们一起朗读这首词，好好感受一下词人的豪情壮志。我们分角色来朗读，谁来扮演毛主席？扮演的同学负责上、下阕的开头和结尾。要读出感情，掌握好节奏。

（下面的学生又兴奋起来，很多同学跃跃欲试，一位男同学勇敢地走上讲台，领取带读任务。其他同学鼓掌）

这一节课罗老师只讲了15分钟，但给我们的启示很大。课堂是学生展示的舞台，课堂中的师生对话不是一问一答，而是平等交流。教师可以激发学生的思考，学生也能够提出自己的疑惑，课堂体现了对人的尊重、对真理的尊奉这一理念。

3. 要加强课堂管理，提高管理水准

课堂管理是课堂交往有效性的关键，我们必须制定交往规则、培养交往习惯、创设课堂氛围，提高课堂管理的水准。

建立课堂交往规则。课堂交往是正式交往，正式交往要有一定的规则。有了规则可使交往顺畅、效率提高。如：一位同学发言时，其他人应放下手中的事认真倾听；发言者不要对着教师讲，而应面向大家；一人发言其他人不能举手，直到发言者坐下；等等。注视发言者和暂停举手，可将学生的注意力集中。发言者面向全班学生，可让学生感受到听众是全体学生而不仅仅是教师。发言者受到全体学生的注视，可感受到被重视和尊重，当他结束发言成为听众时更容易自觉遵守规则，这正是相互尊重的生动体现。

养成良好交往的习惯。有了规则之后就要遵守规则，一旦违规教师要及时提醒和暗示，要养成发言不啰唆、倾听不作声、先想后发言等良好习惯。

创设温暖的课堂氛围。从一定意义上讲，课堂氛围是课堂交往的底色，底色的好坏在很大程度上影响着交往的品质。如果学生觉得在课堂上的存在和行为被人认可，就会感到安全和温暖，思维必然活跃、发言必然积极。所以要创设和谐、温馨、融洽的课堂氛围，让学生课堂交往的心理需要得到满足。

4. 要掌握交往技巧，提高交往水平

要学会等待。教师发问后，要有必要的等待，一般3秒以上，即使有学生举手，也不要急于指名作答。“此时无声胜有声”，这时是学生脑力劳动最紧张、最活跃的时刻。

要偶尔“糊涂”。“大智若愚”是一种高超的智慧，是一种豁达的涵养，是一种高妙的艺术。教师在课堂交往中不妨“糊涂”，用明知故问、以假乱真，导出学生心灵深处的困惑与疑虑。教师的偶尔如此，会激发学生的挑战欲、好奇心和求知欲，引发学生主动探索、积极思考。

要延缓评价。教师对学生的应答，正确的不要急于表扬，错误的不要急于否定，而要引导他们说出思考的过程，说说答案的由来。如：你为什么这样说，理由是什么？并对其思维过程做必要的点拨，这样对学生帮助会更大。

要会调节气氛。风趣的语言，会使学生倍感亲切。在课堂交往中根据交往的话题、气氛，适当地幽默一下，使交往氛围活跃，有利于交往的展开与推进。但幽默不能失分寸，风趣不能显轻浮，要给人以轻松和美的享受。

第五节 批判建设、解构建构的思维文化

随着基础教育课程改革的不断深入，新课程体系在课程功能、结构、内容、实施、评价和管理等方面都较原来的课程有了重大突破，培养学生的创新精神是这一改革的重点。而要培养和提高学生的创新意识、创新能力，首先要培养学生的批判建设思维能力，让学生敢于说“不”，要批判建设、建构的思维文化。高中课堂要培养学生具有批判思维能力，使他们敢于提出问题、探究问题；要勇于独立思考，拒绝对知识简单复制、对观点全盘照搬，并能结合知识又能构建自己的知识体系的思维能力。

一、学生思维能力的现状

当前学生的思维能力现状不容乐观，而课程改革的重点是培养学生的创新精神，让学生敢于说“不”。笔者曾读到这样一则材料：“有个欧洲笑话，问：一条船上有 75 头牛，32 只羊，那么船长是几岁？专家断言，如果有中小学生做出答案，就说明学校把学生教笨了。据悉，用这道题测试我国沿海某市中小学生，结果做出答案的竟高达 92%，因为学生相信老师给的题目都是能做的。”这则材料反映了我国现行教育存在一定程度的“奴化性”，培养出来的学生是“听话型”的，学生养成了一种唯书、唯师的惰性心态，不敢怀

疑,更不敢批判。这样,教材几乎成了"圣旨",教师成了宣读圣旨的"钦差",学生成为甘为俯首听命的"臣民"。

总结平常的教学实践得知,形成学生批判思维的障碍在于思维定式,其"定式"思维主要表现在以下几方面。

(一)从众思维定式

从众思维定式,是中国人普遍的思维习惯定式。多年来,我国教育一直推崇的是培养听话顺从的乖孩子,强调的是教育的整齐划一。为此,我们使用同样的教学内容、教育办法、评价标准去衡量兴趣与基础迥异的学生。经过教育加工后,一个个原本各具特色的学生变成了标准件。服从大多数、顺从众人、随大流、人云亦云成为学生中普遍的现象。思维的从众定势有利于惯常思维,有利于群体一致的行动。但是,受从众定势影响的思维不利于个体的独立思考和批判意识的培养,学生只想求同不敢求异,惧怕枪打出头鸟,从而最终走向简单模仿、安于平庸,批判思维能力也丢掉了。

(二)"权威"思维定式

由于受中国伦理本位文化传统的影响,在我国教育中,历来强调"师道尊严"。教师与学生之间有着上下、尊卑之分,师生之间是一种"权威—依赖"型关系。在这样的关系下,学生的求异思维得不到很好的发展,批判性思维得不到有效的培养,甚至一些创造性思维火花还会因其与教师设计好的答案不相符合而受到否定、呵斥。久而久之,学生不论在心理上、知识上还是在思想上都会心安理得地依赖教师。

(三)唯书本思维定式

长期以来由于以应试教育为主要目的,传统教育形成了以书本为中心的倾向。教师的天职被人们误认为就是将凡与考试有关的知识悉数教给学生,要求学生无条件地记忆、信奉,学生也养成了崇尚书本、"死读书"的极坏习惯。教师应在教给学生所需书本知识的同时,让学生对书本知识保持一种客观清醒的认识,能够"读书而不为书累",达到辛弃疾"近来始觉古人书,信着全无是处"的境界。

长期以来，学生在唯书、唯上、迷信权威、盲目服从的思维定式中生活，最终丧失批判思维能力、丧失创造的欲望，在读书、做题、考试三位一体的教育循环圈里共同走向雷同和平庸。

二、形成批判建设、解构建构的思维文化的意义

批判是一种思维方法，也是一种思维品质。它使人的个性得到充分发展和张扬，是自由意识、科学精神的表现，是认识的深化、全面、创造的象征。批判是为了突破规则，敢于向规则挑战，向权威挑战，批判地对待人类的一切认识成果。构成是人认知活动中一种反对再现、模仿、复制、临摹等一系列的非创造性的活动而提出来的，其中包括解构和建构的过程，它是一种思维创造，是创造新意、启迪智慧的有效方法。形成批判建设、解构建构的思维文化对高中教学具有重要的意义。

（一）培养学生批判建设、解构建构的思维文化是当前教育改革的基本要求

抑制学生创新能力的原因很多，就教育而言，主要是长期以来，在我们的教育中急功近利思想严重，过分注重知识的灌输，过于追求统一和服从，从而忽视了学生的个体差异，轻视学生的独立性和批判性等。更有学者尖锐地指出："中国学生从小就学会了对教师所传授的知识无条件地服从，教育只是传授知识的过程，在这种'接受式教育'的影响下，儿童原来的好奇心、探究精神和批判精神被抑制或掩盖了。不仅如此，学校教师有时甚至讨厌学生的批判精神，特别是当这种批判精神威胁到教师的权威和地位时就更是如此。所以，在很多人眼里，教育过程就是一个自身批判精神不断泯灭的过程。"可见，对社会文化只认同、服从，而不反思、批判，从根本上说不是或不符合教育的本性和逻辑。教育部《基础教育课程改革纲要（试行）》和国务院《关于基础教育改革与发展的决定》都提出了实施素质教育要使学生"具有初步的创新精神、实践能力、科学和人文素养以及环境意识"。"而创新思维最重要的特征是批判性、发散性"。

（二）培养学生批判建设、解构建构的思维能力是时代发展的基本要求

在经济全球化的时代背景下，人们的思想观念和价值取向呈现多样化和复杂化趋势。在异质文化全面通过各种信息传播媒介进入我们的生活的今天，如果只是一味地去堵，而不是引导，只是授之以鱼，而不是授之以渔，是不明智的选择。如果我们的学生对纷繁复杂的社会现象缺乏判断能力的话，那么其后果是严重的，我们要善于培养学生“收集、处理和利用信息的能力及分析和解决问题的能力”，切实提高学生的批判建设、解构建构的思维能力，让他们自己去分析、解决问题，这样我们的学生才不会在信息化时代迷失方向。

（三）培养学生批判思维能力是高中课程特点、实现课程目标的基本要求

时代发展步伐加快，社会日新月异地变化，高中课程教材也不断变化，课程特点更加鲜明。怎样才能有效地发挥高中课程的育人功能，使其更具科学性、实效性、针对性，“使获得基础知识与基本技能的过程同时成为学会学习和形成正确价值观的过程”，这既是课程改革的需要，也是教师所面临的一个难题，更是关系到学生个体成长的重要问题。社会热点问题层出不穷，要培养学生的批判能力，解构知识进而建构自己的知识体系，使学生有起码的是非判断能力、鉴别能力和良好的情感、科学的价值取向，既是校园课程的迫切要求，也让高中课堂在看似很小的事情却是关乎民族素质的基础性工程中做些扎实、有益的工作，引导学生学会做人则更是高中教育不懈追求的目标。

三、“我的课堂”中的相关思维文化

思维通过影响认知、态度和行为赋予群体不同的文化价值观，进而影响整个群体的文化。我国的诸多文化学者持这种观点，季羡林认为中西思维模式的不同是中西文化差异的原因，北京大学的关世杰教授通过论证中美两国在跨文化交流中的语言、价值观等方面的差异，认为思维是决定这些差异的根本原因。因此课堂上形成批判建设、解构建构的思维文化，需要从外部环境、制度建设和内在价值观等多方面、多途径才能实现。

（一）创设允许学生说“不”的思维环境

首先，学校要创设民主的教学氛围，教学民主是形成批判思维的前提。在知识经济时代，作为教师，我们应解放思想，打破常规思维的障碍，多进行“师生角色换位”。教师在课堂教学中要努力做到“三个”提倡：即提倡学生上讲台、提倡七嘴八舌、提倡标新立异，鼓励学生讲真话、说新话，不迷信权威。我们要采取多种方法，解放学生的头脑，使他们敢想，解放他们的嘴，使他们敢问，让学生成为知识的“再发现者”。同时要注意引导学生凡事不光要多问个为什么，而且要问得准，善于抓“点”来问。在教学中，教师往往会碰到这样一些爱唱反调、思维偏激、以感性代替理性的学生，对学生中这些“越轨”和“出格”的想法，只要不是政治错误、道德败坏的行为，教师就要宽容地对待他们。这样才能避免造成学生情绪的紧张和压抑，避免浇灭学生智慧的火花和思维的亮点。

其次，要改革现有相关教育制度，特别是考试制度、教育评价与督导制度。传统的考试制度、教育评价与督导制度都以分数为核心，其结果不但严重地影响学生在德、智、体、美等方面的全面发展，更可怕的结果是培养了一批“高分低能”的所谓的“好学生”。这些学生成了“知识的奴隶”，只能接受知识，而缺少批判能力与求异能力。基于此，建立一套鼓励创新、鼓励批判的科学的评价制度是当务之急。

（二）引导学生善于批判和自我批判的能力

20多年前，电影全才伍迪·艾伦导演的一部电影得到奥斯卡金像奖的最佳影片、最佳导演、最佳剧本、最佳女主角四项大奖。他本人更是一手包办了这部电影的监制、编剧、导演、男主角。可是，伍迪·艾伦并没有去好莱坞领奖，因为他坚信“成功是挑战自我，不需要打败别人去证明”。由此可见，要培养学生不断地批判自我的精神，才能不断超越自我，取得成功。

1. 引导学生善于相互批判

培养学生的批判思维能力不仅需要独立思考，也需要相互沟通，在交流中受启发，在碰撞中激火花。某一政治教师在教学中曾在“市场经济的一般特征”教学中，有意识地引导学生围绕“市场经济条件下，协作与竞争谁更重要"展开辩论。遇到问题、出现错误时,先让学生自己反思,然后组织学生讨论,在思辨中提高学生的批判思维能力,加深对知识的理解。同学之间智能差距较小,挑战同学容易获得成功,有利于增强学生的批判信心。

2. 引导学生善于批判教师的教学

教师在学生心目中往往是"教师肯定什么都会,什么都懂,什么都正确",学生的年龄越小,这种心理倾向越浓,因此,学生挑战教师需一定的勇气。教师可以尝试:首先,发动学生指出教师在讲课时观点或佐证材料的不合理的地方;其次,每节课留 5 分钟给学生提问题,包括批判性问题;再次,组织学生讨论与小结,对于疑难问题,教师提供一种观点或思路,鼓励学生提出相反的观点或更优的解释。

3. 引导学生善于批判教材等权威

教材、教学参考等相应的各类参考资料,都是由专家、学者等反复提炼而成的,是集体智慧的结晶,具有一定的权威性,学生向它挑战,需要过人的胆识。其实,无论是教材还是参考资料及答案都是人编著的,而人都具有局限性,都要随着实践的发展而不断地深化、向前发展。特别是政治教材,更是难以紧跟时代的发展步伐,它总是滞后于社会的进步,如党的十八大召开后,政治教材的许多观点都需要修改、补充和完善。教师首先要引导学生转变把教材当"圣旨"的观念,树立起向权威挑战的勇气和胆识,在课堂中逐步引导学生结合当前国家的新政策对相关教材提出批判的意见或更加合理化的建议。

(三) 积极开展建构主义学习,培养独立思考能力

建构主义是认知主义的进一步发展。建构主义者更加关注学习者如何以原有的经验、心理结构和信念为基础来建构知识,更加强调学习的主观性、社会性和情景性。个体在进行学习的时候,头脑中并不是空的,而是由于先前的生活经验在头脑中保存着自己特有的认知图式,在学习过程中,通过与外界环境的相互作用,建构新的认知图式,这种新的认知图式是创造性的,在性质上不是原有图示的延续。所以,与行为学派的理论相比,建构主义认为学习的过程是一种质的变化,一种主动建构的过程,而不是被动地刺激反应模式的建立。建构主义提倡在教师指导下的、以学习者为中心的学

习，也就是说，既强调学习者的认知主体作用，又不忽视教师的指导作用，教师是意义建构的帮助者、促进者，而不是知识的传授者与灌输者。学生是信息加工的主体、是意义的主动建构者，而不是外部刺激的被动接受者和被灌输的对象。

【案例】《战后初期的国际关系和两极格局的形成》教学案例

（一）媒体显示，置情助学：引用当时正进行的伊拉克战争的有关图片导入。导入新课：备受世人关注的伊拉克战争还在进行中，当我们在预测战争结果的同时也不禁指责美国这种侵犯他国主权的行径。美国的霸权主义政策从二战后表现得淋漓尽致。今天就让我们一起将时钟再拨回到20世纪的40年代，了解二战后以美苏为主导的国际政治势力的消长和演变，形成的两极格局的世界。

通过创设历史情境，将学生的思维从关注的热点迁移到本节课的教学内容中，在激发兴趣和引起共鸣中投入到本课的学习中。教学不能无视学习者的已有知识经验，简单强硬地从外部对学习者实施知识的“填灌”，而是应当把学习者原有的知识经验作为新知识的生长点，引导学习者从原有的知识经验中，生长新的知识经验。教学不是知识的传递，而是知识的处理和转换。

（二）讲授新课：课堂中以四道讨论题贯穿始终。

1. 什么是雅尔塔体系？结合战后美苏的政治、经济状况，分析雅尔塔体系确立的必然性。

2. 谈谈雅尔塔体系的内容和实质。

3. 中外史学界对冷战格局的责任有不同的看法：一种认为，以美国为首的西方国家负主要责任，以苏联为首的社会主义国家也负有一定责任；一种认为，责任全在以美国为首的西方国家。请按照自己的理解，谈谈你的看法。

4. 如何认识和评价雅尔塔体系下的两极格局？

先提出问题，是因为历史教师不单是知识的呈现者，不是知识权威的象征，而应该重视学生自己对各种历史的理解，倾听他们时下的看法，思考他们这些想法的由来，并以此为据，引导学生丰富或调整自己的解释。

（三）思维拓展：雅尔塔体系从其确立到解体的过程，能给我们以怎样的启示？

（四）课堂小结，整合结构。由学生小结，教师最后归纳。微机展现知识线索。回顾中有概括，概括中有回顾，有反思，既是对学生感性认识的整理，又将学生的感性认识上升到理性认识。在点拨中学生的思维得到理性的深化，也能达到思想教育的功能。

教师是意义建构的帮助者、促进者，而不是知识的提供者和灌输者。学生是学习信息加工的主体，是意义建构的主动者，而不是知识的被动接收者和被灌输的对象。简言之，教师是教学的引导者，并且监控学习和探索的责任也由教师为主转向学生为主，最终要使学生达到独立学习的目的。

新课程改革中一再强调课堂教学中学生“主体参与”的重要性与必要性，教师应该意识到教学必须改变教师台上唱独角戏、学生台下当观众的现象，日益高度重视学习这个接受主体，把传递的教师“教”的方法转变为师生共同活动的方法，使教育成为一种十分重视学生个性的活动。所以，诱导学生主动参与教学活动，提高课堂教学效率，已成为当今历史教学改革关注的一个热点问题。

本节课的设计就是力图体现最初的教学思想，给学生以更大的思维空间，真正调动学生主动、自主的学习兴趣，达到培养学生独立思考能力的目标。

第六节　合理奠基、科学开发的学术文化

随着市场经济体制的逐步建立，人们的传统观念和价值取向受到了猛烈的冲击，产生了诸多不良现象。反映到学术界，就是一些学者追逐名利、急功近利、不甘寂寞、自我膨胀。借用钱钟书先生的话，“曰举业，进身之道也”，而非“曰学业，终身之事也”。要扭转这些不良现象，需要我们在加强制

度建设的同时，注重学术文化的建构。因为学术文化对学术的影响，虽不具有学术制度的直接性、强制性，但它“润物细无声”，通过潜移默化的方式发挥影响力，而且这种影响力比较深远、持久。因此，为了促进学术的健康发展，高中阶段教学中合理奠基、科学开发的学术文化，就为构建真正意义上的学术文化起到了关键作用。

一、高中学术文化的内涵

清华大学之所以有其精神和学风，合乎大学之本义，就在于它不仅有工科的实干、农科的贴近中国，还在于它有理科之冷静、文科之敏锐和法科之严谨，其实没有了许多似乎“无大用”的文科和理科，大学之再大，“也只是跛足的巨人，因为那种广博的视野、自由的精神和活跃的风气，在仅仅充满实用与实干的气氛中难以建立。”这就是学术文化的功效。

（一）学术文化的定义

何谓学术文化？在克拉克看来，由于学术工作的表达和任务的安排方式不同，位于学术系统内部不同部门的人们必然产生不同的规范和价值观，这就是学术信念或学术文化。也有学者把“能够维系人们从事高等教育事业的共同价值观、行为规范(科学规范)、利益和信念称为高等教育系统的学术文化”。

（二）学术文化的内涵

说到底，学术文化就是思想观念、学术信念。由于大学是由“学科”与“院校”交叉形成的矩阵，因此，大学的学术文化主要包括学科文化、院校文化。学科文化是学科成员在学术交流、碰撞中所形成的具有共同性的价值观念、行为规范和学术信念，是该学科所特有的，以至于不同的学科具有不同的研究对象、研究内容和研究方法。每门学科都有各自的学科传统，有自身的思想范畴和相应的行为准则、研究规范，有特定的问题域和认识域，这就使得学科文化具有各自的特性。一般说来，每门学科都有相对固定的学科成员，有特定的专业术语，有共同的准则和规范。“一个范例是一个科学团体的成员共享的东西；反过来，一个科学团体是由共享一个范例的人们组成的。"尽管如此,学科文化在其差异的基础上又具有共性,从事任何学科研究的学者都具有学者共同的一些学术品质,如民主、自由以及实事求是、客观公正、严谨踏实、精益求精等。大学之大,就在于学问之大、学科之多,正是由于学科的交叉、融合,促进了大学的发展。院校文化是大学在长期的历史发展过程中所形成的比较稳定的价值观念、理想追求,它体现着学校的整体风格和精神面貌。如北京大学的"大度包容"精神和"思想自由"精神、清华大学的"实干精神"、浙江大学的"求是精神"等无不是院校文化的综合反映。院校文化是建立在学科文化基础之上的,是对学科文化"合理内核"的概括和升华。院校文化在一定的程度上就是一所学校的特色,是促进院校改革和发展的推动力。总之,学术文化是大学师生员工在探求知识、追求真理过程中所形成的特色和氛围,是大学校园文化的核心。

(三)高中学术文化的内涵

高中学术文化是基于对未来社会人才需求的预测,将创新人才的培养定位为自身的教育使命。在这一定义中,创新人才包括了学术与艺术大师、思想者、社会领袖和富有创造性的专业人士。在科学、技术、艺术、思想、人文、社会等领域,他们凭借深厚的学术素养为中国和世界面临的问题提出创新的思想和解决方案,成为被一个时代铭记的名字。因此,高中学术文化应当具有现代化与信息化的文明形态、开放性和国际化的教育要素、学者型的教师队伍和重视学术的优良传统。教师和学生、家长、社会合作开发大量学术性、前沿性的课程,高度重视教育教学的效能,使学生获得高水平学术研究所需的知识基础、研究能力与思维方式。高中学术文化的构建,有别于我们真正意义上的大学学术文化,其要义就是着力培养学生的学术素养、专业精神与审美情趣,从而奠定其成为拔尖创新人才的坚实基础。

二、建设高中学术文化的意义

学术文化作为大学长期的历史演进积淀而形成的产物,具有强大的辐射作用及弥散性特点,渗透于大学校园的各个方面。而教育是一个系统的工作,学前、小学、中学、大学各学段虽然各有其特点,但彼此不能完全割裂,高中学术文化的构建,不仅是时代发展的大势所趋,也是教育本身的内在旨

归，合理奠基、科学开发对学术文化的构建起到关键作用。

（一）建设高中学术文化是时代发展的必然趋势

新中国成立60多年来，高中教育有很大的发展，形成了世界上最大的高中教育规模，教育质量也不断提高。但是，当优质高中都以应试能力的训练为追求的时候，高中教育就遭遇普遍的同质化。放眼观察全国各地的重点中学，我们会看到极其相似的一套东西在广袤国土的每一个角落上重复，高中教育缺乏特色和活力。

在美国，高中按其培养目标分为多种类型：占绝大多数的是综合中学，其毕业生有的升入大学，有的升入两年制学院，还有的直接走上工作岗位；而学术性高中则为数极少，其毕业生基本上全部升入大学；此外还有少量的职业技术中学。据美国1999～2000学年的统计，约98%的学生就读综合中学，1%左右的学生就读职业技术中学，只有不到1%的学生能进学术性高中。综合性高中为了保证毕业后走上工作岗位的那部分学生具有足够的职业技能，往往开设了不少职业技术类课程；而学术性高中开设的绝大多数是学术性课程，其办学的主要方向是培养一批能进入一流大学就读的高水平人才。

为了培养适应国家发展所需要的多种人才，未来中国高中教育应当呈现出多元化、特色化发展的态势。既要有以职业准备为特色的职业技术高中，还要有满足学生多元需求的综合高中，有培养拔尖创新人才的学术性高中，还可以有人文艺术、体育、农业等不同特色的高中。学术性高中主要负责为培养一批大师级的创新人才奠定基础。这是由人才成长的规律所决定的，也是学术性高中能为国家教育的发展起到的独特作用。

（二）高中学术文化为学生创造力的发展创设良好的文化环境

创造力的发展依赖于多方面的因素，除了个体的知识基础之外，一个重要的因素是创造性个体所处的文化。国外学者认为，创造力并不是纯粹的内部心理过程，为了使创造性的想法转化为被人们接受的创造性产物，就必须通过一个说服公众的过程。当社会文化不接受某个人的创造或某一类创造的时候，他们的创造力就遭到压抑和毁灭。因此可以说，创造力是由其赖以生长和发展的社会和文化背景决定的。

我国学校在创新人才的培养方面一直受到社会各界的批评，其原因可能在于我国学校中存在着并不鼓励创新的文化氛围。例如，有调查发现尽管大多数教师从观念上能认识到创新的重要性，但教师喜欢的学生特征与创新者的特征呈显著负相关，创新性越强的学生越不为教师所喜欢。对我国六城市各年级学生的调查显示，创新环境优良学校的比例从小学五年级到高三呈下降趋势，到高三已经降至3.6%。研究创造力的著名学者托兰斯认为：教师在时间的压力下工作，把思维活动局限在规定的时间内、不容忍学生嬉戏态度的存在、禁止质疑和提问等教育方式，会严重阻碍学生创造力的发展。

高中师生在研究性教和学的过程中，应当逐渐形成一种学术性文化。这种文化并不一味追求标新立异或无选择地接受一切新观点，但它设定一套确立知识和扬弃知识的标准，从而为新观点提供了一种和已有观点公平竞争的平台。具有创新精神的科学家之所以"敢于想别人不敢想的，做别人不敢做的"，是因为他们有科学的研究方法的支撑，不管多么异想天开、难以置信的观点，只要通过科学研究的反复验证，人们就不得不信服。在这样的文化中，创新不仅能够产生，而且有机会得到周围人的尊重、接受和运用，这就为创造力的发展提供了良好的文化环境。

（三）高中学术文化合理奠基创新人才的学术发展

高中时期仅仅是人一生发展的特定阶段，他们能不能真正成为创新人才取决于在大学、研究生阶段和职业生涯中的学术发展。高中要发展学生的学术素养、专业精神和审美情趣，这些特质能为学生一生的学术发展和创新事业打下良好的基础。

科学创新是在学术研究中实现的，因此创新不仅意味着提出新观点，还意味着要通过缜密的研究和论证使新观点得到学术界的接受。为此，就必须培养以研究能力为核心的学术素养。在我国长期存在着"初等教育打基础、高等教育做研究"的思想，仿佛中学生没有资格做研究、做不出像样的研究。许多大学教师批评我国大学生和研究生研究能力低、毕业论文质量差、学术不端现象泛滥，但问题的源头要从中学阶段来找。一个人如果从小都

没有受过学术素养的教育，自然不可能在进入大学后一下子成了学者。美国学校经常以课题研究作为作业，高中生完全能写出达到学术水准的论文，这说明在中学阶段通过科研训练来培养学术素养是完全可能的，也是非常必要的。

专业精神是一个人在某一领域取得创新的保证。有许多研究在调查了各领域做出创造性成果的杰出人士之后，发现他们至少需要用十年时间“沉浸”在一门学科中，才能产生个人的首个重要的创造。心理学家加德纳从大量的实例中，发现年轻人发展过程中都有一个转折点，在这一刻，他们突然发现了自己此生要做什么，由此产生动机和目标感，专注地投入到一个专业中。高中可以通过丰富的学科拓展课程、跨学科主题性课程和各种学术活动来激发学生对某一门学科的兴趣。如果学生在高中阶段就产生此转折，把某一学科当作自己的专业，就能更早开始为一生的创造活动做好准备。

一个人为什么会选择一个专业埋头奋斗多年，一个重要的原因可能是他从中感受到了别人没有体验过的快乐，发现了别人没有发现的美。生物学家费尔迈伊就是由于看到了贝壳的美才决心成为一名生物学家。因此，审美情趣、学术素养和专业精神一起，构成了学生一生学术发展的源泉。

（四）高中学术文化科学开发未来研究型大学的创新人才

为了帮助创新人才在大学中获得更好的发展，高中要保证一部分学生在包括高考在内的各种招生选拔中表现出卓越的水准，从而进入一流的研究型大学就读。这就要求做到基础知识、基本技能的掌握和创造力的发展均衡并进。这两者实际上是不矛盾的。近几十年的心理学研究表明，知识是创造的基础，创造性思维建立在对知识的直接应用上，一个人可以通过掌握特定的知识来理解创造性思维。当学生只接触高中水平的知识时，他们不能理解这些知识对于学术或实践的意义何在。但如果他们接触到各学科的大量前沿知识，就会发现掌握基础知识和基本技能的真正意义。

三、“我的课堂”中的相关学术文化

20 世纪 80 年代中后期，美国前任教育部长、卡内基基金会主席厄内斯特·博耶首次提出了“教学学术”的概念。他认为学术不应仅仅指专业的科

学研究，而应包括相互联系的四个方面，即探究的学术、整合的学术、应用知识的学术和传播知识的学术。如他所言："学术不仅意味着探究知识、整合知识和应用知识，而且意味着传播知识，我们把传播知识的学术称之为教学的学术（scholarship of teaching）。"

"我的课堂"的学术文化具体体现在校本课程的建设上。校本课程的开发，不仅仅是完成一项教学任务，不仅仅局限于开发某种校本课程，更重要的是把它作为素质教育的一个突破口，与国家规定的综合实践课程、与正在蓬勃推进的需要落实三维目标的新课程、与学校业已形成或即将形成的办学特色等等紧密结合，着眼于使每一名学生的道德修养和综合素质都能有切实的提高，着眼于使每一位教师的课程开发能力、教育科研能力、课堂教学创新能力以及自我发展能力都能得到有效培养与提升。

（一）精心研制——专业和爱好结合、能力与兴趣并举

近年来，我校组织各学科教师结合开发区地域特点，开发编写了《江苏风情》《人文南通》《苏通大桥》《创业乐土》《绿色家园》等 21 种具有人文性、趣味性、多样性、地方性、实用性的校本教材，形成了丰富的"课程超市"，给学生提供了极大的选择空间。其中有两门被评为南通市优秀校本课程。我们以创新精神和实践能力培养为重心，把学校教育的生长点和开发区人包容、自信、创业的精神结合起来。因为我们觉得：创业教育不仅被联合国教科文组织称为教育的"第三本护照"，被赋予了与学术教育、职业教育同等重要的地位；更重要的是学校地处目前创业活动非常活跃和将来还必须活跃的开发区，需要我们扛起培育学生创业品质的重任。这些课程力求既要满足学生已有的兴趣和爱好，又要激发和培养学生新的兴趣和爱好，既要培养和发展学生已有的特长，又要寻找和挖掘学生潜在的能力与优势并加以培养，使之成为新的特长。

1. 以校本课程为载体，培育学生的创业意识

创业意识是指在创业实践活动中，对个体起动力作用的个性意识倾向，主要包括创业的动机、兴趣、理想、信念和世界观等心理，创业意识是创业基本素质结构的核心。为了激发动机，培养兴趣，我们除了先后编写了多本和创业教育密切相关的教材、利用选修课时间对学生进行宣讲渗透外，还邀请

了南通大学地理科学学院的老师，到学校开设创业教育系列讲座。在此基础上，学校开展“创业杯”黑板报评比、“走创业之路”征文比赛、“明天，假如我是……”演讲比赛、寝室文化创意评比等系列活动，在孩子们的心田播下创业的种子。

2. *以创业人物为榜样，激发学生的创业情感*

为了增强学生创业的情感，一方面，我们引领学生到开发区的各大型企业参观学习，邀请公司负责人在现场或来校做报告，让孩子们亲身感受企业发展的历史，成功的经验；另一方面，我们组织学生观看阿里巴巴集团董事局主席马云、娃哈哈集团主席宗庆后、吉利控股集团董事长李书福、万向集团公司董事局主席兼党委书记鲁冠球等中国创业风云人物的事迹报告会，让孩子们了解风云人物不同寻常的创业经历。

3. *以课程目标为指向，开发学生的创新思维*

学校力求实现课程目标的三个指向，一是指向情感、态度、价值观(好奇心、质疑、开放的胸怀，批判的精神等的培养)，二是指向创造的思维品质(发散思维、聚合思维、联想、想象、类比等)，三是指向科学、艺术、审美等的相互渗透。在课程实施和整合的过程中，力求达到“五给”：一是给学生创设宽松自由的有支持性的成长环境，二是给学生创设激发自信心的有表现性的心理环境，三是给学生创设平等和谐的有智慧性的教学氛围，四是给学生创设有参与度的探索性的时空，五是给学生自主活动的有体验性的实践机会。

4. *以社团活动为平台，打造学生的创业技能*

2010 年 3 月 4 日下午，南通市一大批集邮爱好者在我校六楼报告厅济济一堂，南通市中小学新春集邮联谊活动暨我校邮协成立大会隆重举行。我们之所以对这样的活动抱以浓厚的兴趣和满腔的热情，是因为意识到：在开发区，在未来的社会，三百六十行，真正的是行行出状元，作为教育人，关键的是要以呵护婴儿的细心和耐心想方设法培养学生多方面的兴趣爱好。本着这样的创业培养理念，我校先进的理、化、生数字实验室高标准配置，航模活动室投入数十万元，为学生的探究性学习提供有力的支撑。我校“一虎一席谈”辩论社、Gloriously speaking(口语)、朗诵演讲协会、MV 电影社、“追影”摄影社、DIY 手工作坊、“梦之轩”话剧社、美术主场秀(涂鸦)、漫游(动漫)、学思社(国学)、踢球者(足球)、蹦蹦堂(健美操)、Hey 道(跆拳道)、

Touch Soul Crew(街舞)、无界球社(篮球)、FLY-SKATE(轮滑)、国球社、Fly飞羽社、修身堂瑜伽社、“星湖之声”广播站、电声乐队、“绿源”环保协会、航模协会、集邮协会、星湖文学社等29个学生社团的活动一直在生气蓬勃地开展着。学校制定并完善了天星湖中学学生社团活动实施方案,同时,在时间、经费、师资等方面予以保证。2006年学校分别被授予“南通市陆海空模型运动特色学校”“南通市风筝文化教育基地”称号。

5. *以服务社区为支点,整合校内外创业资源*

在多年的办学实践中,我校已经成为当地精神文明建设的阵地,社会高度发展的对外展示窗口。2009年5月3日晚上,在中央电视台二套黄金强档时间,我校音乐教师陈敏献艺于“非常‘6+1’舞台”,一曲《美人窝》及她作为一位年轻母亲的坎坷经历自述,不仅让陈老师获得了本期的“非常之星”称号,展示了我校教师精良的专业水准,而且丰富了大众的文化生活,激发了大家建设美好家庭的情感。近几年来,学校承办了开发区组织的大型的法制教育、国家安全教育、人防教育、双拥工作、创建文明城市、创建卫生城市等工作。学校先后被南通市委、市政府、南通军分区表彰为南通市拥军优属先进单位,被授予“南通市双拥工作基层示范点”称号,多次荣获江苏省爱国卫生先进集体、南通市教育行风先进单位、开发区社会治安综合治理、平安法治建设工作先进集体等称号。

我校回馈社会的同时,社会也在给予我校大力支援。像学校每年聘请的多位开发区的企业家、创业者,他们总能丢开繁忙的工作,不厌其烦地来校现身说法,讲企业管理,说人生奋斗经历;像跆拳道、瑜伽乃至朗诵演讲协会等社团的指导老师就是毛遂自荐的学生家长,与企业家一样,每到活动之时,他们总能风雨无阻地准时到校进行指导。而且,他们常常还利用自身的社会影响和人力资源,给我们学生以更充分的活动空间和机会、更丰富的活动内容和项目。这些隐含的却是具体、鲜活而且实在的创业精神、创业品格,无疑对我校学生今后的生涯设计产生巨大的潜在影响。我校积极组织学生参加校内外学科竞赛、科技创新大赛、艺体竞赛等活动,学生参与面广,参与率在90%以上,每年都有5%以上的学生获区级以上奖励。近三年来我校共有375人获得区级以上奖项,其中我校高二学生顾翔的“水龙头防烫报警装置”荣获第六届国际发明金奖,高三学生王梅获全国第五届生肖个性化邮票设计大赛铜奖，另国家级奖项有 8 人次，省级奖项有 95 人次，市级奖项有 266 人次，区级奖项 44 人次。

（二）精致管理——计划和措施统一、检查和要求一致

1. 更新观念，规划校本课程

“包容共生、人本情怀、文化奠基、学术导航”是我校的办学理念，重在从精神文化的层面规划学校的未来发展，通过营造一种师生都认同的优雅的精神环境和浓郁的文化氛围，树立师生群体兼容并蓄、共同成长的核心价值观；力求在人本情怀的护理中，使师生自主地发展，有尊严地生活；力求在传统文化的熏陶下，使师生的民族心理和个性品格真正得以养育；力求在学术氛围的笼罩下，真正实现教师的发展，从而引领学生的发展，最终促进学校的内涵发展。

2. 立足本校，开发校本课程

自主开发的校本课程，力求类型多样化。知识类、能力型、科技类、娱乐型兼而有之。既照顾到水平较高学生的需要，也能适应知识能力一般的学生的发展要求。

在与环境课程紧密结合上，力求审美功能与教育功能的和谐统一。学校利用文化石、石刻铭文、标语、画廊、橱窗、名人字画等，努力彰显人文氛围。

在与综合实践课程紧密结合上，力求充分利用社区资源。学校建有充足的社会实践基地，如南通啬园、南通博物苑、南通园博园、南通科技馆、江苏安惠生物科技有限公司、南通汇羽丰有限公司、开发区自来水厂、如东军训实践基地等；另外借助苏通大桥的便利，组织学生到常熟沙家浜、上海一大会址、上海科技馆、上海东方绿舟以及南京中山陵、南京雨花台进行社会实践。

3. 完善制度，管理校本课程

学校建立了“校本课程开发与建设”领导小组，校长、主任、年级组长等为小组主要成员。领导小组对校本课程的开发建设从总体上予以把关；制定校本课程的相关管理条例，如“天星湖中学校本培训管理制度”“天星湖中学校本研修制度”“天星湖中学校本课程申报审批制度”“天星湖中学校本课

程开发实施奖励条例”等，从制度和机制上对新课程的开发与实施给予保障。加强校本课程的过程化管理，以确保校本课程实施的实效性；建立课程的评价机制，从严格出勤和阶段评价考核两个方面入手，对学生的学习情况进行评价。对于教师管理，除了阶段性总结、研讨和交流之外，领导小组每学期末通过表格让学生评选出最受欢迎的校本课程。

在加强教师培训上，力求做到三点。以集中培训为“切入点”，从校长到教师全员参加，通过集中的理论学习和讨论、请专家进行讲座、派教师外出学习等培训形式，使全校教师对校本课程产生思想、观念、情感上的认同，形成具有共识性的校本课程的教育理念和改革目标。以“案例式培训”为着眼点，借助鲜活生动的案例，通过教师之间的互动、教师与专家学者的交流、教师与开发的文本之间的对话，引起思维碰撞，激活角色意识。以“课题式培训”为支撑点，如赖军老师主持的南通市“十一五”规划课题《利用环保社团提高中学生科学素养的研究》，从教材的开发、编写到课堂教学的实施，从内容到形式，从理论到价值判断等进行有序研究，成为校本课程开发的助推器。

（三）精确实施——志愿与调整配合、选择和被选相济

1. 周密组织，实施校本课程

准备阶段：(1) 教师根据自己的实际情况，确定校本课程内容，撰写和提交校本课程纲要。纲要的主要内容包括：校本课程名称、课程类型、课程资源、开发教师、学习对象、规模预设、学习时限、场地设备、课程说明、课程目标、课程内容、课程实施、课程评价等。(2) 校本课程领导小组审批，并反馈修改意见。小组成员从科学性、知识性、趣味性、开放性等方面考量，对于内容相近的课程建议合并，对于有不足之处的课程提出明确的修改建议，对于不符合要求的课程建议重新申报。(3) 教师申报的校本课程通过审批后，要按照课时计划撰写校本课程教案，开设进度与学校要求保持一致。

实施阶段：(1) 学校编写校本课程选课指南。课程指南是学生选课的依据，对每一门课程都有具体介绍。(2) 班主任指导学生选课、填报志愿。每次每位学生需填写五个志愿，学生在不同学期不能选择相同的课程。(3) 教务处根据学生的志愿对学生进行编班，如果某一门校本课程人数很

少，则暂时取消该门课程的开设。

总结阶段：(1) 教师对学生的学习情况做出评价。评价可不采用书面的考试或考查方式，但要作考勤评价记录。学生的学习成果通过实践创作、作品鉴定、竞赛、评比、汇报演出等形式展示，成绩优异者可将其成果记入学生学籍档案。(2) 教师写出校本课程分析报告，进行反思性评价。(3) 教务处对教师进行评价。可以从教师的教学是否有计划、有进度、有教案、有考勤评价记录；是否按学校整体教学计划的要求，达到规定课时与教学目标；指导的学生是否有收获等方面来进行评价。

2. 扎实推进，发展校本课程。

通过近几年校本课程的探索与实践，我校的学生、教师悄然发生着变化。校本课程的开发和实施有效地促使学生全面发展、自主发展和个性发展。校本课程与德育课程的有机融合，促进了学生价值判断能力的提高和情感机理的改善。校本课程与学科课程的有机融合，促使学生在领悟学科知识、感受成果经验以及培养综合能力等方面得到充分发展。

学生综合实践意识和能力越来越强。在参与南通市申报国家卫生城市、全国文明城市、平安开发区、毒品预防教育示范区等创建工作中，总能看到我校学生活跃的身影；在2007年南通市“迎奥运万人长跑”、2008年南通市“迎奥运万人健步走”和南通体育会展中心的火炬传递等活动中，我校上千名学生作为开发区唯一的集体参与单位行进在奋勇直前的队伍中；在2009年的南通市中小学生弘扬和培育民族精神月启动仪式上，我校不仅承办了这一重大活动，向全市中小学发出了倡议书，而且展示了天星湖中学师生良好的精神风貌；每年的国庆节前夕，学生们总要在南通开发区市民广场举办“我爱我的祖国”专场文艺演出；在我校承办的江苏省中小学生爱国主义知识竞赛(南通赛区选拔赛)和江苏省庆祝建国六十周年中学生知识竞赛的赛场上，我校选手捷报频传；在迎接第九届亚洲艺术节上我校高一年级学生组成的表演方阵，代表开发区参与花车巡街表演，获得银奖；2010年“濠滨夏夜”，我校铜管乐队以高超的演奏技巧迎来观众啧啧称赞。江苏省绿色学校、江苏省健康促进学校银质奖、江苏省素质教育先进学校、江苏省文明单位等40余项省市级荣誉的颁发，也许是对我校多年来综合实施校本课程的奖赏。

教师践行新课程理念越来越自觉。越来越多的教师认识到：教育教学的本质在于开发人的情智和潜能，让学生在可能发展区和最近发展区得到最大最优的发展。课堂教学以导学案为载体，突出学习的自主性；以交往互动为方式，突出学习的互补性；以问题情境为核心，突出学习的深刻性；以激活潜能为旨归，突出学习的生成性。我们力求有效地践行"以学定教，以生为本"的新课程理念，积极调动师生"我的课堂，学教在我"的主观能动性，在强化"先问后研、先示后范"的基本教学流程中，摸索、总结和完善相关操作性经验，促使师生双方交流合作，同质互激，异质互补，各展其能，共同发展。目前初步形成了"自学、讨论、探究、生成"的"我的课堂"基本范式，初步呈现出"学生自主地学，教师灵活地教，学生独立地悟"的喜人局面，有效培养了学生的自学能力、动手创造能力和社会生存能力，为学生成为既有理性又有德性的"完整的人"和既有知识又有能力的"有为的人"奠定了坚实的基础。学校荣获"南通市基础教育课程改革先进集体""江苏省高中英语课程改革实验工作先进集体""江苏省高中数学课程改革实验工作先进集体"等荣誉称号。

（本章执笔者刘丹，审定者缪爱明）

参考文献

一、论著

[1] 张刘祥,金其生.新课程理念指导下的课堂教学策略[M].上海:华东师范大学出版社,2004.

[2] 施良方.课程理论——课程的基础、原理与问题[M].北京:教育科学出版社,1996.

[3] 施良方.教学理论:课堂教学的原理、策略与研究[M].上海:华东师范大学出版社,1999.

[4] 陈厚德.基础教育新概念——有效教学[M].北京:教育科学出版社,2000.

[5] 代蕊华.课堂设计与教学策略[M].北京:北京师范大学出版社,2005.

[6] 李耀新.课堂教学的组织与管理[M].广州:暨南大学出版社,2005.

[7] 魏国栋,吕达.普通高中新课程解析[M].北京:人民教育出版社,2004.

[8] 肖川.教师:与新课程共成长[M].上海:上海教育出版社,2004.

[9] 杨九俊.新课程教学组织策略与技术[M].北京:教育科学出版社,2004.

[10] 叶澜."新基础教育论"——关于当代中国学校变革的探究与认识[M].北京:教育科学出版社,2006.

[11] 钟启泉,金正扬,吴国平.解读中国教育[M].北京:教育科学出版社,2000.

[12] B. A. 苏霍姆林斯基. 给教师的建议[M]. 杜殿坤,译. 北京:教育科学出版社,1984.

[13] 叶澜. 教育学原理[M]. 北京:人民教育出版社,2007.

[14] 董泽芳. 百川归海——教育分流研究与国民教育分流意向调查[M]. 武汉:华中师范大学出版社,1999.

[15] 保罗·弗莱雷. 被压迫者教育学[M]. 顾建新,赵友华,何曙荣,译. 上海:华东师范大学出版社,2001.

[16] 陈向明. 质的研究方法与社会科学研究[M]. 北京:教育科学出版社,2000.

[17] 小威廉姆 E·多尔. 后现代课程观[M]. 王红宇,译. 北京:教育科学出版社,2000.

[18] 约翰·杜威. 我们怎样思维·经验与教育[M]. 姜文闵,译. 北京:人民教育出版社,2005.

[19] 季苹. 学校文化自我诊断[M]. 北京:教育科学出版社,2004.

[20] 符红艳. 班级文化建设修炼[M]. 南京:江苏美术出版社,2011.

[21] 周勇. 我是怎样建设班级文化的:一位博士的班主任生涯回顾与反思[M]. 成都:四川教育出版社,2010.

[22] 弗雷斯特·W·帕克,格伦·哈斯. 课程规划——当代之取向[M]. 谢登斌,俞红珍,译. 杭州:浙江教育出版社,2004.

[23] 皮连生. 学与教的心理学[M]. 上海:华东师范大学出版社,1997.

[24] 韦志成. 语文教学情境论[M]. 南宁:广西教育出版社,1996.

[25] 赵祥麟,王承绪. 杜威教育名篇[M]. 北京:教育科学出版社,2006.

[26] 郭思乐. 教育走向生本[M]. 北京:人民教育出版社,2012.

[27] 李秀伟,韩吟. 探究教学[M]. 青岛:青岛出版社,2006.

[28] 宋乃庆,徐仲林,靳玉乐. 中国基础教育新课程的理念与创新[M]. 北京:中国人事出版社,2002.

[29] 叶圣陶. 叶圣陶语文教育论集[M]. 北京:教育科学出版社,1980.

[30] 王升. 研究性学习的理论与实践[M]. 北京:教育科学出版社,2002.

[31] 萧焜焘. 自然哲学[M]. 南京:江苏人民出版社,1990.

[32] 吴也显. 教学论新编[M]. 北京:教育科学出版社,1991.

[33] 裴娣娜. 教学论[M]. 北京:教育科学出版社,2007.

［34］杨小微，张天宝. 教学论［M］. 北京：人民教育出版社，2007.

［35］钟启泉，崔允漷，张华. 基础教育课程改革纲要（试行）解读［M］. 上海：华东师范大学出版社，2003.

［36］张华. 课程与教学论［M］. 上海：上海教育出版社，2000.

［37］王道俊，郭文安. 主体教育论［M］. 北京：人民教育出版社，2005.

［38］叶澜，郑金洲，卜玉华. 教育理论与学校实践［M］. 北京：高等教育出版社，2000.

［39］谢世腰，王力. 课堂管理与班级管理［M］. 西安：陕西师范大学出版社，2006.

［40］罗素. 西方哲学史［M］. 北京：商务印书馆，1982.

［41］吴康宁等. 课堂教学社会学［M］. 南京：南京师范大学出版社，1999.

［42］朱志平. 课堂动态生成资源论［M］. 北京：高等教育出版社，2008.

［43］陈文. 教学管理创新细节［M］. 重庆：西南师范大学出版社，2009.

［44］钟启泉，汪霞，王文静. 课程与教学论［M］. 上海：华东师范大学出版社，2008.

［45］严先元. 走向有效的课堂教学［M］. 成都：四川大学出版社，2009.

［46］方元山. 课堂教学改革研究［M］. 福州：福建教育出版社，2005.

［47］李森. 课堂教学创新策略研究［M］. 重庆：西南师范大学出版社，2008.

［48］杜萍. 课堂管理的策略［M］. 北京：教育科学出版社，2005.

［49］刘复兴，刘长城. 传统教育哲学问题新释［M］. 武汉：湖北教育出版社，2000.

［50］陈厚德. 有效教学［M］. 北京：教育科学出版社，2000.

［51］邹尚智. 有效教学经典案例评析［M］. 北京：开明出版社，2009.

［52］吴式颖，任钟印. 外国教育思想史（第五卷）［M］. 长沙：湖南教育出版社，2002.

［53］杨伯峻. 论语译注［M］. 北京：中华书局，1980.

［54］江苏省陶行知研究会，南京晓庄师范学校. 陶行知文集［M］. 南京：江苏教育出版社，2008.

［55］韩延明. 教育学教程［M］. 保定：河北大学出版社，1995.

［56］董洪亮. 新课程教学组织策略与技术［M］. 北京：教育科学出版

社,2004.

[57] 高帆,李秀华. 名师营造课堂氛围的经典细节[M]. 重庆:西南师范大学出版社,2009.

[58] 赵国忠. 透视名师课堂管理——名师课堂管理的66个经典细节[M]. 南京:江苏人民出版社,2007.

[59] 朱智贤,林崇德. 思维发展心理学[M]. 北京:北京师范大学出版社,2002.

二、期刊文章、学术论文

[1] 王富英. 学生主体性的要素结构系统及特质[J]. 教育科学论坛,2008(12):15-18.

[2] 桑新民. 学习究竟是什么?——多学科视野中的学习研究论纲[J]. 开放教育研究,2005,11(01):8-17.

[3] 于永华. 学生主体地位与教师角色定位[J]. 安徽工业大学学报(社会科学版),2008(3):119-122.

[4] 洪明,余文森. "先学后教"教学模式的理念与实施条件——基于杜郎口中学、洋思中学和东庐中学教学改革的思考[J]. 中国教育学刊,2011(3):47-50.

[5] 徐强强. "先学后教"在中学地理教学中的应用研究[D]. 华中师范大学,2014.

[6] 张金磊,王颖,张宝辉. 翻转课堂教学模式研究[J]. 远程教育杂志,2012(4):46-51.

[7] 徐金月. 学案导学高中物理课堂探究教学模式的理论与实践研究[D]. 山东师范大学,2009.

[8] 林洁菁. 展示中的教师介入策略[J]. 广西教育,2012(44):33-34+56.

[9] 付文临. 运用学案导学提高学生数学自主学习能力的实践[D]. 上海师范大学,2008.

[10] 吴秋萍. 高中化学中以"学案导学"促进自主学习的研究[D]. 苏州大学,2010.

[11] 宋贵波. 利用导学案培养高中生英语自主学习能力[D]. 山东师范大学,2012.

[12] 叶婷.初中思想品德课堂师生互动研究[D].上海师范大学,2013.

[13] 汤娟.高中思想政治课课堂师生互动研究[D].上海师范大学,2013.

[14] 刘鑫.高中思想政治课师生互动研究[D].华东师范大学,2011.

[15] 张少明.转识成智:智慧课堂及其生成策略研究[D].福建师范大学,2013.

[16] 王群英.语文智慧课堂的探索[D].山东师范大学,2009.

[17] 郑永圣.高中物理教学培养学生主体意识的探索与实践[D].南京师范大学,2005.

[18] 罗秋明."言说"与"倾听"的教育价值研究[D].湖南师范大学,2003.

[19] 田友谊.中小学班级环境与学生创造力培养研究[D].华中师范大学,2004.

[20] 李曼.教师课堂调控策略的优化研究[D].南京师范大学,2012.

[21] 丁舒.教师教学行为有效性研究[D].南京师范大学,2007.

[22] 汪昌华,王守恒.论课堂教学的差异性平等[J].天津市教科院学报,2003(05):51-54.

[23] 王勇.对杜郎口中学的自由课堂透视[J].中小学教学研究,2007(8):51-52.

[24] 薛红霞,肖增英.创建基于"双平台"的"无界课堂"[J].中小学管理,2014(12):7-10.

[25] 王宏军.构建合乎"道"的民主课堂[J].生活教育,2015(1):101-103.

[26] 程佳.和谐课堂氛围的营造[J].教育探索,2008(8):5-6.

[27] 吴康宁.学生仅仅是"受教育者"吗?——兼谈师生关系观的转换[J].教育研究,2003(4):43-47.

[28] 马颖,刘电芝.论新课标情境下的学生角色及其实现[J].河北师范大学学报,2004(4):97-101.

[29] 蔡伟.教师课堂评价质量标准研究[J].教育科学,2007(5):43-47.

[30] 李政涛.倾听着的教育——论教师对学生的倾听[J].教育理论与实践,2001(7):1-4.

[31] 艾克柔.开发学生潜能发展学生个性——办学理念的理性思考与实践探索[J].成都教育学院学报,2004(7):1-6.

[32] 杨豫晖.论课堂活动设计和实施的有效性[J].现代中小学教育,

2006(3):19-21.

[33] 郭建民,田小泉.创新实践教学方法提高思想政治理论课实效[J].山西大学学报(哲学社会科学版),2006(6):132-134.

[34] 李国华.教师需要创设什么样的教学情境[J].教育科学研究,2007(10):39-42.

[35] 范兆雄.课程资源系统分析[J].西北师大学报(社会科学版),2002(3):101-105.

[36] 柴效武.家庭资源配置机制探析[J].浙江学刊,1999(5):49-51.

[37] 毛荣富.文理本就自然相通[J].语文学习,2015(1):27-28.

[38] 张家军、靳玉乐.课堂探究教学:策略及问题[J].天津市教科院学报,2004(5):27-30.

[39] 胡尚峰,田涛.体验式教学模式初探[J].教育探索,2003(11):49-51.

[40] 王晨霏.基于体验活动的课堂教学[J].佳木斯教育学院学报,2013(2):182-183.

[41] 赵红霞.合理分组科学指导构建高效课堂[J].教育革新,2014(6):30.

[42] 董云川,沈云都.两种课堂时间:教育行为与知识发生的时间性反思[J].高等教育研究,2013(6):17-22.

[43] 武进.去活动之“伪”存主体之“真”——对课堂学生活动主体性的反思与探究[J].当代教育科学,2005(23):21-23.

[44] 刘雅洁.对主体性教育的思考[J].教育实践与研究,2006(11):4-6.

[45] 朱根明.浅谈语文教学与人的主体性教育[J].中国西部科技,2010(14):69-71.

[46] 和学新.确立主体性教育教学策略的几个原则[J].教育科学研究,2000(6):59-61.

[47] 李庚南.主体性教育课堂教学实践研究[J].课程.教材.教法,2002(9):31-33.

[48] 刘会敏.主体性教育在化学教学中的运用[J].教育实践与研究,2003(6):50-51.

[49] 范立双,毕庆三.新课程视域下教师主体性生成的特点、价值与策略[J].吉林省教育学院学报,2005(4):13-15.